RESEARCH CENTRE FOR CHINESE
PHILOSOPHY AND CULTURE, CUHK

# 中国哲学与文化
THE JOURNAL OF CHINESE PHILOSOPHY AND CULTURE

## 第十九辑
NO.19

## 王阳明哲学
The Philosophy of Wang Yangming

郑宗义　主编
Editor　Cheng Chung-yi

上海古籍出版社
Shanghai Chinese Classics Publishing House

# 中国哲学与文化
## THE JOURNAL OF CHINESE PHILOSOPHY AND CULTURE

**学术顾问 Academic Advisory Board**（按中文姓氏笔画排列）
余英时（Yu Ying-shih）　杜维明（Tu Wei-ming）　Donald J. Munro（孟旦）

**主编 Editor**
郑宗义（Cheng Chung-yi）

**副主编 Associate Editor**
姚治华（Yao Zhihua）

**编辑委员会 Members of Editorial Committee**（按中文姓氏笔画排列）
王德有（Wang Deyou）　　　Chris Fraser（方克涛）　　Rudolf G. Wagner（瓦格纳）
冯耀明（Fung Yiu-ming）　　Philip J. Ivanhoe（艾文贺）　Stephen C. Angle（安靖如）
朱鸿林（Chu Hung-lam）　　庄锦章（Chong Kim-chong）　刘笑敢（Liu Xiaogan）
李明辉（Lee Ming-huei）　　李晨阳（Li Chenyang）　　　杨儒宾（Yang Rur-bin）
陈　来（Chen Lai）　　　　　陈少明（Chen Shaoming）　　林镇国（Lin Chen-kuo）
信广来（Shun Kwong-loi）　　黄慧英（Wong Wai-ying）　　颜世安（Yan Shi'an）

**执行编辑 Executive Editor**
曾诵诗（Esther Tsang）

**编务 Editorial Assistant**
李宁君（Jessica Li）

**通讯编辑 Corresponding Editors**（按中文姓氏笔画排列）
陶乃韩（Tao Naihan）　梁　涛（Liang Tao）

**主办**
香港中文大学哲学系中国哲学与文化研究中心
Research Centre for Chinese Philosophy and Culture
Department of Philosophy, The Chinese University of Hong Kong

**地址**
香港新界沙田香港中文大学冯景禧楼G26B室
Room G26B, Fung King Hey Building
The Chinese University of Hong Kong, Shatin, N.T., Hong Kong
电话 Tel: 852-3943-8524
传真 Fax: 852-2603-7854
电邮 E-mail: rccpc@cuhk.edu.hk
网址 Website: http://phil.arts.cuhk.edu.hk/rccpc

# —目录—

**主题论文：王阳明哲学**

从"天下"到"世界"：阳明学视界的近代转换及其反思　　　陈立胜　1

明清恶论探析：王阳明"习"的概念起源与发展　　　陈志强　21

良知、立志与知行合一：再论阳明如何回应道德之恶　　　赖柯助　54

耿宁的良知三义
　　——以《人生第一等事》为中心的检讨　　　黄敏浩　96

**专　论**

"体用兼赅"以"开物成务"
　　——李二曲对儒家道德的自觉与重建　　　俞秀玲　117

**新叶林**

圆满之知
　　——从德性知识论的角度看王阳明"知行合一"　　　陈亮　153

"风"与"麻风"：
　　试论《庄子》会如何思考生活本身的不确定性　　　李志桓　183

**编后语**

王阳明哲学　　　郑宗义　212

**稿　约**

# 从"天下"到"世界":
# 阳明学视界的近代转换及其反思*

陈立胜**

**内容提要**:传统阳明学的视界乃是由一"至大无外"的"大道"意识造就的。"大道意识""为己之学"与"天下一家",构成了传统阳明学的基本精神气质。近代中国阳明学的兴起则与民族国家的建构、"国性"与"民德"的重新塑造联系在一起,带有强烈的国家主义、民族主义价值取向与强烈的"隔"的色彩。让由于近代视界的转换而造成的儒家知识**"地方化""国族化""时代化"**重新**"普遍化""世界化""现时化"**,让阳明的**"大道意识"**再次成为我们眺望未来的地平线,是当今中国哲学研究的重要使命。

**关键词**:阳明学,近代阳明学,天下,大道意识

## 一、"为己之学"与"天下同风":
## 传统阳明学本身的视界

"视界"(horizon)顾名思义即是视力所及之范围,这个范围是由一个"视角""立场""观点"所敞开的。一方面我们的经验与认知总是存在着一个"边界",另一方面,这个边界又是移动的,只要我们移动,新的边界就像地平线一样又会出现在我们视力的尽头。"山高月远觉月小,便道此山大于月。若人有眼大如天,还见山高月更阔。"阳明这首童年诗歌很能表现"视角""立场""观点"的转换如何决定了"视界"的性质。

传统阳明学的视界乃是由一"至大无外"的"大道"意识造就的:

---

\* 本文系"贵州省2018年度哲学社会科学规划国学单列课题阳明学与中国现代性问题(批准号18GZGX19)阶段性成果"。本文初稿先后宣读于韩国"第16回江华阳明学国际学术大会"(江华岛,2019年12月16日)、香港中文大学"王阳明哲学工作坊"(2020年1月17—18日),感谢与会先进提出的修订意见。

\*\* 中山大学哲学系教授。(电邮:hsscls@hotmail.com)

> 道一而已,仁者见之谓之仁,知者见之谓之知。释氏之所以为释,老氏之所以为老,百姓日用而不知,皆是道也,宁有二乎?……世之儒者,各就其一偏之见,而又饰之以比拟仿像之功,文之以章句假借之训,其为习熟既足以自信,而条目又足以自安,此其所以诳己诳人,终身没溺而不悟焉耳![1]

> 神无方而道无体,仁者见之谓之仁,知者见之谓之知。是有方体者也,见之而未尽者也。[2]

"道"成了"超越"文字乃至文化的"终极实在"。在大道面前,每一种"教"的见解都成了其特定立场下的"所见",而有所"见"则有所"不见"。因为任何"见"都受限于其"立场","才有所见,便有所偏",便成庄子所说的"束于教"的"一曲之士"。惟有对"所见"之"所"有所自觉,方会避免陷入"自以为是"与"排他主义"的"一偏之见"。

谛观阳明论三教的文字,阳明往往将排斥佛教、道教的儒者称为"世儒"。为与此封闭心态的"世儒"有所区别,阳明称儒学为"圣学"。圣学所传乃"大中至正之道",此大道成己成物,"彻上彻下,只是一贯"[3],而无有所谓"上一截""下一截"之区别;圣学乃是大全之学("圣人之全"),只要能够成全人性("成圣")的智慧均应涵括包容而无计其出处。超越教派门户,向不同"文化的他者"敞开、学习进而成全自我,成了阳明对待佛道二教的基本态度,有门人请教阳明儒教与佛教区别何在,阳明答曰:"子无求其异同于儒、释,求其是者而学焉可矣。"[4]道是天下公共之道,心是天下普遍之心。"学习"是自信而不自大、自尊而不自傲、自主而不自固的表现。杜维明先生指出儒家所理解的自我乃是一个"开放的结构",即"永远要对其异质的东西保

---

[1] 《寄邹谦之(四)》,吴光等点校:《王阳明全集》(上海:上海古籍出版社,1992),卷6,页205—206。
[2] 《见斋说》,《王阳明全集》,卷7,页262。
[3] 《传习录》上,《王阳明全集》,卷1,页18。
[4] 《赠郑德夫归省序》,《王阳明全集》,卷7,页254。在阳明看来,三教不过是为了尽吾心、安吾命,学三教者,亦不过是要学尽心、学安命而已。就此而言,三教异同的确不是学者应当关心的"焦点"。

持亲和感。这一亲和感是永远不能被人现阶段的发展所包容,所以,永远向外通透,永远有外在的资源要进来"⑤。可以说,"自我成全""吾之用"这一"为己之学"之第一义,使得阳明心学一系对异质的东西保持着高度的亲和感与开放性。

在政治关怀上,"天下一家""万物一体"始终是阳明的终极理论视界。阳明思想中"心学纯明之时"这一观念最能体现其道德理想主义情怀。阳明曾给出以下两幅"心学纯明之时"的"天下"画面:

> 或问三教同异。师曰:道大无外。若曰各道其道,是小其道矣。**心学纯明之时,天下同风,各求自尽**。就如此厅事,元是统成一间。其后子孙分居,便有中有旁。又传渐设藩篱,犹能往来相助。再久来渐有相较相争,甚而至于相敌。其初只是一家,去其藩篱,仍旧是一家。三教之分,亦只似此。其初各以资质相近处,学成片段。再传至四五,则失其本之同。而从之者亦各以资质之近者而往,是以遂不相通。名利所在,至于相争相敌,亦其势然也。故曰:仁者见之谓之仁,知者见之谓之知,才有所见,便有所偏。⑥
>
> 夫圣人之心,以天地万物为一体,其视天下之人,无外内远近:凡有血气,皆其昆弟赤子之亲,莫不欲安全而教养之,以遂其万物一体之念。天下之人心,其始亦非有异于圣人也,特其间于有我之私,隔于物欲之蔽,大者以小,通者以塞,人各有心,至有视其父、子、兄、弟如仇雠者。圣人有忧之,是以推其天地万物一体之仁以教天下,使之皆有以克其私,去其蔽,以复其心体之同然。……下至闾井、田野、农、工、商、贾之贱,莫不皆有是学,而惟以成其德行为务。……当是之时,天下之人熙熙皞皞,皆相视如一家之亲。其才质之下者,则安其农、工、商、贾之分,各勤其业,以相生相养,

---

⑤ 郭齐勇、郑文龙编:《杜维明文集》(武汉:武汉出版社,2002),第4卷,页539。
⑥ 朱得之编:《稽山承语》,吴光等编校:《新编王阳明全集》(杭州:浙江古籍出版社,2010),卷40,页1611。

> 而无有乎希高慕外之心。其才能之异，若皋、夔、稷、契者，则出而各效其能。若一家之务，或营其衣食，或通其有无，或备其器用，集谋并力，以求遂其仰事俯育之愿，惟恐当其事者之或怠而重己之累也。故稷勤其稼，而不耻其不知教，视契之善教，即已之善教也；夔司其乐，而不耻于不明礼，视夷之通礼，即已之通礼也。盖其**心学纯明**，而有以全其万物一体之仁，故其精神流贯，志气通达，而无有乎人己之分，物我之间；譬之一人之身，目视，耳听，手持，足行，以济一身之用，目不耻其无聪，而耳之所涉，目必营焉，足不耻其无执，而手之所探，足必前焉。盖其元气充周，血脉条畅，是以痒疴呼吸，感触神应，有不言而喻之妙。⑦

"画面一"论述三教之间原无界限，心学纯明时代（实则是阳明心目中理想的社会状态）中，"天下同风，各求自尽"，即是说，每个人均以自我成全为目的，"教"不过是每个人"自尽"的途径，故并不存在"教"之间的藩篱意识。"画面二"描述的是"心学纯明"之时，人类命运共同体亲如一家之状态：无内外远近，人人皆一体相关，志气通达；士农工商，异业同道，各效其能，各勤其业；"人之有技，若己有之"，而无人己之分，物我之间。要之，人之资质、才能、兴趣各有不同，然各自以成其德行为目标，"教"之间、"职业"之间、人与人之间无"相较相争"，亦无"希高慕外"，惟有一体相亲，协同合作，而各自实现其人生理想（"遂其仰事俯育之愿"）。

显然，阳明致良知教其目标即是要达到此"心学纯明"之终极境地。大道意识、为己之学与天下一家，构成了传统阳明学的基本精神气质。

## 二、走向"世界"：近代阳明学"视界"的转换

汉籍早有"世间""人间"而本无"世界"概念。"世界"概念源自

---

⑦ 《传习录》中，《王阳明全集》，卷2，页54。

佛典汉译，其语义在佛教文献之中亦有所变化⑧，逮及唐代般利密帝所译《楞严经》(卷四)，"世界"概念有了更明确的界定："何名为众生世界？世为迁流，界为方位。汝今当知，东、西、南、北、东南、西南、东北、西北、上、下为界，过去、未来、现在为世。位方有十，流数有三。"此种"世界"观在儒家之中并无实质的影响，象山云："四方上下曰宇，往古来今曰宙。宇宙便是吾心，吾心即是宇宙。千万世之前，有圣人出焉，同此心同此理也。千万世之后，有圣人出焉，同此心同此理也。东南西北海有圣人出焉，同此心同此理也。"⑨显然儒家的"宇宙"乃是一真实、有常的存有，而有别于佛教"假有性空"的"世界"。无论如何，佛教以及后来的景教、伊斯兰教、天主教的传入虽然带来了一些"西方世界"知识（包括"世界"这个概念），都没有在根本上改变传统士大夫的"天下"视界与"大道"意识。确实，没有一个"对等的他者"作为"镜子"，也就很难获得清醒的自我认识。只有"中国"在确立了"世界""亚洲"乃至"日本"等"他者"之时，现代意义上的"中国"才开始认清自己⑩。

梁启超曾把这个开始认清自己的中国近代称作"过渡时代"⑪。用列文森(Joseph R. Levenson)的话概括，这个过渡时代就是一个使"天下"成为"国家"的过程⑫。"天下"视界的改变与"大道"意识的丧失有着密切的关系。王国维《论政学书稿》(1924)敏锐地指出："自三代至于近世，**道出于一**而已。泰西通商以后，西学西政之书输入中国，于是修身齐家治国平天下之**道乃出于二**。"⑬罗志田基于对近代思想史的考察得出如下结论："道出于二"至少还是各存其"道"，虽已退

---

⑧ 对"世界"概念的考察，参钟书林：《"世界"语义的生成、演变与佛、道文化以及中、印、西文化的互动：兼论"宇宙"、"世界"语义的异同》，《文化关键词研究》第1辑(武汉：武汉大学出版社，2014)，页282—310。

⑨ 《陆象山全集》(北京：中国书店，1992)，卷22，页173。

⑩ 葛兆光：《中国思想史》(上海：复旦大学出版社，2001)，第2卷，页458。

⑪ 梁启超：《过渡时代论》，《梁启超全集》(北京：北京出版社，1999)，第2卷，页464—466。

⑫ 列文森著，郑大华、任菁译：《儒教中国及其现代命运》(北京：中国社会科学出版社，2000)，页87。

⑬ 谢维扬、房鑫亮主编：《王国维全集》(杭州：浙江教育出版社，2009)，第14卷，页212。

让而尚有所守,还是一种相对理想的状态;清末朝野的实际作为,有意无意间已开启了一种另类的(alternative)"道出于一",即"道出于西"⑭。"西"不仅具有异域的空间性,更富有未来的时间性。西方"世界"成为"放之四海而皆准"的真理发源地,向西方学习的过程便成了走向"世界"的过程。这一说法无疑意味着,中国还不是"世界"的一部分。在此"世界"实则指"西方世界"(the west world),"中国"是在"世界"之外的(the rest world),实际上今天中学与大学的"世界历史"仍然不包括中国在内,而原来儒家所设想的"天下"不过是"中国"。更为要命的是,中国这个"国"在历史与现实之中并不真是一个"国"⑮。中国"无国"说流行一时,梁漱溟说中国无国家意识,无阶级意识,无种族意识,"中国人心目中所有者,近则身家,远则天下","中国之缺乏阶级不象国家,是其负面;而伦理本位职业分途,即以社会为国家,二者浑融莫分,则为其正面"⑯。而早在梁启超那里,中国无国名一事就成为其心头"最惭愧者":"今世各国所以得称为国家者,举其特征以求诸我,其可见者,殆什无二三","以严格的国家学衡之,**虽谓我国自始未成国焉可耳**"⑰。杨度进一步引申说:"中国数千年历史上,无国际之名词。而中国之人民,亦惟有世界观念,而无国家观念。此无他,以为中国以外,无所谓世界;中国以外,亦无所谓国家。"故近代西潮冲击以前,可说"中国即世界,世界即中国"⑱。在这些说法的背后,"天下""世界""国家"的语义都发生了重要的转变:"**世界**"取代了"**天下**","**天下**"变成了"**中国**","**中国**"成为"**万国**"之中的"**一国**",但却又不是一个"**完全国家**"⑲。西方世界中的近代"民族

---

⑭ 罗志田:《道出于二:过渡时代的新旧之争》(北京:北京师范大学出版社,2014)。

⑮ 晚清"无国说"实有两种形态,一是本文所述以西方民族国家作为标杆而对传统中国是否具备"国家"特征的一种否定性主张,一是以国粹派为代表的否定"大清国"是汉人"祖国",将"清廷"与"国"区隔、拒绝体制内变革的主张。后一无国说见王汎森:《中国近代思想与学术的系谱》(石家庄:河北教育出版社,2001),页85—86。其实,两种无国说之"无"的对象虽有不同,但却都具有相同的民族主义情怀。

⑯ 梁漱溟:《中国文化要义》,《梁漱溟全集》(济南:山东人民出版社,2005),第3册,页163、189。

⑰ 梁启超:《中国立国大方针》,《梁启超全集》,第4卷,页2488。

⑱ 杨度:《金铁主义说》(1907),刘晴波主编:《杨度集》(长沙:湖南人民出版社,1986),页214。

⑲ 罗志田:《走向世界的近代中国》,《文化纵横》2010年第3期,页26—33。

国家"(nation-state)一如巴黎的"标准米"成为"国"之为"国"的标杆。"立于世界民族之林"或者说使中国成为"世界的中国"便成了中国近代思想的一个重要主题。《新民说》明确提出:"凡一国能立于世界,必有其国民独具之特质。"[20]建设何种国家("国性")、培育何种"国民"("民德")的问题意识均是在新的"世界"视界下形成的。

由"天下"向"世界"的转换、由传统"天下"视界下的"中国"向现代"世界"视界下的"民族国家"的中国之转换、由"道出于一"向"道出于二"再向另类的"道出于一"(实则"道出于西"——先是"欧美之西",继而是"苏俄之西")的转换,牵涉到"三千年未有之大变局",其中充满着满汉、古今、中西、新旧之纠结与紧张。这个大变局涉及政治制度、经济与社会生活、文化理念与价值观念各个方面的转变,这是一次全盘的结构性的转变。这个空前未有的转变反映在思想层面,便是各种一揽子解决方案的提出、各种"主义话语"的竞相登场。这一变局在本质上可概之为"中国现代性问题"。

这是近代阳明学复兴的大背景,而明治维新—甲午海战—日俄战争—留日学潮这一系列与东瀛崛起绾结在一起的"事件串"则成就了阳明学在中国近代出场的"大事因缘"。说白了,近代中国阳明学的兴起是"出口转内销"的一个结果。这跟中国近代佛学尤其是唯识宗的复兴倒有几分相似之处:中国知识人看到日本近代佛教立场的调整、佛教与科学哲学的融通,便误认为这是日本近代化的精神动力,于是,佛教复兴被视为中国变革的一个重要精神更生的途径[21]。实际上佛教护国论与阳明救国论两波思潮多有交叠,即已说明问题。毋庸置疑,这个经过"出口返销"的阳明学实际上已经是"东瀛"再加工过的阳明学。

如所周知,在19世纪与20世纪之交,高濑武次郎就提出"两种阳明学"的说法:大凡阳明学含有二元素,一曰事业性的,一曰苦禅性的。得苦禅之元素者可以亡国,得事业之元素者可以兴国,中日两国各得其一。这一说法影响很大,将明代灭亡与明治维新的成功归结

---

[20] 梁启超:《新民说》,《梁启超全集》,第3卷,页657。
[21] 葛兆光:《中国思想史》,第2卷,页524。

为阳明学的不同影响之结果,显然无限夸大了思想的作用。当今中日学界已明确指出,将阳明学与明治维新关联在一起的说法纯是一种"近代民族主义者"制造出来的命题,是一种"幕末阳明学＝明治维新的原动力的假象"㉒。将阳明学与明治维新的原动力划等号这一"假象",被当初留日中国知识分子当作历史事实而深受鼓舞,至今在坊间仍广为流传。朱谦之与张君劢这些学问大家都受其影响。张君劢的感慨最具代表性:"呜呼！阳明学之在吾国,人目之为招致亡国之祸,而在日本则杀身成仁之志行,建国济民之经纶,无不直接间接受王学之赐。语曰'种瓜得瓜,种豆得豆',瓜豆之种同,而所获之果大异。在吾国则为性心空谭,在日本则实现近代国家建设之大业。"㉓牟宗三一度也受张君劢的影响,称王学虽也有"活泼泼地与事业元素",但此事业性表现在泰州派一形态,不得积极之善果,只流为气机鼓荡之狂禅,究其由,乃大都缺乏日本阳明学所具备的"超越之精神""积极身殉之精神"与"客观理想","是故欲振兴王学",则须"借鉴日本,恢复其活泼泼地与事业之精神"㉔。

那么,所谓的"日本阳明学"究竟是何种面目?

井上哲次郎对明治时期的"阳明学"之精神做了如下的概括:"通过学习阳明学而具有素养的人有这样的风尚,即必欲付诸行动,必努力在社会上作一番事业,因此往往要么被杀害要么就杀害别人……首先,大盐平八郎谋反,西乡隆盛也谋反……否则往往就为人所杀,佐久间象山、桥本左内等大抵都遭砍头……大抵以阳明学为基础要

---

㉒ Ogyu Shigehiro(狄生茂博), "The Construction of 'Modern Yōmeigaku' in Meiji Japan and its Impact in China," *East Asian History* 20 (2000), pp.83–120;张崑将:《德川日本"忠""孝"概念的形成与发展：以兵学与阳明学为中心》(台北：台湾大学出版中心, 2004),页311。另参邓红：《日本的阳明学与中国研究》(桂林：广西师范大学出版社, 2018);吴震：《东亚儒学问题新探》(北京：北京大学出版社,2018),附录二：《关于"东亚阳明学"的若干思考》。

㉓ 张君劢：《比较中日阳明学》(台北："中央文物公论社",1955),页3。

㉔ 牟宗三：《〈比较中日阳明学〉校后记》,《牟宗三先生全集》(台北：联经出版公司, 2003),第27册,页104—105。牟先生在晚年(1989)虽斥王学亡国说为"不可信"之"流言、浮言、滥言",但仍说日本"接受王学的那些人如佐藤、大盐、吉田、西乡等,都能有事功的表现,帮助了明治维新。可见王学的影响并不一定都是负面的。为什么王学在中国被指为狂禅误国,而在日本开花结果呢？这是一个值得探讨的问题"。见《"阳明学学术研讨会"引言》,《牟宗三先生全集》,第27册,页408。

做一番事业时,或杀身成仁或必付诸实践,阳明学者都死得不寻常。"㉕这种雷厉风行、虽千万人吾往矣的行动主义者拥有共同的心态,即为了某种"绝对价值"而敢于冲破世间伦常而献出自身生命。三岛由纪夫在其《作为革命哲学的阳明学》一文中甚至称这种阳明学的精神气质"作为潜流","构成了日本人行动方式的精神基础"。沟口雄三将此种日本阳明学刻画为以下六个基本面向:(一)将阳明学看作是在精神上自立、不为外界的权威所羁的进取思想;(二)将阳明学作为变革的思想;(三)将阳明学作为对心的锻炼、超脱生死的思想;(四)将良知比拟作神、佛;(五)将阳明学看作是具日本性的思想;(六)将阳明学看做宇宙哲学。在做出如此概括后,沟口雄三评判说:"原本在中国阳明学中发挥人的道德本性(良知、心之本体)这一命题是以孝悌慈为内容的;而在日本阳明学中,孝悌慈这一内容已被剔除。……也就是说,在前述的中国阳明学中,我们可以看到,朱子劝谕到太祖六谕,再到阳明乡约这样一个一脉相承的'儒教道德的大众化'的潮流;而与此不同,日本阳明学中则有着关于'心的无限活用'的解释的一脉。因此,在日本,阳明学作为每一个人的超俗的决心、精神的觉醒,以及宇宙大的自我的确立等个人精神世界的自我完结的思想,仅零星地存在于知识界中,看不到像中国阳明学那样在民间进行宣传活动、具有作为学派的影响力。"沟口将日本近代阳明学与传统中国的阳明学做了如此区隔之后,接着就说:"不过,回顾明治期的明治维新,把幕末志士的变革和将生死置之度外的精神与阳明学联系起来的解释,还对清末的中国革命家产生了影响。……就这样,在中国,由于知行合一即革命实践的方向,以及将心、心力的谱系与革命精神相联系的解释,使得阳明学也因此得到了重新评价,可以说,这实际上是对日本阳明学观点的再引进。"㉖

沟口的结论当然还值得斟酌,如一个丧失了人伦教化的向度、缺乏孝悌慈道德内涵("良知")的阳明学还是不是阳明学?又如,"锻炼

---

㉕ 井上哲次郎:《阳明学》20号,明治四十三年,转引自沟口雄三著,孙军悦、李晓东译:《李卓吾・两种阳明学》(北京:三联书店,2014),页256。

㉖ 沟口雄三著,孙军悦、李晓东译:《李卓吾・两种阳明学》,页261—262,262—263。

心术,脱离生死"、自主、自立是否只是日本近代阳明学特有的内容?确实在日本,武士道的终极意义即是"常不忘死之事","武士所学无他法,唯不惧死是天机","日本人没有什么特别的生命哲学,却有死亡哲学"㉗。但破"生死一念"本是《王阳明年谱》所记龙场悟道的"初心",而生死一念成为理学修身的一项重要议题也与禅宗的深刻影响分不开。王文辕在阳明受命剿匪启程之前即断定"阳明此行,必立事功",人问所以,答曰:"吾触之不动矣。"㉘显然,锻炼心术,脱离生死,成功立业等等所谓日本阳明学面貌未尝不可在传统中国阳明学之中找到雏形㉙。

撇开这些技术枝节无论,沟口揭示的中日近代阳明学先后"联动"的现象确实值得深思。无论近代中国抑或日本阳明学的复兴或兴起都与民族国家的建构、"国性"与"民德"的重新塑造联系在一起,都反映了传统儒学资源在东亚文化圈融入"现代世界体系"过程之中被"激活"、被腾挪转化的情形。

早在20世纪40年代,贺麟就指出近代陆王心学的复兴有两大原因:第一,陆王注重自我意识,于个人自觉、民族自觉的新时代较为契合;第二,处于青黄不接的过渡时代,无旧传统可以遵循,无外来标准可资模拟,只有凡事自问良知,求内心之所安,提挈自己的精神,以应付瞬息万变之环境㉚。笔者曾将近代阳明学复兴的背景与走势做了以下的归结:危机四伏、外患内患交替不已的近代中国,如何由传统的帝制向现代民族国家、政党政治转变,如何保证国家政策与党的政策之贯彻至底层,如何动员全民力量形成统一的国家意志、民族意志,如何从帝国的"臣民"转化为"军国民""国民""公民",如何将滕

---

㉗ 铃木大拙著,陶刚译:《禅与日本文化》(北京:三联书店,1989),页49、62。
㉘ 《年谱一》,《王阳明全集》,卷33,页1238。
㉙ 匿名审稿人指出:"当代的王学研究有两种王学之说,此说有日本学界的脉络,也有中国学界的脉络。中国学界的两种王学之说可远推至明清,在近代学派的脉络除了张君劢、牟宗三等人有此意之外,嵇文甫的'左派王学'等书其实也表达了类似的意识构造,嵇说事实上又反过来影响了岛田虔次、沟口雄三。民国阳明学的兴起明显地受到日本的影响,但民国学术史也有本土的脉络,中日的近代阳明学研究也相互影响。"吴震教授告诉笔者,岛田虔次早在20世纪40年代就读过嵇文甫《左派王学》,见岛田虔次逝世后出版的《中国の传统思想》(东京:みすず书房,2001)末附小野和子所撰《解说》。
㉚ 贺麟:《当代中国哲学》(南京:胜利出版公司,1947),页19。

尼斯（Ferdinand Tönnies）所谓的"共同体"（在中国实则是宗法社会）中的"成员"转化为现代民族国家与政党中的"一分子"，如何从古典的天人合一、存有连续体之"自我"转化为现代主体主义的个体……这一系列的古今中西交织而成的中国现代性"转变"问题，阳明学的某些气质显然能从不同的向度为之提供精神上的支持：（一）在保国、保教、保种与革命的救亡运动之中，阳明学之中的自主、自立及其"一体不容已"的使命感、救世情怀能够被塑造为一种**维新与革命的哲学**；（二）在抵御外族入侵之际，阳明学之中的知行合一、不畏死、冷静与坚强的意志主义能够成为武装军队的"军魂"并被塑造为一种**战士哲学**；（三）在政党政治之中，阳明学之中的"觉悟"与即知即行的行动力、执行力能够被塑造为统一全党认识、贯彻党的方针政策的**政党哲学**；（四）而在与近现代西方哲学的对接之中、在现代学科建制下的哲学活动之中，在个体的启蒙与觉醒之中，阳明学之中的自信、自主、自我立法显然更容易被塑造为**一种主体性哲学**㉛。这种阳明学在20世纪所获得的新面貌在根本上是由于视界的转换，即由传统的"为己之学"与"天下同风"视界向现代的"世界"视界的转换塑造的。

在这个视界转换的过程中，成全自我的"为己之学"被代之以"成全国家"。"为中华之崛起而读书"取代了为"成圣"而读书，"国家"成为最大的思考单位，梁启超《新民说》对此有精辟的阐述："国也者，私爱之本位，而博爱之极点，不及焉者野蛮也，过焉者亦野蛮也。""不及焉者野蛮"，甚好理解，"过焉者亦野蛮"则如何讲？梁启超解释说，世界主义、博爱主义、大同主义此类事情"或待至万数千年后"犹不敢知，而竞争为文明之母，国家则是竞争的最大单位（"最高潮"），国家之界限被突破，则竞争消泯，"竞争绝"，"毋乃文明亦与之俱绝乎！"文明绝，则重陷入"部民"之竞争，"率天下之人复归于野蛮"。传统的"独善其身"被视为"私德"，而以此自足放弃对国家之责任则"无论其私德上为善人为恶人，而皆为群与国之蟊贼"，"实与不孝同种"，"谓其对于本群而犯大逆不道之罪，亦不为过"㉜。张灏指出：梁启超对

---

㉛ 陈立胜：《入圣之机：王阳明致良知工夫论研究》（北京：三联书店，2019），第一章《阳明学出场的几个历史时刻》，页28—29。
㉜ 梁启超：《新民说》，《梁启超全集》，第3卷，页664。

王阳明道德学说的兴趣并不是以道德为人生目标，支配传统修身理论的儒家的"仁"和"内圣外王"的思想内容在梁启超的新民说中都被暗中削弱了㉝。实际上这不只是观点"削弱"的问题，而是整个理论"视界"转换的问题，用梁启超本人的术语说这是"道德革命"的问题。

与此相关，传统儒学"为己"视界中的"己"在存在论上被改造为"国民之一分子""人道之一阿屯"。"家"逐渐被视为"罪恶的渊薮"㉞，传统的"身家"成了现代"国家"的累赘，套用章太炎的术语说，从家族伦常之中挣脱出来成为"大独"，才能成就国家这个"大群"。传统的"身—家—国—天下"的存有链条断裂为"个体"（"身""大独"）与"国家"（"大群"）两截㉟。作为"身家"存在的人之观念甚至也遭受到第一代新儒家的怀疑，称"家庭为万恶之源，衰微之本"的熊十力自不必说㊱，连最为保守的马一浮也感慨说，儒家即便程朱诸公亦未尝不婚，儒者自大贤以下鲜不为室家所累㊲。"离家出走"方能真正成为无牵无挂、放开手脚做大事的"个体"。现代性中的个体其本质就是"出离自身"的，即是"无家可归"的。于是原来旨在觉悟成圣的"身"被塑造为一种具有冲破罗网、敢于行动的革命觉悟的主体，原来的"为己之学"变成了带有革命气质的主体性哲学。传统扎根于人伦共同体之中的"修身"变成了政党信仰共同体之中的"修养"与超越人伦的"革命觉悟"。

而与"为己之学"一同被转换的是"天下同风"的视界。宋明理学

---

㉝ 张灏著，崔志海、葛夫平译：《梁启超与中国思想的过渡（1890—1907）》（南京：江苏人民出版社，1995），页165。

㉞ 诚如张灏所指出的，家庭伦理在梁启超那里尚未成为国民发展的障碍，这可能与他受到日本"忠孝一体"的观念影响不无关系。同前注，页91。

㉟ 王汎森指出，晚清知识分子认定中国积弱不振的关键原因在于，由于家族宗法势力、森严的等级区分、三纲五常的束缚、政府与民意的隔阂，使得直的意志无法贯彻，横的联系也无从展开。打破以上种种"分别相"，释放被各种藩篱所限制、所隔阂的社会力量，一言以蔽之，打破旧世界、冲决网络，才能成就一个新世界、一个新国家。见王汎森：《中国近代思想与学术的系谱》，页108—116。

㊱ 熊十力：《与梁漱溟》，萧萐父主编：《熊十力全集》（武汉：湖北教育出版社，2001），第8卷，页651。

㊲ 马镜泉等点校：《马一浮集》（杭州：浙江古籍出版社、浙江教育出版社，1996），第3册，页1053。

## 从"天下"到"世界":阳明学视界的近代转换及其反思

"民胞物与""万物一体之仁"之精神旨趣在于突破人己、物我界限("无有乎人己之分,物我之间"),在梁启超看来此天下同风的意识造成中国人"知有天下而不知有国家",进而"视国家为渺小之一物,而不屑厝意",更为重要的是,国家作为"大群"其成立"必以对待",即"群"之为"群"必有一"界限"意识:对外竞争,故须善认"群外之公敌";对内团结,故必不认"群内之私敌"。这种民族国家建构之中分清敌友的意识后来则成为中国革命的"首要问题"——只是在后者那里,敌友的划分是依照阶级而不再依照国族,或者说阶级敌人已经被放逐于"群"之外,不属于革命"群众"的队伍。而根据现代某些政治哲学家的看法,划分道德领域的标准是善与恶,审美领域是美与丑,经济领域则是利与害,政治领域则是敌与友,把敌人明晰无误地确定为敌人是政治诞生的时刻:"所有政治活动和政治动机所能归结成的具体政治性划分便是朋友与敌人。"㊳显然,"天下之人,无外内远近,凡有血气,皆其昆弟赤子之亲",阳明的这种"天下"视界在根本上是一种消解现代政治的意识。在饥鹰饿虎、万国竞争的丛林时代,民族国家体系的世界视界取代这种天下一家、天下同风的视界自是"大势"所趋、在所难免。

人伦教化("孝弟慈")、为己之学、天下一家、万物一体,这些传统阳明学情怀被搁置,惟其知行合一的行动哲学、致良知之工夫论因具有一种"动的精神"而从其原有的视界之中"脱嵌",并被"嵌入"现代民族国家与政党政治的视界之中。这体现在"个人意识"与"团体意识"两个方面。第一,就个体的心性世界的锤炼而论,它成为政治领袖、时代的先知先觉者自我规训、自我挺立、自我决断的精神指引,贺麟一度称蒋介石为"王学之发为事功的伟大代表",认为其责己之严、治事之勤、革命之精诚、事业之伟大,皆由于精诚致良知之学问得来㊴。梁漱溟在读到《德育鉴》后,深信救国救世,建立功业、作大事之人"必须有人格修养才行"㊵。在有志之士中,用阳明心学乃至宋明理

---

㊳ 施密特著,沈雁冰译:《政治的概念》(上海:上海人民出版社,2015),页30。
㊴ 蒋介石与阳明学之关系见黄克武:《蒋介石与阳明学:以清末调适传统为背景之分析》,收入黄自进主编:《蒋中正与近代中日关系》(台北:稻香出版社,2006),页1—26。
㊵ 梁漱溟:《我的自学小史》,《梁漱溟全集》,第2册,页683。

学锤炼自己的人格、培养自己的革命意志,已蔚然成风。第二,就培育团体意识而论,它成为现代政党政治统一认识、提升党的政策一竿子插到底的贯彻力、执行力的重要思想资源,成为"实行革命主义最重要的心法"。"全民总动员的国家"与政党政治最终必须诉诸全民性的意志、觉悟与行动力,用孙中山的话说,"革命必先革心"。从梁启超、孙中山、蒋介石到毛泽东这些现代政治风云人物纷纷关注知行问题,不亦宜乎!不用说,"全民"之民已经抖落干净传统的"身家"关系。它不再是多元的、具有不同身份的"复合群体",而是清一色的、拥有统一意志的"单纯的同质性"的整体㊶。塑造这种具有统一意志的"群体"便成了中国现代性"教化"的最重要任务,"改造社会"("社会改造")与"改造自我"("自我改造")乃车之两轮、鸟之两翼,从梁启超的新民说到刘少奇的共产党员修养论,这是个一以贯之的主题。作为单刀直入、直指人心的阳明心法,自然在这场持续百年的近现代中国的"国性""党性"乃至"人性"营造与改造运动之中,发挥着重要作用。

  正是在这个视界转换的过程之中,本已是不绝于缕的阳明学却如枯木逢春,重获生机。然而这是与原有的母体、土壤脱嵌而被移植于新的境域之中所获得的"生机",其生机处重又是其"危机"处。早在1905年,梁启超在《德育鉴》中就将"致良知"与"爱国"划等号,反复强调阳明的爱父母、妻子的良知就是"爱国之良知",在爱国成为"吾辈今日之最急者"时代,人人须以阳明刻刻不欺良知的心法来检查、省察自己的"爱国心"之诚伪㊷。而在1932年,蒋介石在其《自述研究革命哲学经过的阶段》一文中直接呼吁:"爱国家,为国家牺牲,就是个人良心上认为应该做的事情,这就是良知",否则"只顾逞意志,争权利,就是在强敌压境的时候,还要破坏统一,破坏团结,并且借这个机会来反对党,推倒政府,这就是不能致良知"㊸。由于"国家"

---

  ㊶ 张灏:《五四与中共革命:中国现代思想史上的激化》,《"中央研究院"近代史研究所集刊》2012年第77期,页8。
  ㊷ 王汎森指出,这种将良知与爱国联系在一起的思想是阳明以来所不曾强调的。见王汎森:《中国近代思想与学术的系谱》,页137—138。
  ㊸ 刘健清编:《中国法西斯主义资料选编》(一)(北京:中国人民大学中共党史系,1985),页109—110,117。

与"主义"成了终极视界,而对"国家"与"主义"的理解呈现出党派性与阶级性根本性差异,在传统阳明学那里本是"一个"的良知遂变成了复数。于是,"良知"这个原本最可靠、最自明的观念变成了可疑的符号。借用当代伦理学家的话说:许多以**"我的良心是我的向导"为根据的行为的所谓正确性,不过是将不道德行为合理化而已**。例如,政治刺客和恐怖主义者一般都以良心来证明自己的行为是正确的。所以,良心的可靠性不是自我有效的,事实上,它需要一个外在的确证根据㊹。在"革命"话语中,"既是刽子手又是牧师"的阳明,其"良知"不过是反动统治阶级的声音而已㊺。实际上早在"排满"与"民族主义"高涨的晚清,章太炎就对"途说之士羡王守仁"现象表示不解,阳明学问"至浅薄""无足羡",而且还犯有双重的政治立场错误:"抑守仁所师者,陆子静也。子静羁爪善射,欲一当女真,与之搏。今守仁所与搏者,何人也?……以武宗之童昏无艺,宸濠比之,为有长民之德。晋文而在,必不辅武宗蹶宸濠明矣。"㊻阳明所搏击的对象不是北方的"异族",故民族大义上是非不明,更为重要的是,他站在武宗立场而不是追随"有长民之德"的宸濠,故革命是非不清。双重是非不明,起阳明于地下,会有何辩解?无端礼乐纷纷议,谁与晴天扫旧尘?这种对阳明"无端"批评背后折射出的是另一套"是非"标准,在弱肉强食的新战国时代,在保种、保祖、保教、保国的危机氛围之中,国势强弱、民族存亡成了最高的价值判准,"富强"成为第一价值,王道让位于霸道,"天伦""人伦"之"理"让位于"内竞"与"外竞"之进化论"公例"。

---

㊹ 彼彻姆著,雷克勤等译:《哲学的伦理学》(北京:中国社会科学出版社,1990),页395。

㊺ 杨天石:《王阳明》(北京:中华书局,1972)。值得注意的是,蒋介石30年代在江西围剿红军时期,就亲自编订了《王阳明平赣录》一书,期望对江西("昔阳明平贼之地")所开展的清剿有所补益(见《王阳明平赣录》[上海:青年与战争社,1933],"序言",页4)。王任叔以"剡川野客"为笔名于1941年《大陆》第1卷第6期发表《王阳明论》一文,径斥王阳明"把'**国家至上**''**民族至上**'统统归纳到皇帝老子底'心术至上'里面去",并明确指出,王阳明治理南赣汀漳所推行的十家牌法,在围剿时,武汉南昌一带也着实奉行过。无疑,王任叔在这里深刻揭示了现代政治之中"国家""民族"与"心术"捆绑在一起的情形。

㊻ 章太炎著,徐复点校:《太炎文录初编》(上海:上海人民出版社,2014),页116。

## 三、"大道意识"的再觉醒:
## 超越"天下"与"世界"

在传统的阳明学的"天下同风"与"为己之学"的取向的视界中,其基调是"通",人天、身心、人我、人物之间声气相通,感通无碍。自我的安顿、人际的和谐、天人的沟通、天地万物的共鸣,这是身—家—国—天下一气流通的存有论的必然要求。

近代阳明学的"世界"视界所塑造出的国家主义、民族主义价值取向,却带有强烈"隔"的色彩。"隔"有"隔"的意义,它成就了"界限"意识、"权界"意识,乃至现代意义上的"自由"空间。在弱肉强食的"国与国竞之世","国家"成为存在的基本单位("今世界以国家为本位"),也因而成了基本的思考单位。中国人如不能使中国"进为世界的国家"则即是劣种,而优种殄灭劣种乃"世界之大势",中国人种之优劣取决于能否建设"一完全之国家"。被开除"球籍"的民族生存焦虑折磨了国人百年之久。从传统的"天下"视界之中"隔"出一个卓然立于世界民族之林的国家与民族的"大群",可谓是一百多年来几代有志之士萦绕于怀的"中国梦"之所在。

然而"隔"如完全丧失了"大道"意识,便会带来前所未有的"隔阂"。放眼当今全球化时代,"时空的压缩"让不同的文明、不同种族、不同信仰的人汇聚到了同一个世界("地球村")之中。"全球意识""人类命运共同体"意识理应成为全球化的"共识"与"时代精神"。实际上,即便是在晚清"盛世危机"时代,传统的"天下一家"观念也一直没有退出国族建构者的"世界"视界,康有为的"大同"论、谭嗣同的"有天下而无国"的"地球之治"论以及一战后梁启超的"世界主义的国家"与"尽性主义"论,这种种"反现代性的现代性理论"("反西化的西方主义")一直绵延不绝[47]。孙中山虽然一方面抱怨传统中国之

---

[47] 以康有为为例,他充分意识到民族国家世界体系的问题:"人人自私其国而夺人之国,不至尽夺人之国而不止也。或以大国吞小,或以强国削弱,或连诸大国以攻灭一小国,或联诸小国以抗一大国……其战争之祸以毒生民者,合大地数千年计之,遂不可数,不可议",惟有消除国家这一形态("去国"),才能在根本上让人类进入"太平世"。(转下页注)

从"天下"到"世界":阳明学视界的近代转换及其反思

所以"不国"就是因为传统的世界主义(实则是"天下主义")抑制了"民族主义",故当今中国应该大力提倡民族主义,不过他话锋一转,中国的民族主义包含着真正的世界主义精神,因为欧洲的世界主义是有强权无公理的世界主义,中国的世界主义是天下为公、大同之治的和平主义㊽。即便是后来的社会主义、国际主义论述中,"天下一家"的雪泥鸿爪仍然依稀可辨。郭沫若在20年代称王阳明学说与"近世欧西社会主义"有"一致点",并说他自己既"肯定王阳明",同时"更是信仰社会主义",因为"马克思与列宁的人格之高洁不输于孔子与王阳明,俄罗斯革命后的施政是孔子所谓的'**王道**'"㊾。无疑,近代的世界主义论述究竟在多大程度是由传统天下的观念生发出来的,而不是由"另类的西方世界"观(一种扎根于基督宗教的乌托邦主义终末论的世界观)投射给传统而制造出来的,甚或是某种出于对"西方"爱恨交织的"两难心理"激发出来的,仍还是值得深究的问题。

反观阳明学复兴百年史,其命运确实脱离不了现代国家的建构。阳明学的大道意识与为己之学的思想品性固然可以在现代"个体"与现代"世界"中得到转化与安顿,但到底阳明学与"国家"的建构是什么关系?阳明学为现代民族国家建构除了提供了"革命的心法"之外,能否为"非主体运作"的制度建设提供支持以及提供何种支持,诚是值得进一步追问的问题㊿。徐复观在《中国人性论史·先秦篇》中,辟专节讨论王阳明将朱子《大学章句》中的"新民"重新改回"亲民"的政治意义,称王阳明之所以再三反复于《大学》上的"亲"字与"新"字的一字之争,"这是他隐而不敢发的政治思想之所寄。他看到越是

---

(接上页注)见康有为:《大同书》,《康有为全集》(北京:中国人民大学出版社,2007),第7集,页118。

㊽ 梁治平:《"天下"的观念,从古代到现代》,《清华法学》2016年第5期,页31。

㊾ 《郭沫若全集·历史编》(北京:人民出版社,1984),第3卷,页299。

㊿ 匿名审稿人指出:"王学如果在当代还起作用的话,在个体与天下之间的中介环节概念'国家'即不能不处理,到底王学与'国家'的建构是什么关系?中国的现代化转型的焦点可以说即是如何建世界格局意义下的'国家'概念,五四新文化运动的核心民主与科学可视为现代意义下的国家的实质内涵。国家依宪法的具体主张而建构,科学认知心—物理的格式而呈现,民主与科学两概念都预设了非主体运作的客观性原则而成立,宪法、物理都不是良知概念的分析命题,王学的成立恰好是对程朱'格物穷理'说的否定。王学的'大道'有强烈的情感内涵,以及感通的天下内涵,但就是不太处理'对己意识'的'物'或'法'的问题。"

坏的专制政治,越常以与自己行为相反的道德滥调(新民),作为榨压人民生命财产的盾牌;所以他借此加以喝破。他的话,尤其对现代富有伟大的启示性;因为现代的极权政治,一定打着'新民'这类的招牌,作自己残暴统治的工具。只有以养民为内容的亲民,才是统治者对人民的真正试金石,而无法行其伪……所以王阳明的反对改亲民为新民,乃有其伟大的政治意义"。㊾ 当代新儒家对"新民"警惕的背后,无疑折射出他们的强烈的"道德"与"政治"分际意识、群己权界意识㊿。实际上,早在 20 世纪初刘师培《中国民约精义》一书(1903 年)"王阳明"条目下,即将阳明万物一体思想与卢梭的社会契约论绾合在一起,并认定阳明的良知说蕴含着自由平等与民权之旨。其后,陈一冰《王阳明政治思想》(《天籁》1937 年第 26 卷第 1 期)、胡秋原《王阳明:中国第一个民主主义者》(《民主政治》1945 年创刊号)从不同角度阐述阳明思想与欧西民主思想的相关性,后者径称王阳明为中国"第一个有意识对民主主义给予哲学基础的人"㊼。要之,阳明学不仅可以为现代"国性"建构提供精神动力,亦可为个体的尊严、"信赖社群"(fiduciary community)的重建,为超越民族国家的限囿提供丰厚的思想资源。

"天下""世界""环球"这些出自不同时代、不同地域的概念最终交织在一起,构成了我们今天研究王阳明哲学思想的"视界"。

研究王阳明,首先要理解王阳明。而理解阳明就要求我们"悬搁"我们的"视界"而进入阳明的"视界"之中,在阳明的"生活世界"之中理解他。只有沉潜于阳明的精神世界之中,掘地及泉,疏通并接上中华文明的慧命脉络,阳明学的意义才能在我们这个"世界"之中重新被激活,被承继,被发扬。因为阳明学固有的"天下"与"为己"视界与"大道意识"使得其致良知话语本身即具有开放性、普遍性与生存性特征。实际上,整个理学体系之中"理"与"心"皆是普遍性的范

---

㊾ 徐复观:《中国人性论史·先秦篇》(上海:三联书店,2001),页 258—259。
㊿ 相关讨论见陈立胜:《"亲民"抑或"新民":从传统到现代》,《宋明儒学中的"身体"与"诠释"之维》(北京:商务印书馆,2019),页 283—314。
㊼ 参见陈立胜:《入圣之机:王阳明致良知工夫论》,页 14;李明辉:《阳明学与民主政治》,《儒家视野下的政治思想》(台北:台湾大学出版中心,2005),页 17—32。

畴,理学之知识体系自其始就既不以"地方性"知识、"时代性"知识自限自画。用《中庸》的话说:"君子之道,本诸身,征诸庶民。考诸三王而不缪,建诸天地而不悖,质诸鬼神而无疑,百世以俟圣人而不惑。"阳明每每强调良知之在人心,"无间于圣愚,天下古今之所同也","亘万古,塞宇宙,而无不同"。这种儒家知识普遍性的信念,这种阳明所称的道大无外,圣学之全,无所不具之精神,决定了在今天讲王阳明哲学乃至儒家哲学必须要具备一真正的"世界"视界。让由于近代视界的转换而造成的儒家知识**地方化**""**国族化**""**时代化**"重新"**普遍化**""**世界化**""**现时化**",让阳明的"大道意识"再次成为我们眺望未来的地平线,是当今中国哲学研究的重要使命。

第一,阳明心学乃至"中国心学"之"心"乃"天地之心"之发窍"最精处"。"心"乃天道、地道、人道交感共鸣的"神经枢纽","天"之高、"地之深"、人之尊严、万物之生机均在此处得以呈现。心学研究必面向此心之高大、广远、深厚、恢弘之"实事"本身,而不应将"心"窄化、矮化、固化为国族心、地方心。

第二,阳明学"天下同风"之中的"通"义,内在地含有"通中外""通古今""通天地""通人我"的精神力量。这种万物一体"通"的精神当然不只是阳明学或儒家独有的精神,实际上每个伟大的文明都有这种普世性的关怀。只有这种"通"的精神才能化解民族、国家乃至宗教所造成的人为的、过度化的"隔"。"大道"意识的觉醒必超越"教"之"隔阂"乃至"藩篱",人类命运乃至物种命运的共同体的建构,离不开对这种"通"的精神重新解释。

第三,这个"大道意识"是基于对圣学之全无所不具的自信,故能够超越狭隘的"教"之固化与封闭的立场、超越"教"之异同意识,而向所有能够"成全""丰富"人性的精神资源敞开。立足于圣学"大中至正之道",超越三教的界限,"求其是者而学焉",遂成就了宋明理学尤其是阳明学的博大精深的智慧,并一度成为东亚儒家文化圈共享的思想资源。于今全球化之世界,吸纳、转化异质的、多元的思想资源是儒学重新世界化、普遍化、现时化的重要途径。

阳明学义理之当代开展必须具备"大道意识",具体而言:(一)阳明学之中的"为己之学"含有丰厚的"心性""精神"资源,这些思想只有通过与包括印度在内西方心灵哲学、精神哲学、意识哲学对话才能更清楚地得到自我理解,进而超越异同而丰富其自身,并进一步解决当下的哲学问题;(二)阳明学之中的"天下一家、万物一体"的情怀涉及世间秩序、万物秩序的安顿问题,这些思想同样也只有通过与各大文明之中的政治哲学、社会哲学、生态哲学充分对话,才能得到创造性的转化;(三)阳明学之中的工夫论是儒家修身传统的重要部分,其实大凡各个伟大的宗教都有其各自的自我转化(人格转变、重生、再生)路径,故都有其各自的"工夫"。撇开印度宗教不论,基督宗教源远流长的灵修传统其丰富多彩的"自我技术"实不遑多让儒家的"成圣"工夫[54]。"工夫"这个词或在西方语言中或找不到准确的对应者,但这绝不意味着工夫论惟此中国哲学一家而别无分店。职是之故,阳明学的工夫论乃至儒家的修身学只有通过与古希腊罗马灵性修炼的传统、基督宗教的灵修学传统、印度宗教的身心修炼的传统对话,才能在人类文明的"自我转化"(self-transformation)之道中获得更清晰的自身定位;(四)阳明学富有"唯变所适"的时宜性、主动性与创造性[55],这种精神本身要求我们要超越古今中西种种现成视野之限制,立足于良知这个"大规矩",直面当今人类生存所面临根本性的生存困境,给出有效的解决思路。

要之,隔离乃至排斥"世界"视界,儒家哲学的重建将变成一种单向度的"特殊性"论述,其自我更新的精神资源势必日趋枯槁与萎缩,其最终的结果只能让儒家哲学远离世界哲学舞台,而陷入自说自话的"自恋式"的迷醉之中。

---

[54] 欧迈安(Jordan Aumann)著,宋兰友译:《天主教灵修学史》(香港:公教真理学会,1991);麦格夫(Alister E. McGrath)著,赵崇明译:《基督教灵修学》(香港:基道出版社,2004);米歇尔·普契卡(Michaela Puzicha)著,杜海龙译:《本笃会规评注》(上海:三联书店,2015)。对本笃会修炼工夫的现代意义的阐释,参索罗金(Sergei P. Sorokin)著,陈雪飞译:《爱之道与爱之力:道德转变的类型、因素与技术》(上海:三联书店,2011),第20章《修士的技术体系》与第21章《修道院的"心理分析"、咨询和治疗》,页419—494。

[55] 阳明屡屡称良知是大规矩,良知之于节目时变,犹规矩尺度之于方圆长短,"良知即是易,其为道也屡迁,变动不居,周流六虚,上下无常,刚柔相易。不可为典要,惟变所适"。

# 明清恶论探析：
# 王阳明"习"的概念起源与发展*

陈志强**

**内容提要**："恶"的问题之于儒学研究，尚是一个有待开发的议题。中晚明儒学自王阳明心学以降，"恶"的探索愈加聚焦在"心""念"等概念之上。有别于以往的研究焦点，本文将会根据详实的文本分析，论证"恶"的产生归根结底源于人性活动的"偏滞"情况，是谓"习"（如"习俗""习气"）的问题。更为精确测定"习"在"恶"的问题上的关键地位，有助在哲学史角度厘清明清恶论的一脉相承处。本文将会扣紧"习"的概念，以王船山、陈乾初、颜习斋为例，阐明明清之际儒学恶论的理论发展。

**关键词**：习，恶，王阳明，王船山，陈乾初，颜习斋

## 一、引　言

"恶"的问题在儒学发展史中，向来是一个较为隐匿的议题。虽然谈论过恶的理论资源，自先秦以降便已散见于各种原始文献当中；然而，直接显题化地探讨"恶"的问题，更得说是宋明儒者的特长，如唐君毅说："孟子所谓欲，不过小体耳目五官之欲，此虽可为大体之心之害，其害尚浅而易见。宋明儒之言私欲，其义已远深于此。……吾尝谓对一切人在道德生活中一切反面之物，如私欲、意见、习气等之

---

\* 本文为台湾科技事务主管部门专题研究计画（爱因斯坦培植计画）"习与性成：清代儒学中'恶'的问题"（计画编号：108 - 2636 - H - 002 - 005 - ）的阶段成果。初稿曾以《明清恶论初探》为题，宣读于香港中文大学哲学系举办的"王阳明哲学"工作坊。本文写作过程承蒙妻女赖凤宝及陈乐澄提供坚强的心灵后盾，研究助理朱耘廷协助资料搜集与理论分析。没有以上种种协助，本文难以完成，谨此一并致谢。

\** 台湾大学哲学系助理教授。（电邮：ckchan@ntu.edu.tw）

正视,乃宋明儒学之共同精神。"①而在宋明理学之中,"晚明一段时间"乃关键的时期②,直至明末刘蕺山的《人谱》而达至理论高峰。近年来,笔者即以"晚明一段时间"——自王阳明以降,下辖阳明后学,直到刘蕺山为止——为中心,整理出一套晚明儒学"恶"的理论。相关的研究成果,亦已经结集成书发表于《晚明王学原恶论》③。根据拙著的理解,阳明学不仅以"心"作为道德修养的根据,在罪恶萌生的过程中,"心"的某些特性竟也是帮凶④。刘蕺山即说:"有心,恶也;无心,过也。"⑤无"心"为之,充其量只是无心之"过";有"心"为之,"恶"才得以渐次萌生。再者,阳明学一个重要基调,更在将"心"聚焦到强调时间维度的"念"("今心为念"⑥),以凸显"见在""当下"是为善作恶的关键时机。龙溪有以为"转念"形成"邪念",近溪忧心"起念"沦为"光景",念庵警惕"念虑"易有"搀和",蕺山亦严防"转念"构成为厥心病的"余气"⑦。凡此皆见"心"及其当下展现的"念",是阳明学者论"恶"的一大重点。此义拙著业已广泛讨论。然而,若从理论上看,"心"的本体在阳明学的界定中固然纯善无恶,作为"心"所当下如如表现的"念"亦无弊害(如龙溪所谓"今心为念,是为见在心,所谓正念也"⑧)。"心"从"道心"转为"人心"、"念"从"正念"转为"邪念",实质问题在于其"偏滞"的状态,如唐君毅说:"自一切恶之原始处言,则初只是此心之有所偏向而滞住。"⑨又自更宏观的哲学史角度来说,明清之际学者愈加放弃从"念"上用功。如明末刘蕺山严分"意""念",将"念"划归经验层⑩,并疑"以念止念"只会"又添一分意

---

① 唐君毅:《中国哲学原论·原教篇》(北京:中国社会科学出版社,2001),页 155。
② 张灏:《幽暗意识与民主传统》(北京:新星出版社,2006),页 39—40。
③ 陈志强:《晚明王学原恶论》(台北:台大出版中心,2018)。
④ 同前注,页 91。
⑤ 刘蕺山撰,戴琏璋、吴光等编:《学言上》,《刘宗周全集》(台北:"中央研究院"中国文哲研究所筹备处,1996)第 2 册,语类 12,页 373。
⑥ 王龙溪撰,吴震编校:《念堂说》,《王畿集》(南京:凤凰出版社,2007),卷 17,页 501。
⑦ 相关的讨论分别见于:陈志强:《晚明王学原恶论》,页 145—146、137—138、174—176、190—192。
⑧ 王龙溪:《念堂说》,《王畿集》,卷 17,页 501。
⑨ 唐君毅:《中国哲学原论·原教篇》,页 311—312。
⑩ "意之好恶,一机而互见;起念之好恶,两在而异情。以念为意,何啻千里?"刘蕺山:《学言中》,《刘宗周全集》第 2 册,语类 12,页 412。

思",难以清澈本源⑪。高攀龙亦持相近立场:"人心日夜系缚在念上,故本体不现。须一切放下,令心与念离,便可见性。"⑫而就笔者初步的观察,清儒如陈乾初、颜习斋、戴东原者,更是少见以"念"为讨论的焦点;反倒是"习"的概念,愈加成为谈论"恶"的理论中心。这种对"念"理论态度的转变,亦可说与明清之际从心性讨论转换为实学问题的典范转移相当一致⑬。在这个脉络下,无论从理论深度抑或哲学史连续性来说,与"偏滞"相关的"习染"概念,可说在明清恶论中更为关键⑭。

本文撰写的目的,便是接续过去的研究成果,以之为基础进而更深入地探索罪恶的根源。本文的主要论证有二:(一)阳明恶论涉及面向多端的概念丛,但"恶"的出现根本而言与"习"的问题最为相关。笔者将会以"习"的概念为中心,重新分析阳明对"恶"的理解。(二)虽然学界有以为明清之际的儒学发展,经历了一种典范的转移;但在"恶"的问题上,明清儒学实有一脉相承的理解。笔者将会以王船山、陈乾初、颜习斋等一些清代儒者为例子,说明明清恶论的主要发展。通过本文的梳理,"恶"的问题在明清哲学史的理论发展可望更为明确。

## 二、王阳明以"习"言"恶"的隐匿主张

关于王阳明对"恶"的理解,学界已经累积了一定的研究成果。例如陈立胜、陈士诚、黄勇、赖柯助等学者,都有专题论文⑮,从不同角

---

⑪ 参考黄敏浩:《刘宗周"四句"的诠释》,《中国文哲研究通讯》第 31 期(1998 年 9 月),页 110。
⑫ 高攀龙:《示学者》,《高子遗书》(台北:台湾商务,1983《文渊阁四库全书》影印本),卷 3,页 360。
⑬ 郑宗义:《明清儒学转型探析:从刘蕺山到戴东原(增订版)》(香港:中文大学出版社,2009),页 1—40、171—188。
⑭ 这里之所以进一步厘清本文从"习"(而非"念")入手探讨明清恶论,乃受惠于匿名审查人的建议。
⑮ 陈立胜:《王阳明思想中"恶"之问题研究》,《中山大学学报(社会科学版)》第 193 期(2005 年 1 月),页 18—23。陈士诚:《以阳明自蔽其心之自我概念论人之恶》,《中国文哲研究集刊》第 52 期(2018 年 3 月),页 45—78。Yong Huang, "Moral Luck and Moral Responsibility: Wang Yangming on the Confucian Problem of Evil," in *Why Traditional Chinese Philosophy Still Matters*, edited by Ming-dong Gu (London: Routledge, 2018), pp.68-81。赖柯助:《良知、立志与知行合一:再论阳明如何回应道德之恶》,(转下页注)

度剖析同样的议题。不约而同地,这些研究大都旁及了"习"的概念,作为"恶"之所以出现的某种解释。而其中,"习"很多时会直接被理解为分属于外在环境影响的"习俗",如黄勇:"这里阳明提及恶的两个根源:'习',人所出生与成长的环境;'气',人所与生俱来的身心禀赋。阳明通常统称为'习气'。"(笔者译)⑯唯必须注意的是,不乏学者提醒"习"可以理解为更与心理状态相关的"习气",如陈士诚:"习气之胜于人,乃人有意识地自主于让此经验心理学元素——习气之心理状态,在人之心灵上占有地位。"⑰虽然如此,过去的研究大都未有以"习"作为核心概念理解阳明恶论。本文认为,"习"在阳明恶论中具有关键的理论地位,值得学界更为注意。事实上,根据拙著《晚明王学原恶论》的研究发现,阳明学者解释"恶"的出现时,"心"是最为关键的概念⑱,而个中的运作机制,又得聚焦在心念表现为知识活动时所产生的留滞情况⑲。而这些理论线索,其实都能够一一归结到"习"的概念之上。更加显题化地以"习"的概念为中心,理解"恶"的问题,将能够更好地帮助我们理解阳明恶论的理论定位:一方面,阳明恶论继承了先秦儒学开启的理论方向;另一方面,清代儒学理论发展的源头背景亦更能廓清。

自先秦以降,孔孟便对人性善恶的问题,提供了一个为宋明儒者所继承的理论方向:

> 夫子说"性相近",即孟子说"性善",不可专在气质上说。若说气质,如刚与柔对,如何相近得?惟性善则同耳。人生初时,善原是同的。但刚的习于善则为刚善,习于恶则

---

(接上页注)"王阳明哲学"工作坊会议论文(香港:香港中文大学,2020 年 1 月 17—18 日)。另外,陈来认为恶的问题"在阳明哲学中都未得真正解决",这个观点亦值得注意。见陈来:《有无之境:王阳明哲学的精神》(北京:北京大学出版社,2013),页 75。

⑯ Huang, "Moral Luck and Moral Responsibility: Wang Yangming on the Confucian Problem of Evil," p.70.

⑰ 陈士诚:《以阳明自蔽其心之自我概念论人之恶》,页 68。

⑱ 陈志强:《晚明王学原恶论》,页 90—91。

⑲ 意想不到的是,本文所述"流弊"状态中"过恶"的产生,竟然与"心"的"知识"活动关系密切。笔者曾详细分析"过恶"与"知识"的同构机制,读者可以进一步参考。见陈志强:《晚明王学原恶论》,页 92—96、128—138。

为刚恶;柔的习于善则为柔善,习于恶则为柔恶,便日相远了。⑳

阳明结合孔孟"性相近"与"性善"之说,认为人性从其原初状态来说,同样是"善"。笔者过去曾提出一种"人性圆融说",论证在阳明学中,不仅形而上的"心""性"本"善",即便是形而下的"气""情""欲",就其原初状态(original status)而言,同样一皆是"善"㉑。那么"恶"从何来?王阳明即指出,"恶"的出现只能诉诸本"性"以外、后天之"习"所影响而导致的流弊状态(corruptive status)。换句话说,虽然人性整体本"善",但人的气质有刚柔、厚薄、清浊、强弱等差异,因着"习"的影响,从后天的发展来说,则亦不免表现出"日相远"的"善""恶"之分㉒。事实上,阳明这种解释,乃承袭自程明道的人性论。程明道即创新诠释告子"生之谓性"一说㉓,提出:(一)人性的本然状态——无论是形上之"性"抑或形下之"气"——皆落在孟子言性善的范围,而纯善无恶("生之谓性,性即气,气即性,生之谓也……凡人说性,只是说继之者善也。孟子言性善是也,夫所谓继之者善也者,犹水流而就下也")。(二)人的本性虽然纯善无恶,但在后来的发展中则有清浊之不同("皆水也。有流而至海,终无所污,此何烦人力之为也?有流而未远,固已渐浊;有出而甚远,方有所浊。有浊之多者,有浊之少者。清浊虽不同,然不可以浊者不为水也")。水流清浊所代表的人性善恶,是后天发展的不同结果,而不得反过来溯源为先天人性的本然差异("不是善与恶在性中为两物相对,各自出来")。(三)修养工夫的重点即在使人性回复本然状态("复性"),而不在去除人性看似较为卑下"气"的部分("如此,则人不可以不加澄治之功。故用力敏勇则疾清,用力缓怠则迟清,及其清也,则却只是元初水也。亦不是

---

⑳ 王阳明撰、吴光等编校:《传习录下》,《王阳明全集》(上海:上海古籍出版社,1992),卷3,页123。

㉑ 陈志强:《晚明王学原恶论》,页107—117。

㉒ 笔者曾经逐一分析人性内部结构的"心""性""气""情""欲",指出在"本原"的层面,人性内部不同结构全皆是"善";但在"流弊"的层面,人性内部不同部分一并滑落为陷溺异化的状态。本文更着重以"习"的概念,重新梳理与统摄错综复杂的论述。

㉓ 程颢、程颐:《二程集》(台北:里仁书局,1982),卷1,页10—11。

将清来换却浊,亦不是取出浊来置在一隅也。水之清,则性善之谓也")。阳明的"人性圆融说",完全继承了明道这种扣紧"性"与"气"的人性理解,如其谓:"(生之谓性)固是性,但告子认得一边去了,不晓得头脑。若晓得头脑,如此说亦是。孟子亦曰'形色天性也',这也是指气说"㉔,"孟子性善,是从本原上说⋯⋯若见得自性明白时,气即是性,性即是气,原无性气之可分也。"㉕由此看来,阳明的人性论其实统合了孔孟以至明道的理解,而明确将"善""恶"之分、"恶"的出现诉诸人"性"之外"习"的原故。

"习"对人性发展的影响,初步最容易被理解为"习俗"的问题:

> 咨尔民,昔人有言:"蓬生麻中,不扶而直;白沙在泥,不染而黑。"民俗之善恶,岂不由于积习使然哉!往者新民盖常弃其宗族,畔其乡里,四出而为暴,岂独其性之异,其人之罪哉?亦由我有司治之无道,教之无方。尔父老子弟所以训诲戒饬于家庭者不早,薰陶渐染于里闬者无素,诱掖奖劝之不行,连属叶和之无具,又或愤怨相激,狡伪相残,故遂使之靡然日流于恶,则我有司与尔父老子弟皆宜分受其责。㉖

这里阳明明言,人的善恶乃由习俗熏染所致。据其引述《荀子·劝学》,当个体("蓬""白沙")置身更广大的群体("麻""泥")之中,群体环境即形成一种外在他力,驱动个体产生提升("不扶而直")或堕落("不染而黑")的改变。相对于人性本身的差异与罪咎,这里阳明更强调风俗环境的负面效应。陈立胜于此具有相同的观察:"在这里,恶之缘起问题乃出于'积习'⋯⋯积习是社会造成的。"㉗因着败坏的风俗,终致平民犯下种种暴行,"日流于恶"。败坏习俗驱动人堕落的影响力既"深"且"广":从"深"的一面来说,所谓"习俗难革而易流"㉘,"习性

---

㉔ 王阳明:《传习录下》,《王阳明全集》,卷3,页100。
㉕ 王阳明:《传习录中》,《王阳明全集》,卷2,页61。
㉖ 王阳明:《南赣乡约》,《王阳明全集》,卷17,页599—600。
㉗ 陈立胜:《王阳明思想中"恶"之问题研究》,页22。
㉘ 王阳明:《寄闻人邦英邦正(戊寅)》,《王阳明全集》,卷4,页168。

已成,难更改动"㉙,"夫民习染既久,亦难一旦尽变"㉚,阳明一再指出习俗有愈加使人泥足深陷的魔力。一方面,习俗的形成必然涉及长久持续的历史时间,偶发单一的社会现象并不构成风俗。在习以为常之下,个体容易有一种自然倾向"继续"（continue）过往的常规。另一方面,习俗的形成亦必然涉及广泛的社会群体,纯粹个人的观念行为并不构成风俗。而在群众影响之下,个体亦容易倾向"复制"（repeat）他人的作为。是则根据习俗这样的稳定结构,厕身于内的个体更容易淹没其中,一旦泥足"深"陷,更难超拔改动。至于从"广"的一面来说,习俗的熏染固然影响着世俗的常人,如寻常百姓在风俗不美的乱世中容易沦落为盗;但即使是有志向学的贤者,亦难遽免习俗的拖扯。如阳明曰:"习俗移人,如油渍面,虽贤者不免,况尔曹初学小子能无溺乎?"㉛"与不善人居,如入鲍鱼之肆,久而不觉其臭,则与之俱化。孔子大圣,尚赖'三益'之资,致'三损'之戒。"㉜周遭环境有感染同化人们的力量,"广"泛导致君子与小人皆难超拔乎流俗。对于阳明之世的贤者来说,陷溺"功利"与"词章",自是源头久远的败坏习俗（"群儒之论终亦未能有以破其功利之见。盖至于今,功利之毒沦浃于人之心髓,而习以成性也几千年矣""后世记诵词章之习起,而先王之教亡"）㉝。而在阳明自身的学说立场看来,心即理、知行合一乃圣学第一要义,是则其时流行学界的格物穷理、知先行后等说,又构成了蒙蔽学者的习见（"非惟不得格物之旨,并穷理之义而失之矣。此后世之学所以析知行为先后两截,日以支离决裂,而圣学益以残晦者,其端实始于此。吾子盖亦未免承沿积习见,则以为于道未相吻合,不为过矣"㉞）。

毋庸置疑,导致善恶差异之"习",具有群体层面"习俗"的意义。但阳明思想与宋明理学作为内圣成德之学㉟,面对人性善恶的问题,

㉙ 王阳明:《告谕浰头巢贼》,《王阳明全集》,卷16,页562。
㉚ 王阳明:《告谕》,《王阳明全集》,卷16,页565。
㉛ 王阳明:《赣州书示四侄正思等》,《王阳明全集》,卷26,页987。
㉜ 王阳明:《书顾维贤卷（辛巳）》,《王阳明全集》,卷8,页275。
㉝ 王阳明:《传习录中》,《王阳明全集》,卷2,页56、87。
㉞ 同前注,页48。
㉟ 牟宗三:《心体与性体（一）》（台北:正中书局,1968）,页6。

首要的关注焦点始终仍是落于个体自我修养的范围。在这个理论背景下,个体层面的"习气"问题更是思考罪恶的关键。如阳明所指出,"习气已深,虽有美质,亦消化渐尽"㊱,"所云'善念才生,恶念又在'者……无乃习气所缠耶?"㊲,"习染既深,而后克治之难也"㊳,即使人性本身或后天修为致使有"美质"存在,但在"习气"的拖累下,"美质"亦会消化渐尽,未能发挥内具的作用。是则"习气"不仅妨碍常人良知的呈现,更令学者的克治工夫愈见艰难。无论贤愚,良知所驱动的善行或修养,终将乍现乍灭,阳明所谓:"正如池面浮萍,随开随蔽。"㊴于此乃见"习气"的祸害。

至于"习气"问题如何产生?则仍当回到阳明心学"心"的关键概念中索解。阳明曾经严分"习气"与"本性"的概念,并从心"志"的挺立与否说明"习气"的消长:

> 夫恶念者,习气也;善念者,本性也;本性为习气所汩者,由于志之不立也。故凡学者为习所移,气所胜,则惟务痛惩其志。久则志亦渐立。志立而习气渐消。学本于立志,志立而学问之功已过半矣。㊵

与上文论述一致,这里阳明亦说人性的本然状态一皆是善,顺此而来的念头亦为"善念";唯因后天而成的"习气"影响,才会为习所缠、所汩、所移,于是"恶念"乃生。必须注意的是,这里阳明将"本性"与"习气"对举,并分别归属于"善"与"恶",则知"恶"的出现不能归因于先天的本性,而只能溯源于后天"习气"的因素。通过这种对"习气"根源的理解,阳明理论上更加凸显自我对善恶问题的主控权力:正由于"恶"的出现并不是"原罪"般先天地存在人性之中,而是人自己后天修为的结果,是则人通过内在的立志力量,即能从根本上渐消"习气"

---

㊱　王阳明:《与黄宗贤(二)》,《王阳明全集》,卷4,页150。
㊲　王阳明:《与克彰太叔》,《王阳明全集》,卷26,页983。
㊳　王阳明:《寄诸弟(戊寅)》,《王阳明全集》,卷4,页172。
㊴　王阳明:《与黄宗贤(六)》,《王阳明全集》,卷4,页153。
㊵　王阳明:《与克彰太叔》,《王阳明全集》,卷26,页983。

的问题。是以阳明亦谓:"故责志之功,其于去人欲,有如烈火之燎毛,太阳一出,而魍魉潜消也。"㊶如太阳一出,魍魉潜消。心志之挺立,自有消习气去人欲之功。反过来说,"习气"问题之所以酝酿产生,虽然难免种种外在因素的助成,但从根本的意义上来说,乃"志"之不立的结果。换言之,罪恶归根结底仍是人的主体自己造成,咎由自取。阳明不少相关的说辞,"不能胜其私欲,竟沦陷于习俗,则亦无志而已"㊷,"君子之学以明其心。其心本无昧也,而欲为之蔽,习为之害。故去蔽与害而明复,匪自外得也"㊸,一再说明"私欲""习气"之害,皆因"心""志"未能充量呈现、发挥作用。从这样的思考线索入手,善恶的分界方能廓清。

顺乎上文以人性"本原"与"流弊"之别区分善恶,"心"亦可以从"本原"与"流弊"两种状态加以区别。阳明每以"心之本体"指涉"心"的"本原"状态,而其核心内容包括"虚""灵""明""觉"四项特质("心者身之主也,而心之虚灵明觉,即所谓本然良知也"㊹)。通过对反"心"这些"本原"的特质,"流弊"状态中"习气"的意涵也更能阐明。相关文本分别如下。

(一)"虚"

  良知即是易,其为道也屡迁,变动不居,周流六虚,上下无常,刚柔相易,不可为典要,惟变所适。此知如何捉摸得?见得透时便是圣人。㊺

虽然在"严滩追问"中,阳明更强调工夫意义的"虚""无"("无心俱是实,有心俱是幻,是工夫上说本体"),本体层面则更强调"心"的"实""有"("有心俱是实,无心俱是幻,是本体上说工夫"㊻);但事实上,"虚""无"同样是"心"之本体的形式特性。日月风雷山川民物之所

---

㊶ 王阳明:《示弟立志说(乙亥)》,《王阳明全集》,卷7,页260。
㊷ 王阳明:《与戴子良(癸酉)》,《王阳明全集》,卷4,页160。
㊸ 王阳明:《别黄宗贤归天台序(壬申)》,《王阳明全集》,卷7,页233。
㊹ 王阳明:《传习录中》,《王阳明全集》,卷2,页47。
㊺ 王阳明:《传习录下》,《王阳明全集》,卷3,页125。
㊻ 同前注,页124。

以能够存在与变化,乃建基于“天”太虚无形的特性。同理,人置身千变万化的世界与存在者之前,要能恰当地回应殊别的处境,还待道德能力“虚”“无”的意义(“良知之虚,便是天之太虚;良知之无,便是太虚之无形。日月风雷山川民物,凡有貌象形色,皆在太虚无形中发用流行,未尝作得天的障碍”㊼)。“虚”“无”表示“心”的本然状态宛如杯子一般,必因其虚空的状态,方使得天地万物得以呈现其自身;也因为对天地万物独立性的重视,才使得道德实践“物各付物”“物来顺应”之义成为可能。黄勇即曾指出,自二程开始宋明理学便有“道德特殊主义”(moral particularism)的意涵,同样重视道德主体因应对象殊别的具体状况,实施不同方式的仁爱;从“爱有差等”的殊别实践,见得天理“分殊”的一面㊽。只是另一面说,天地万物分享着同一个“理”,道德主体所实践的仁爱至少具有一些家族相似性;从天理“理一”的一面,使得“推”的工夫成为可能,由此得见儒学亦有“道德普遍主义”(moral universalism)的意涵㊾。对阳明来说,良知“特殊”的一面表现于周流六“虚”,惟变所适,总是因应着殊别的道德处境,发挥对应的道德反应;而良知“普遍”的一面则表现为良知作为回应天下之变所根据的绝对定则,此所以阳明学者亦有曰:“有物有则,以适天下之变,良知未尝无典要也。”㊿若果说“虚”更强调“心”能应“变”的一面,相关的“无”则更强调“心”能不“着”的一面。变化本来就蕴涵不着之义,正如水流必须没有滞着一处方有变动可言。阳明即一再指出,“心”的本然状态是“无”(“无善无恶是心之体”(51)、“人心本体原是明莹无滞的”(52)、“无善无恶者理之静”(53)、“心之本体原无一物”(54))。“无”的意义,着重道德判断一方面必须根据普遍的道德标准,另一方

㊼ 王阳明:《传习录下》,《王阳明全集》,卷3,页106。

㊽ Yong Huang, “Between Generalism and Particularism: The Cheng Brothers' Neo-Confucian Virtue,” in *Confucianism and Virtue Ethics*, edited by Stephen Angle and Michael Slote (New York and London: Routledge, 2013), pp.164-166.

㊾ 同前注,页165、170。

㊿ 王畿:《刻阳明先生年谱序》,《王阳明全集》,卷37,页1360—1361。

(51) 王阳明:《传习录下》,《王阳明全集》,卷3,页117。

(52) 同前注。

(53) 王阳明:《传习录上》,《王阳明全集》,卷1,页29。

(54) 同前注,页34。

面必然因应具体的殊别情况。此所以孔子虽说“君子之于天下也，无适也，无莫也”（《论语·里仁》），“毋意，毋必，毋固，毋我”（《论语·子罕》），但也不忘强调“义之与比”。同理，阳明一方面说“无有作好，无有作恶”，但亦重申“只是好恶一循于理”(55)。从这个意义上说，宋明理学的道德立场可说是一贯来回“道德特殊主义”与“道德普遍主义”之间。是以对于窗前草除与不除的具体议题，阳明即认为没有必然要除的草，也没有必然不能除的草（“子欲观花，则以花为善，以草为恶；如欲用草时，复以草为善矣”(56)）。除与不除，只能根据殊别的道德主体，对应不同的道德处境而作当下的判断，所谓：“此须汝心自体当。汝要去草，是甚么心？”(57)这种周流六“虚”，惟变所适的特性，才是“心”的本然状态。也须如此，才使得君子“物来顺应”的修养成为可能（“须是廓然大公，方是心之本体”）。“心”本然状态“虚”“无”之义既明，“心”的流弊状态亦不难了解。所谓“若着了一分意思，即心体便有贻累，便有许多动气处。……动气便是恶”，“气”作为一个个体性（individuality）原则，本来有呈现与限制“理”的表现、上下其讲之义；但在滞着于“气”、僵锢滞着于个人立场的情况下，意念与行为无论善恶，一律皆会沦为“私意”与“私欲”，构成弊害（“从躯壳起念，便会错”“动气便是恶”(58)）。由此“习气”的意义亦呼之欲出，当阳明说：“人心本体原是明莹无滞的……其次不免有习心在，本体受蔽”(59)，即明确以“心”在本体意义上的“无滞”状态对比受蔽层面中的“习心”。换句话说，“心”反乎“虚”“无”的“本然”特质，即沦为留滞执着的“流弊”状态，于是形成“习气”“习心”的问题。

### （二）“灵”

> 人孰无根？良知即是天植灵根，自生生不息；但着了私累，把此根戕贼蔽塞，不得发生耳。(60)

---

(55) 王阳明：《传习录上》，《王阳明全集》，卷1，页29。
(56) 同前注。
(57) 同前注，页30。
(58) 同前注，页29。
(59) 王阳明：《传习录下》，《王阳明全集》，卷3，页117。
(60) 同前注，页101。

阳明哲学有"虚灵"连用(如"虚灵不昧,众理具而万事出")的说辞[61],表示"虚"与"灵"密切相关,而同样以"灵"理解"心"之本体的构成元素。"心"之"灵"的意义,向来费煞思量[62]。唯根据陈立胜的近来研究,及阳明哲学的相关文本,将很可以阐明"灵"的关键义涵:"灵"与"气"的概念关系密切,如陈立胜说:"在阳明的心学辞典之中,'性'、'天理'、'仁理'、'良知'、'真己'、'精灵'在存有论上就与'气'紧密绾结在一起,精灵究其实即是'精灵之气'。"[63]顺乎此义,阳明心学固然扣紧"心"与"理"的理论关系(如"心即理""心外无理"等义),但绝对不能忽略"心"与"理"亦必然连着"气"而一体而同在[64]。亦只有在这个理论背景底下,才更能理解通过"灵"形容"心"之本体的核心意义。以"灵"说"心",理论上更为突显"心"与"万物"之间一体流通的关系。阳明曾说:"盖天地万物与人原是一体,其发窍之最精处,是人心一点灵明。风、雨、露、雷、日、月、星、辰、禽、兽、草、木、山、川、土、石,与人原只一体。故五谷禽兽之类,皆可以养人;药石之类,皆可以疗疾:只为同此一气,故能相通耳。"[65]指出天地万物包括人及其"心"的机能,是同一种灵动生命力的展现。陈立胜说之明矣:"在阳明这幅存有链条之中,从'最粗者'直到'至灵至明'者均是一气之生化流行。这里没有断裂,有的只是递进与突破,生命的形态越来越复杂,直至'心'的现象之出现,而'心'也不过是'灵气之所结'。"[66]正由于万有之间一气流通,所以万有总是存在互相影响、互相依存的关系;而"心"作为灵动生命力最纯粹的精结,更能不为己限而感通关顾于一己以外的他者。值得注意的是,虽说"心"与天地万物在存有意义上本质相同,皆是一气流行的一个环节;但"心"作为"发窍之最精处",则更有枢纽的地位。一方面,阳明说,"我的灵明离却天地鬼神

---

[61] 王阳明:《传习录上》,《王阳明全集》,卷1,页15。
[62] 陈立胜即提到古今学者钱穆乃至顾应祥,皆有类似疑惑。见陈立胜:《良知之为"造化的精灵"》,收入林月惠主编:《中国哲学的当代议题:气与身体》(台北:"中央研究院"中国文哲研究所,2019),页219、235。
[63] 同前注,页224。
[64] 同前注,页228。
[65] 王阳明:《传习录下》,《王阳明全集》,卷3,页107。
[66] 陈立胜:《良知之为"造化的精灵"》,页229。

万物,亦没有我的灵明"⑥⑦,"心无体,以天地万物感应之是非为体"⑥⑧,表明"心"只有在照明万物的同时,才能成立自身。这个意义下的"心"可说是"在世之心"(heart/mind-in-the-world),而断没有离世独立自存的"心"可言(正如没有离开镜像之镜可言,此义下详)。因此,在著名"岩中花树"的例子中,未看花时"花"与"心"同归于寂;也只有在看花时,"花"与"心"才同时明白起来⑥⑨。另一方面,阳明又说,"天地鬼神万物离去我的灵明,便没有天地鬼神万物了"⑦⓪,"我的灵明,便是天地鬼神的主宰。天没有我的灵明,谁去仰他高? 地没有我的灵明,谁去俯他深? 鬼神没有我的灵明,谁去辨他吉凶灾祥?"⑦①正是"心""发窍"的地位,在照明自身的同时创造了天地万物的存在。盖阳明说"良知即是天植灵根,自生生不息",即表示良知本身是一种贯彻并活化宇宙万有灵动的生命力(vitality)。从个人来说,这种生命力使得人的存在不仅仅是一团"血肉",而更是能够本乎天理主宰躯壳的"真己"⑦②,得以主宰自己,活出"人"的存在价值。从万有来说,"心"所展现的灵妙力量,亦能"成己"而"成物"、位育万物、参赞天地而完成"物之性",畅遂万物之生,并协助对方实现其本性。在这个意义下,"良知是造化的精灵。这些精灵,生天生地,成鬼成帝,皆从此出"等阳明哲学中看似神怪的言论⑦③,亦得以索解。论述至此,则知道"灵"作为"心"的"本然"状态,凸显了"心"与物一气相通、生生不已之义。相对而言,"心"的"流弊"状态,即是"心"的蔽塞("着了私累,把此根戕贼蔽塞"⑦④),以至与物隔绝("人只为形体自间隔了"⑦⑤),未能发挥创化自身与万物存在的作用。如阳明所说,"世之学者,蔽于见闻习染"⑦⑥,

---

⑥⑦ 王阳明:《传习录下》,《王阳明全集》,卷3,页124。
⑥⑧ 同前注,页108。
⑥⑨ 同前注,页107—108。
⑦⓪ 同前注,页124。
⑦① 同前注,页124。
⑦② 王阳明:《传习录上》,《王阳明全集》,卷1,页35—36。
⑦③ 王阳明:《传习录下》,《王阳明全集》,卷3,页104。
⑦④ 同前注,页101。
⑦⑤ 同前注,页124。
⑦⑥ 王阳明:《祭国子助教薛尚哲文(甲申)》,《王阳明全集》,卷25,页958。

"私意气习缠蔽"⑦。"习染""气习"即有一种使人蔽塞的祸害:一方面,蔽塞"真己"贯通于"血肉"之躯,令人沦为物质的存在,而失却其灵秀;另一方面,理论上亦使人隔绝于人与物,只懂关顾一己闻见,畅遂个人的私意与私欲。

### (三)"明"

> 圣人之心如明镜,只是一个明,则随感而应,无物不照,未有已往之形尚在,未照之形先具者。⑱

"心"之本然状态不仅包括"虚"与"灵"的特性,"明"同样是不能忽视的一面。阳明学者即不乏"虚明"("人心虚明湛然"⑲)、"灵明"("只是一个灵明"⑳)等概念用语,强调三者的密切关系。就阳明自己而言,已经常以"明镜"喻心,发挥"心"本然状态中"明"的意义。如其曰,"圣人之心如明镜,只是一个明,则随感而应,无物不照"㉑,"圣人之心如明镜,纤翳自无所容,自不消磨刮"㉒,"只怕镜不明,不怕物来不能照"㉓,"圣人致知之功至诚无息,其良知之体皦如明镜,略无纤翳"㉔。以"镜"作喻,表示"心"与"镜"具有恒照、应变、写真三大相同的形式特性:其一,一旦"镜"竖立起来,便有恒常反映事物的作用。如果没有外来的遮蔽,则明镜照物断不会有片刻暂停。阳明即说:"良知常觉常照。常觉常照,则如明镜之悬,而物之来者自不能遁其妍媸矣。"㉕良知总是"常觉常照",恒常发挥判别事物是非曲直的作用。其二,"镜"的作用在反映殊别事物的具体状况,而不会从自身出发添加任何外物到对象之上。对此阳明有曰,"妍媸之来,随物见形,

---

⑦ 王阳明:《答黄宗贤应原忠(辛未)》,《王阳明全集》,卷 4,页 146。
⑱ 王阳明:《传习录上》,《王阳明全集》,卷 1,页 12。
⑲ 王畿:《华阳明伦堂会语》,《王畿集》,卷 7,页 161。
⑳ 王阳明:《传习录下》,《王阳明全集》,卷 3,页 124。
㉑ 王阳明:《传习录上》,《王阳明全集》,卷 1,页 12。
㉒ 王阳明:《传习录拾遗五十一条》,《王阳明全集》,卷 32,页 1178。
㉓ 王阳明:《传习录上》,《王阳明全集》,卷 1,页 12。
㉔ 王阳明:《传习录中》,《王阳明全集》,卷 2,页 70。
㉕ 同前注,页 74。

而明镜曾无留染。所谓情顺万事而无情也"⑧,"未有已往之形尚在,未照之形先具者"⑧。一如上文所述,"心"具有"无"的特性,无有私意的好恶而只一循于理。相通于这里"明"的道理,同样强调"情顺万事而无情",必须因应对象的本性赞助其实现自己,而不是将个人私意强加其上。这种"物各付物""物来顺应"的作用之所以可能,理论上亦得以"心"的明莹无滞作为基础。所谓"妍者妍,媸者媸,一过而不留,即是无所住处"⑧,"心"总是在每个"见在"时刻应物而变,不曾粘滞留住于任何"已往"或"未照"之形。其三,"镜"作为虚受的存在,其所是总是连结着事物的影像。虽然所反映者是事物的虚像,但基本上仍是事物如如的真相,镜像与事物具有同时、等大、等距等同构性质,"心"应物的作用同时照明了事物真实的样态。明乎"心"之"明"恒照、应变、写真的"本然"特性,"心""流弊"状态的昏蔽、留滞、虚妄之义亦更易对照明白:其一,"圣人心如明镜,常人心如昏镜"⑧,"若常人之心,如斑垢驳杂之镜……堆积于驳蚀之上,终弗之能见也"⑨。常人之心如镜有斑垢驳杂,昏蔽而未能明朗照物。其二,所谓"须是平时好色、好利、好名等项一应私心扫除荡涤,无复纤毫留滞"⑨,当"心"偏滞于特定对象之上,即未能如明镜般清澈反映事物的形象。其三,阳明说"夫妄心则动也,照心非动也;恒照则恒动恒静,天地之所以恒久而不已也"⑨,虽然"心"恒常产生照物的作用,但当"心"有所"动",则离却其镜明水止的"本然"状态,所照的影像亦成虚妄。从理论上说,昏蔽、留滞、虚妄同时即是"习气"的形式特性:从"习气"构成惰性而未能应变每个当下殊别的处境,见其昏蔽的特质。从"习气"乃身心活动残留下来的剩余势力,见其留滞的特性。而从"习气"拘限人心,使人以过去经验回应当下处境,错位反应,见其虚妄的性质。

---

⑧ 王阳明:《传习录中》,《王阳明全集》,卷2,页70。
⑧ 王阳明:《传习录上》,《王阳明全集》,卷1,页12。
⑧ 王阳明:《传习录中》,《王阳明全集》,卷2,页70。
⑧ 王阳明:《传习录上》,《王阳明全集》,卷1,页20。
⑨ 王阳明:《传习录拾遗五十一条》,《王阳明全集》,卷32,页1178—1179。
⑨ 王阳明:《传习录上》,《王阳明全集》,卷1,页23。
⑨ 王阳明:《传习录中》,《王阳明全集》,卷2,页61。

## （四）"觉"

> 人若知这良知诀窍，随他多少邪思枉念，这里一觉，都自消融。真个是灵丹一粒，点铁成金。⑬

"心""本然"状态中"觉"的一面，则又表示"心"自身内具充足的力量，能够恒常保持自己于"本然"的状态，而不致下堕于"流弊"的状况。因此，虽然"心"之本体的恒照（"良知者，心之本体，即前所谓恒照者也"⑭），可以展现为"照心"（"本然"）与"妄心"（"流弊"）两个不同的状态（"照心固照也，妄心亦照也"⑮）；但"心"永远可以通过内在的力量，"保存"与"察识"自身回复本体的地位（"虽有时而或放，其体实未尝不在也，存之而已耳；虽有时而或蔽，其体实未尝不明也，察之而已耳"⑯）。又虽然源于"心"的意念之发，亦有善念（"本然"）与恶念（"流弊"）之别；但"心"之本体即是充分的明觉能力，能够自足知善知恶以至好善恶恶，避免自己沦落"流弊"的状态（"吾心之本体，自然灵昭明觉者也。凡意念之发，吾心之良知无有不自知者。其善欤，惟吾心之良知自知之；其不善欤，亦惟吾心之良知自知之；是皆无所与于他人者也"⑰）。"心"之"觉"，即是如此一种自醒自立的作用，就像白昼时人时刻保持清醒；相对而言，不"觉"即使人堕落昏睡，成为万恶源出的滥觞，一如戈雅（Francisco Goya）画作"理性沉睡滋生群魔"（*The Sleep of Reason Produces Monsters*）的意象所示。阳明即说，"为学须得个头脑工夫，方有着落。纵未能无间，如舟之有舵，一提便醒。不然，虽从事于学，只做个义袭而取，只是行不著，习不察，非大本达道也"⑱，"汝能知昼！懵懵而兴，蠢蠢而食，行不著，习不察，终日昏昏，只是梦昼"⑲。当人陷入终日昏昏的"流弊"状态，同时即会

---

⑬ 王阳明：《传习录下》，《王阳明全集》，卷3，页93。
⑭ 王阳明：《传习录中》，《王阳明全集》，卷2，页61。
⑮ 同前注。
⑯ 同前注，页61—62。
⑰ 王阳明：《大学问》，《王阳明全集》，卷26，页971。
⑱ 王阳明：《传习录上》，《王阳明全集》，卷1，页30。
⑲ 同前注，页37。

"行不著,习不察"。因"习染"熏陶堕落为恶,固是懵然不知;即使是为善的"习尚",因其不察故,亦皆只沦为"义袭"的盲目实践。值得注意的是,能够"集义"的"心""觉"是一个持久恒常的状态,而绝非仅只一时清醒,所谓"此心惺惺明明,天理无一息间断,才是能知昼"⑩,"'戒惧克治',即是'常提不放'之功"⑩。吊诡的是,"时习"之"习",恰好又是使得"心"得以保持惺明警觉此"本然"状态的不二法门。阳明说,"来书云'无间断'意思亦是。圣人亦只是至诚无息而已,其工夫只是时习"⑩,"'时习'者,坐如尸,非专习坐也,坐时习此心也;立如斋,非专习立也,立时习此心也"⑩,"艺者,义也,理之所宜者也,如诵诗读书弹琴习射之类,皆所以调习此心,使之熟于道也"⑩,要能至诚无息地保存自己在"觉"的"本然"状态,只得作"时习"的工夫。虽然所习的入路多端,但归根结底无不旨在调习此"心",使"心"恒常而圆熟地展现道理。是则孔门固然有"习相远"之说,但当知道"习"不仅只有拖人下堕的魔力。所谓"学而时习之不亦说乎"(《论语·学而》),"时习"之"习"同时是引人上升的助力。对于阳明心学来说,"心"是成圣的根基,同时是作恶的滥觞("有心,恶也");"习"是恶念的根源("恶念者,习气也"),但也同时是修德的关键。从"本然"层面的时"习"此"心",到"流弊"层面"志"之不立容让"习"气萌生,"心"与"习"此等错综复杂的辩证关系,共同构成了人神魔混杂的存在性质——虽是大恶之人,亦永有本乎良知修习向上的机会("良知在人,随你如何不能泯灭,虽盗贼亦自知不当为盗,唤他做贼,他还忸怩")⑩;但即便是圣贤君子,良知一刻的松懈,亦即永有沿袭堕落的可能。

## 三、清代儒学对"习"的继承与发展

通过上文的论述,可见阳明"恶"论的核心理解,其实都可以归结

---

⑩ 王阳明:《传习录上》,《王阳明全集》,卷1,页37。
⑩ 王阳明:《传习录中》,《王阳明全集》,卷2,页68。
⑩ 王阳明:《与黄勉之(二甲申)》,《王阳明全集》,卷5,页194。
⑩ 王阳明:《传习录上》,《王阳明全集》,卷1,页32。
⑩ 王阳明:《传习录下》,《王阳明全集》,卷3,页100。
⑩ 同前注,页93。

到"习"的概念之上。学界虽然常以明清儒学经过新旧理论典范的转移[106]，但从本文的立场看来，阳明以"习"言"恶"的理论线索在清代儒学中多有继承。明清之际的恶论，更是一脉相承。以下将会以王船山、陈乾初、颜习斋等一些清代儒者为例子，说明"习"的概念如何被继承与发挥，由此勾勒明清恶论哲学史发展的更宏观图像。

在当代研究中，王船山的哲学定位时见争议。一方面，有以为王船山同乎张载思路，继承了理学传统，如牟宗三、陈荣灼即持此论者[107]。另一方面，又有谓王船山对形下之气与情欲的强调，又同乎清代"达情遂欲"的学风[108]。由于王船山这种独特的理论性格，郑宗义即以之为出入明清新旧典范的例子："通过船山的例子，我们应该知道明清之际一些人物出入于新旧两个典范的情况常使得他们的学说理论错综纠缠、复杂费解。"[109]在这个背景下，王船山哲学中看起来对立的文字，便应理解为连结新旧两个典范的尝试，而不宜草率视为理论矛盾。故郑宗义复加强调："凡简单地将之解释为转型过程中将转未转的矛盾现象恐怕都有失之于过分轻率判断之嫌。"[110]以王船山为中心，将可阐明新旧典范交错下对"恶"的问题的独特理解。

顺乎晚明儒学的学风，在人性论的问题上，王船山同样指出"气"并非"恶"的直接根源，甚至肯定人性形下部分的神圣性：

> 孟子直将人之生理、人之生气、人之生形、人之生色，一切都归之于天。只是天生人，便唤作人，便唤作人之性，其

---

[106] 郑宗义：《明清儒学转型探析：从刘蕺山到戴东原（增订版）》，页1—40。
[107] 牟宗三："若通晓程朱陆王之所讲，则知船山所言皆不悖于宋明儒之立场。有人把他往下拖，讲成唯气论，实大谬误。他的思想路数，是继承张横渠的规模下来的。"见牟宗三：《生命的学问》（台北：三民书局股份有限公司，2007），页199。陈荣灼："王夫之并非违背'天道性命相贯通乃宋明儒共同之意识'一语的范例。他虽然改造了宋明理学的理气观，但没有放弃以超越的'神'规范自然气代之创造过程的模式。"见陈荣灼：《气与力："唯气论"新诠》，收入杨儒宾、祝平次编：《儒学的气论与工夫论》（台北：台大出版中心，2005），页95。
[108] 如郑宗义说："落在天理人欲的问题上，船山乃顺理成章主张天理必寓于人欲中见，无离欲而别有之理……此船山入于新典范的明证。"见郑宗义：《明清儒学转型探析：从刘蕺山到戴东原（增订版）》，页174。
[109] 同前注，页174—175。
[110] 同前注。

实则莫非天也,故曰"形色,天性也"。说得直恁斩截。⑪

船山将天所命予人的"理""气""形""色",全看成是"天"的直接表现。而其谓:"孟子即于形而下处见形而上之理,则形色皆灵,全乎天道之诚,而不善者在形色之外。"⑫更直接明确地指出形而下的形色全是形而上之理与天道的表现,所有不善的出现都只能诉诸形色之外。因此,虽然亦有学者将"恶"的出现诉诸本性与气化过程⑬,但主流学者大多仍然正面肯定船山哲学中"气"的地位,如陈来说,"气是善的,气是本源于天道实体的"⑭,以至船山学蕴含"尊气"的面向。而唐君毅亦言:"船山既谓气性不离,性善而气亦善,故于人性之偏,不以其原于气。"⑮相较而言,船山哲学中蕴涵不少表面上贬抑"情"的文字,以致亦有不少学者认为"情"乃船山哲学中"恶的根源"。例如:

> 抑此但可云从情上说心(原注:统性在内),却不可竟将四者为情。情自是喜怒哀乐,人心也。此四端者,道心也。道心终不离人心而别出,故可于情说心;而其体已异,则不可竟谓之情。⑯

> 大抵不善之所自来,于情始有而性则无。孟子言"情可以为善"者,言情之中者可善,其过、不及者亦未尝不可善,以性固行于情之中也。情以性为干,则亦无不善;离性而自

---

⑪ 王夫之:《孟子·滕文公上》,《读四书大全说》(北京:中华书局,1975),卷8,页567。

⑫ 同前注,页570。

⑬ 如谭明冉认为:"大胆承认有生来邪恶之人,进而从气化的角度解释恶是如何出现的。在王夫之看来,广义上说,恶源于阴阳变化中偶然因素⋯⋯"见谭明冉:《王夫之是如何解释不善之性的产生的——以〈易传〉"继善成性"为视角》,《周易研究》2014年第5期,页18。

⑭ 陈来:《王船山论"恶"的根源——以其孟子诠释中的罪情为中心》,《云南大学学报》第2卷第5期(2003),页3。类似的论述另见陈来:《诠释与重建:王船山的哲学精神》(北京:北京大学出版社,2004),页224—232。

⑮ 唐君毅:《中国哲学原论·原教篇》,页336。

⑯ 王夫之:《孟子·公孙丑上》,《读四书大全说》,卷8,页554。

> 为情,则可以为不善矣。恻隐、羞恶、辞让、是非之心,固未尝不入于喜、怒、哀、乐之中而相为用,而要非一也。⑰

> 才不任罪,性尤不任罪,物欲亦不任罪。其能使为不善者,罪不在情而何在哉!⑱

这里第一段引文中,船山严分"四端"与"喜怒哀乐之情",而将前者视为"道心",后者则是"人心"。第二段引文船山表明不善的出现非从"性"自身而来,而只能从离"性"而形成"情"的环节中理解。第三段引文则坐实"才""性""欲"皆不能任罪,不善的出现似乎只能归咎于"情"。顺乎这些文本根据,于是乎不少学者认为船山归罪于"情"。如陈来这样总结船山哲学的善恶观:"这样一来,就使得船山心性情论在总体上突出地表现为'尊气贬情'的特点,即主张'气'是善的根源,而'情'是不善的根源。"⑲

周兵同样认为船山提倡"罪情论",并谓:"'情'是'阴阳之几'或者'变合之几'。人之'性'在发为'情'后'可以为善',也'可以为不善'。王船山认为,这就是'不善'的真正根源。"⑳这些以"情"为"恶"之根源的诠释,于表面上自有文本上的根据。然于理论上,则有可以商榷处:笔者一直的研究发现,明清儒者向来有视人性为全幅皆善的学风,船山若视人性内部之"情"为"恶",以哲学史发展脉络看来将显突兀。更重要的是,前文提到船山明以"不善者在形色之外",亦尝明言"凡不善者,皆非固不善也"㉑,作为形色之内表现的"情",则又何以是不善之原?是则"情"与"恶"的关系,理当进一步寻求别解。

与陈来的阅读不同,唐君毅明确不以"情"为"恶"的根源,如其谓:"情之可以为不善,唯由于才之不尽。才不尽而可尽,故情可以不善,亦可以为善。可以为不善,可以为善,即非必为不善。故亦不

---

⑰ 王夫之:《孟子·滕文公上》,《读四书大全说》,卷8,页573—574。
⑱ 王夫之:《孟子·告子上》,《读四书大全说》,卷10,页675。
⑲ 陈来:《王船山论"恶"的根源——以其孟子诠释中的罪情论为中心》,页7。
⑳ 周兵:《王船山罪情论》,《衡阳师范学院学报》第32卷1期(2011年2月),页3。
㉑ 王夫之:《孟子·滕文公上》,《读四书大全说》,卷8,页569。

可言情之本身之不善,而只可言有不善之情。"⑫换言之,唐君毅认为"情"之本身并无不善,但"情"的表现不需否定有不善的状态。然则本无不善之"情",何以会沦为不善之"情"?唐君毅通过"气禀与外物相感应之际",解释"情"(以至"才"与"欲")沦为不善的转折过程,并以此为船山哲学之"特见":"然船山则以气禀非不善,人欲亦不必私,所遇之外物本身,亦不必致人于不善。乃溯此不善之生于气禀与外物相感应之际,而后有不尽之才、不善之情与不当理之欲。此乃船山之特见。"⑬所谓"气禀与外物相感应之际",说穿了也即是"习"的概念。兹看船山所说:

> 后天之性,亦何得有不善?"习与性成"之谓也。先天之性天成之,后天之性习成之也。乃习之所以能成乎不善者,物也。夫物亦何不善之有哉?(原注:如人不淫,美色不能令之淫。)取物而后受其蔽,此程子之所以归咎于气禀也。虽然,气禀亦何不善之有哉?(原注:如公刘好货,太王好色,亦是气禀之偏。)然而不善之所从来,必有所自起,则在气禀与物相授受之交也。气禀能往,往非不善也;物能来,来非不善也。而一往一来之间,有其地焉,有其时焉。化之相与往来者,不能恒当其时与地,于是而有不当之物。物不当,而往来者发不及收,则不善生矣。……
> 
> 乘乎不得已之动,而所值之位不能合符而相与于正,于是来者成蔽,往者成逆,而不善之习成矣。业已成乎习,则熏染以成固有,虽莫之感而私意私欲且发矣。……
> 
> 得位,则物不害习而习不害性。不得位,则物以移习于恶而习以成性于不善矣。此非吾形、吾色之咎也,亦非物形、物色之咎也,咎在吾之形色与物之形色往来相遇之几也。
> 
> 天地无不善之物,而物有不善之几。(原注:非相值之位则不善。)物亦非必有不善之几,吾之动几有不善于物之

---

⑫ 唐君毅:《中国哲学原论·原教篇》,页375。
⑬ 同前注,页377。

几。吾之动几,亦非有不善之几。物之来几,与吾之往几,不相应以其正,而不善之几以成。

故唯圣人为能知几。知几则审位,审位则内有以尽吾形、吾色之才,而外有以正物形、物色之命。因天地自然之化,无不可以得吾心顺受之正。如是而后知天命之性无不善,吾形色之性无不善,即吾取夫物而相习以成后天之性者亦无不善矣。故曰"性善"也。呜呼,微矣![124]

这里船山点明"后天人性"的存在:若说"先天之性"是人天生本有的性质,"后天之性"则是人与社会文化互动之下塑成的结果。"习与性成"一语,可谓与阳明"习以成性"的说法如出一辙[125]。而顺乎晚明儒学以降的线索,船山以"习"所塑造出来的人性解释不善的来源。船山层层分析,指出"习"之所以形成不善,其因不在"物"与"气禀"自身("夫物亦何不善之有哉?""气禀亦何不善之有哉?"),而归根结底,不善乃源于"气禀与物相授受之交",亦即是"咎在吾之形色与物之形色往来相遇之几"。个中意思可以这样理解:船山明言,人的气禀自有往外发生作用的时候,这个过程本无不善("气禀能往,往非不善也");外物亦有来临接触吾人生命之时,这本亦无有不善("物能来,来非不善也")。但气禀事物来往的过程,则有得位与不得位之别。当两者发生不当位的情况时("物之来几,与吾之往几,不相应以其正"),不善便会于焉而生。以"欲"为例,人向外渴求饮食本来自然不过,于此不能咎责;食物出现于吾人心念意识之前,本亦无"恶"可言。在进餐时间享用美食,并无过犯。但若在饱腹以后仍然念念贪恋美食,则心中浮现的美食形成"来者成蔽",盲目生发的嗜欲则成"往者成逆",而这种不当位的情况才会构成弊害。以"情"为例,亲人的死亡本身与仁人孝子因而生起的哀痛之情,本都无所谓"恶"。但若亲人离世已久,仍然念念陷溺于哀痛之情,则此留滞的情感也才流为弊害(此亦阳明所谓"过情")[126]。可见无论情欲,在"习"的影响下

---

[124] 王夫之:《孟子·滕文公上》,《读四书大全说》,卷8,页570—572。
[125] 王阳明:《传习录中》,《王阳明全集》,卷2,页56。
[126] 王阳明:《与许台仲书(又)》,《王阳明全集》,卷27,页1012。

明清恶论探析：王阳明"习"的概念起源与发展

一律容易导致过恶的出现。

而根据船山所说，"业已成乎习，则熏染以成固有，虽莫之感而私意私欲且发矣"[127]，"而习者，亦以外物为习也，习于外而生于中，故曰'习与性成'"[128]，更可知当不当位的情况累积熏染而慢慢变为人性固有的成份，则即使未有事物来感之时，私意私欲亦会莫名中不受控制地自然（spontaneous）生发。于此乃见"习"与"性"千丝万缕的理论关系，陈祺助说之明矣："一个人的习性，在他禀生赋形之初，以及年幼稚弱之时，很大的程度上，就已经形成了。个人出生、成长于其中的族群之特殊材质或族类性，以及其世代相承的旧惯、文化、俗尚、法制、风俗等等社会长期累积成的习俗，早已影响着其人气质的形成。当个体初成胚胎时，族类的习俗气性，就已通过父母而遗传给个人，加上童蒙时期的自主意识微弱，个人从家庭社会等各方面所经常耳闻目见的一切人物事情等，已在其不知不觉之中，塑造了他的后天性，而使其个性趋于定型。此即船山所谓'性受于所生之气，习成于幼弱之时'。"[129]

"先天之性"固然与生俱来，在与物交接时自然发用。此义尤为先秦儒者所重：如荀子理解，见美色而目好之等乃人性"感而自然"的反应；如孟子理解，见孺子将入于井又会自然萌发怵惕恻隐之心。虽然两者着眼人性气质与义理两个不同层面，但皆从"天之就""天之所与我"理解人性，并特重不待学虑而自然生发的意义。如荀子提出人之情性"不可学不可事"，孟子由心而言之性亦强调乃"不学而能不虑而知"即是。现在明清之际的理论发展，则更突出后天之习对人性的塑造力量。在社会文化家庭"习俗"与个人从小到大"习气"的影响下，不知不觉即塑造出了人的后天性。顺乎此，船山提出性"日生日成"的人性理论，说明全幅人性乃包含先天创生与后天塑成的动态结果。而林安悟亦铸造了"人性史"的概念，点明具有后天时间性的历史面向在船山人性论当中的独特意义[130]。同样地，面对外物交接时，

---

[127] 王夫之：《孟子·滕文公上》，《读四书大全说》，卷8，页571。
[128] 同前注，卷8，页570。
[129] 陈祺助：《文返朴而厚质：王船山"道德的形上学"系统之建构》（台北：元华文创股份有限公司，2018），页293。
[130] 林安梧：《王船山人性史哲学之研究》（台北：东大图书公司，1987年），页18。

这种后天性亦会引发自然的反应。只是因为"习俗""习气"的熏染与自觉意识常是此消彼长的关系,则"习性"的发用更易于盲目偏失。此如唐君毅所言:"大率吾人之生活,随时间而流转,每作一事,即留存一以后在同类之情境下再作之趋向。此即昔贤如刘蕺山所谓心之余气,是为习气。一事履经重作,则习气愈增。如人心能自作主宰,凡事之作,皆依理为权衡,以定是否当重做,则由习气所成之习惯,亦可省吾人重做时所用之生命力量,而未始无用。然当人一念不能依理,以自作主宰时,则习气自尔流行,而人乃有一纯依习惯之行为,吾人虽明知其不当有,而若不能不有者。当人在闲居静处之时,则此习气之流行,即化为无端而起之联想的意念之相续不断,而此联想的意念中,则恒夹杂欲念,与之俱行。此诸联想、意念、欲念,相续不断,因其所根,在过去之习气,恒不能化为现在当有之具体之行为,以通于客观之世界,以有其价值与意义,故纯为一妄念而浪费吾人之生命力者。"[131]由习气所成之习惯愈增,人愈可省却每次在类似情景中重新思考的力量;故第一次到新地方做新事情总易战战兢兢保持警觉,但重返旧地重做往事则往往便不待再想。由于没有自觉意识的戒惧指引,依"习气"自尔流行而来的行为,则"恒不能化为现在当有之具体之行为,以通于客观之世界"。试想,人乍见他人将受伤害,一般而言都会自然生起恻隐之心以至提供救助。但若在流行"碰瓷"的习俗熏染下,又从小到大养成害怕被骗的狐疑习气,则在当下遇见真正有需要帮忙的人,亦会习惯性地一律视之为骗局,不再重新思考是否伸出援手,而自然而然地冷眼看待。殊不知人生每个遭遇都是独一无二的崭新处境,完全以害怕被骗的习惯思维面对真正有需要帮忙的处境,以船山的用语来说,亦即是"不得位"的偏差情况。由此,船山更细致地点明了后天习性之所以形成弊害的运作机制。阳明学者深切警惕的"习气为害最重"[132]、"气机相乘,习根起于隐伏"[133],于此可谓得到更为详尽的解释。

---

[131] 唐君毅:《病里乾坤(三)》,《鹅湖月刊》第2卷第1期(1976年7月),页27。
[132] 王龙溪:《抚州拟岘台会语(三)》,《王畿集》,卷1,页20。
[133] 罗念庵撰,徐儒宗编校整理:《答万曰忠》,《罗洪先集》(南京:凤凰出版社,2007),卷7,页268。

需要补充的是，船山指出气禀事物来往的变化非由人所自主（"变合之几无定，岂非天哉？"），易于令人以为"习"的形成以至不善的出现同是人所不能控制，进而使人诿过于命，推诿道德责任。船山于此强调，人总能通过自身的努力"知几"与"审位"，正是此自觉努力的道德实践使人能自主充尽发挥个人才德的能动性，以致对全部气物往来的情况都能顺受其正，而防治不善的出现（"圣人为能知几。知几则审位，审位则内有以尽吾形、吾色之才，而外有以正物形、物色之命"）。从船山叹曰："故性善也。呜呼微矣！"可知船山自信自己对人性善恶的理解，乃真能亟成孟子性善说的精神。亦因此，反过来说容让"习"的弊害萌生，另一面亦无非是"心"自身能力的放失而已，曾昭旭即说："故总归来说，心之流于不善，毕竟只由于心之不思，而不可说人性中有任何导至不善之因子。"⑭由此可见，船山一方面"继往"承接了阳明学论"恶"的学风，不以人性内部任何一个环节为"恶"，并以人"心"具有根本地防范"恶"之出现的自主可能；另一方面则"开来"，从理论上推进"习"的概念，将之定位为人物互动之际的对位概念。

又对船山来说，"习"的形成与闻见知识密切相关。船山这样定位知觉活动的意义：

> 仁义者，心之实也，若天之有阴阳也。知觉运动，心之几也，若阴阳之有变合也。若舍其实而但言其几，则此知觉运动之惺惺者，放之而固为放辟邪侈，即求之而亦但尽乎好恶攻取之用……
>
> 学者切须认得"心"字，勿被他伶俐精明的物事占据了，却忘其所含之实。邪说之生于其心，与君心之非而待格谓之心者，乃"名从主人"之义。以彼本心既失，而但以变动无恒，见役于小体而效灵者为心也。⑮

---

⑭ 曾昭旭：《王船山哲学》（台北：里仁书局，2008年里仁初版），页495。
⑮ 王夫之：《孟子·梁惠王上》，《读四书大全说》，卷8，页502。

> 开则与神化相接，耳目为心效日新之用。闭则守耳目之知而困于形中，习为主而性不能持权。⑬⑭

按船山理解，仁义固有于心之内，故为"心之实"；知觉运动的内容则成就于心通过耳目口鼻等感官机能而与物交接之际，故是"心之几"。船山强调"心"在整个认识事物过程当中的主宰地位，如其所说："有物于此，过乎吾前，而或见焉，或不见焉。其不见者，非物不来也，己不往也。遥而望之得其象，进而瞩之得其质，凝而睇之然后得其真，密而瞭之然后得其情。劳吾往者不一，皆心先注于目，而后目往交于彼。不然，则锦绮之炫煌，施、嫱之冶丽，亦物自物而已自己，未尝不待吾审而遽入吾中者也。"⑬⑮这里显示了船山对认识活动的深刻观察：当人们张开眼睛时，眼前永远陈列着无数影像，唯有用心注目其中，特定事物才能呈现于意识而为心之用。试想，当人走在路上一眼望前，马路、路牌、灯柱、汽车、人流等不同事物总是一体出现；但只有人加以留心，才能注目于当中事物之一二⑬⑯。因此，若人在认识事物时"心"能作主，则"心"与"物"能够处于"得位""当位""应位"的关系，而"耳目为心效日新之用"；反之，若在认识过程中"心"堕昏蔽，则人便会以习惯思维理解外物（"习为主"），而易生"不得位"的偏差结果。因此，如同上文指出"在吾之形色与物之形色往来相遇之'几'"，易生"习"之咎病；在"心之'几'"的活动中，亦有堕"放辟邪侈""被他伶俐精明的物事占据了"的流弊可能。有趣的是，唐君毅同样指出了知识的形成，本质上有一重现其所习知识之倾向或"习气"，而此"原始之执着"或"钻滞陷溺"，即有引致错误行为的可能⑬⑰。其以司马光砸缸救人的故事为例，说明此义：在面对小孩堕缸的情景底下，司马光有同伴因为以往哭闹便能获得大人协助的知识，而只顾哭闹；有同

---

⑬⑭ 王夫之：《动物篇》，《张子正蒙注》（北京：中华书局，2009），卷3，页90。
⑬⑮ 王夫之：《大禹谟（二）》，《尚书引义》（北京：中华书局，1976），页32。
⑬⑯ 吴根友有同样的分析："他（引按：指王船山）以视觉认识为例，说明人的感性认识——看的行为是受制于'心'的，心若不让眼睛注目于某物，则某物经过眼前也会视而不见。"吴根友：《再论王夫之的"知行"观》，《学术月刊》第47卷3期（2015年3月），页48。
⑬⑰ 唐君毅：《智慧与道德》，《唐君毅全集（第四卷）》（北京：九州出版社，2016），页67—72。

伴因为知道瓢能出水,而只懂以瓢排水。凡此皆是认为因过去经验形成的知识,能够有助于面对当前的情景。殊不知这些过去的"知识习气",在崭新独特当下的处境中却变成一种"执着"与"陷溺",妨碍心灵泛应曲当的判断,使人不能从过去的知识中超拔出来,而不受限制地自由运用与统合不同的知识,以回应当下殊别的处境。"知识习气"的概念,很可以帮助理解人们如何"蔽于一曲"(《荀子·解蔽》)以至心灵陷溺与放失的运作机制。

若说王船山是出入明清两个新旧典范的居中例子,则陈乾初与颜习斋便更为明确地是清代新典范的提倡与酝酿代表。如郑宗义说,"从颜习斋、陈乾初以降,至清初戴震,卒迫使宋明儒学转型面成一肯定情欲的哲学思想"[140],"在明末清初确乎渐渐形成一迥异于宋明儒道德形上学的新典范。此新典范我们称之为一达情遂欲的哲学思想……从思想提出先后次序言,陈乾初可谓这典范的首创者"[141]。对张丽珠来说,乾初、习斋等人同样是清代新思想典范的曙光代表:"对清代新义理学而言,此时是酝酿与萌发时期,陈确、唐甄、颜元等人虽非站在学术舞台之中心,但学术边缘的位置,使其更能超然于长期正统思想之束缚外,如摆脱传统思想之'义/利'、'理/欲'对立观,而初露新思想曙光……"[142]因此,以这些更为明确的新典范、新思想提倡者为中心,可以更明白"恶"的问题在清代新思想中的理论开展。

在人性论的理解上,若说理学家顺乎孟学传统强调人性的超越面,清初儒者则相对更为着重现实的一面。陈乾初即曰:

> 阳明亦云:"性之善端,在气上见,恻隐、羞恶、辞让、是非即是气。"如是,则虽曰气质即义理,亦无不可,犹云"性即理"也。弟实未尝有气质即义理之说,因兄屡提驳此语,故复为拈出。盖孟子言心言情言才言气,皆是言性。分之无可分,程子曰"性即气,气即性",是也;而其所以言性气,则

---

[140] 郑宗义:《明清儒学转型探析:从刘蕺山到戴东原(增订版)》,页33。
[141] 同前注,页172。
[142] 张丽珠:《清代新思想典范之曙光——以陈确、唐甄、颜元为线索》,《文与哲》第16期(2010年6月),页435—436。

> 非也。宋儒之言,处处为告子洗发,真是千秋知己;以不善诬情才,兄既不能为宋儒解矣,尚复何疑于气质耶?盖指习气言,即不当以"气质之性"四字成文;既以气质属性,何得又以不善诬之,此等处极易分晓,而宋儒茫然,前无孔、孟,后无来学,任臆胡说,是可痛恨耳。诬气即是诬性,是明助告子攻孟子,不敢不力辨也。[143]

按乾初理解,包括"情"与"才"等属于形下之"气"的范畴者,皆即是"性"的直接表现,不得以"不善"形容。在主观的判断上,乾初固然自以为继承了程子、阳明的说法;自客观的义理看来,顺乎前文哲学史脉络的清理,乾初的理解亦很可谓继承了晚明儒者强调形上形下合一的理论精神。与阳明哲学一致,乾初不仅不以"气"为恶,反而是反过来以"气"为"善"的直接表现。如上引文乾初表明"气"与"性"之不可分,乃继承程子圆融之教;又其"性之善不可见,分见于气、情、才;情、才与气,皆性之良能也"[144]等说辞,又可谓与阳明认为"性之善端,在气上见"等想法如出一辙。是以张丽珠指出:"要之,陈确不但以'理欲合一'的新理欲观,扭转了理学立脚点的'天理/人欲'对立观,其言'天理正从人欲中见,人欲恰好处,即天理也',对人欲给予正面肯定,他并立足其上进一步提出'治生论',主张'学者以治生为本',有力冲撞了儒学长期的'讳言利'传统……"[145]此见破除天理与人欲的对立关系后,向前推进一步即是更以"治生"为进学根本,继而开启全面肯定人性现实面的崭新典范。在此意义上,乾初亦彻底廓清了人性的理想面与现实面并非截然对立;反之,理学传统中所谓"气质"与"义理",只能理解为同一个"性"的两个方面。顺乎此义,张丽珠即以清儒性论的义理特色,在于扩大"性"概念的理论范围:"气性论者反对偏言德性的性论思想,他们持自然人性论立场。而如此一来,扩充同一性论范畴的才智,便成为足以影响其德性实践的重要关键了……性论范畴定义不同,是持论新义理学的清儒与宋明儒

---

[143] 陈确:《与刘伯绳书》,《陈确集》(北京:中华书局,1979),别集卷5,页466。
[144] 陈确:《气情才辨》,《陈确集》,别集卷4,页452。
[145] 张丽珠:《清代新思想典范之曙光——以陈确、唐甄、颜元为线索》,页400。

义理分趋之内在关键。"⁽¹⁴⁶⁾

在"性"的范围内纯善无恶,"恶"的出现顺理成章地只能归因于人性以外的影响。清儒颜习斋即明确规定为"习"的概念:

> 朱子原亦识性,但为佛氏所染,为世人恶习所混。若无程、张气质之论,当必求"性情才"及"引蔽习染"七字之分界,而性情才之皆善,与后日恶之所从来判然矣。惟先儒既开此论,遂以恶归之气质而求变化之,岂不思气质即二气四德所结聚者,乌得谓之恶!其恶者,引蔽习染也。惟如孔门求仁,孟子存心养性,则明吾性之善,而耳目口鼻皆奉令而尽职。⁽¹⁴⁷⁾

> 程子云:"清浊虽不同,然不可以浊者不为水。"此非正以善恶虽不同,然不可以恶者不为性乎?非正以恶为气质之性乎?请问,浊是水之气质否?吾恐澄澈渊湛者,水之气质,其浊之者,乃杂入水性本无之土,正犹吾言性之有引蔽习染也。其浊之有远近多少,正犹引蔽习染之有轻重浅深也。若谓浊是水之气质,则浊水有气质,清水无气质矣,如之何其可也!⁽¹⁴⁸⁾

在习斋眼中,理学家将"义理之性"与"气质之性"判分得太过分明,以至将"恶"归属于气质而以之为被动待转化者。习斋的洞见是,善恶的分界并不划在"义理之性"与"气质之性"之间,而应划在"性情才"及"引蔽习染"之间。气质本身无非亦"二气四德所结聚者",本身不得谓之"恶"。"恶"的出现只能诉诸"引蔽习染"的状况。由于"习"相对于"性"而言,有着外在(extrinsic)、偶然(incidental)、后天(acquired)等形式特性⁽¹⁴⁹⁾,则"恶"的生成与防治,便更为明确地完全取决于一己自由

---

⁽¹⁴⁶⁾ 张丽珠:《清代新思想典范之曙光——以陈确、唐甄、颜元为线索》,页405。
⁽¹⁴⁷⁾ 颜元:《明明德》,《颜元集》(北京:中华书局,1987),《存性编》卷1,页2。
⁽¹⁴⁸⁾ 颜元:《借水喻性》,《颜元集》,《存性编》卷1,页4。
⁽¹⁴⁹⁾ 刘元清:《颜元论"恶"的来源及其意义》,《文与哲》第16期(2010年6月),页103—111。

的选择。归根结底,"恶"的生成与滋长源自一己道德力量的松懈,"恶"的防治与去除也只能仰赖一己道德力量的复还。如习斋说:"大约孔、孟而前,责之习,使人去其所本无,程、朱以后,责之气,使人憎其所本有,是以人多以气质自诿,竟有'山河易改,本性难移'之谚矣,其误世岂浅哉!"⑱将"恶"与"性"在理论上联系起来,易使人联想到人之为恶是"山河易改,本性难移";反之,将"恶"归因于"习"("责之习"),则"恶"的出现乃人性本无,去恶无非亦只回复人性本来面目。根据韦政通说:"传统哲学家中,以'习'字为中心观念,并由此而显出其哲学特色的,是十七世纪的颜习斋。"⑲在儒学传统中,虽然不同儒

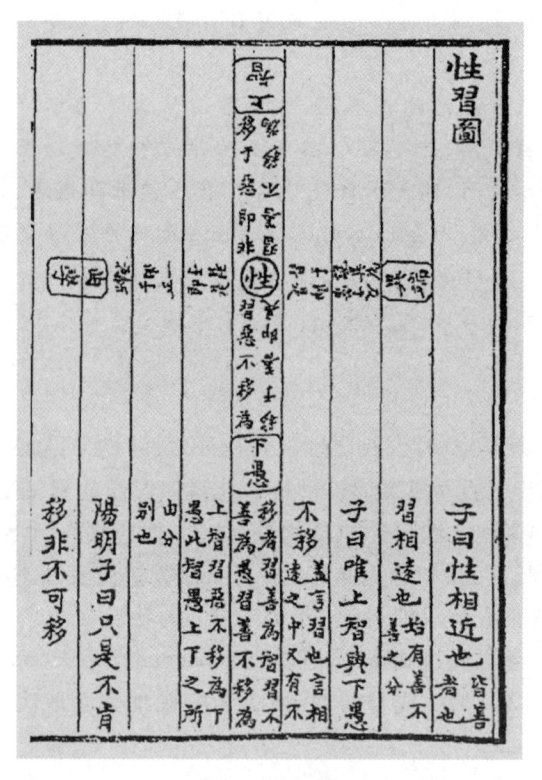

图一　性习图

---

⑱　颜元:《性理评》,《颜元集》,《存性编》卷1,页7。
⑲　韦政通:《中国哲学辞典》(台北:水牛出版社,1991),页583。

者或多或少都偶有论及"习"的概念,但直以"习"为理论核心剖明人性善恶的关键,则莫如乾初、习斋等清初代表。

有趣的是,乾初更尝以"性习图"形象化地展示"性"与"习"错综复杂的理论关系[152]:紧守孔门"性相近,习相远"之教,乾初严分"性"与"习",表明"性"全皆是善,而善恶的分野只能于"习"上说。"上智"与"下愚"之所以不移,亦只能诉诸"习"的熏染影响("盖言习也")。又由于习惯性的思维行动逐渐累积后难以改变(如上船山说"熏染以成固有"),则人一旦历经若干时程而成为"上智"与"下愚"后,即会"习善不移为""习恶不移为"。虽然如此,如同阳明指出善恶之别只是"肯不肯"而非"可不可"的问题,乾初同样相信归根结底善恶仍是一己抉择的结果。因此,"上智"在修养上一旦松懈,仍有失足堕落的时候;"下愚"一旦奋起改过,则亦有一机向上的可能。至于"异端"与"曲学"之间,亦同样只有动态(dynamic)、暂时(temporal)的界线。所谓"异端"源自后天败坏情况的熏染,只是离乎人性之常的歧出状态;而所谓"曲学"无非亦只在不同处境中累积泛应曲当的修为,以至能够时刻归还人性本来的正道。

由此看来,明清两代儒者对于"恶"的各个方面,实有相当一致的见解。张丽珠尝判分乾嘉新义理学与宋明理学的恶论如下:"颜元、陈确与后来乾嘉新义理学诸学者并皆肯定气质之善,且皆以'恶'归于后天习染所致,此一思维模式迥然殊异于宋明理学'性/情'二分的'尊性黜情'主流模式。"[153]然依本文的观点看,即使是宋儒朱熹亦言"饮食者,天理也;要求美味,人欲也"[154],似乎只以情欲之流弊状态(corruptive status)——而非情欲之自身——为"恶"。更为明确的是,如上文指出,自阳明以降的王门学风,便未有将性情截然二分而以情为"恶"的观点。理学家常言的"灭人欲",无非亦是灭去如许偏差状

---

[152] 陈确:《瞽言四》,《乾初先生遗集》(据北京大学图书馆藏清餐霞轩抄本扫描),页131。

[153] 张丽珠:《清代新思想典范之曙光——以陈确、唐甄、颜元为线索》,页430。

[154] 黎靖德编:《朱子语类》(北京:中华书局,1994),卷13,页244。

态不正当之情欲[153]，非如张丽珠所理解般主张截然无欲之教[154]。在人性善恶的界线上，乾初表明反对"本性难(不)移"之谚，而全然信服阳明"只是不肯移，非不可移"的动态观点。又对于知行关系，晚明学者强调不识不知的工夫面向，与习斋"痛论读书无用"的理论倾向可谓相同[155]；重视"理见于事"[158]、"由习行实事以明性道"[159]等，亦可说是承自王门泰州、江右学派严防光景、意见弊病之精神。无怪乎钱穆认为："习斋种种持论，更似颇有近阳明者。"[160] 刘元青所谓"颜元有关'恶者是外物染乎性'的说法，主要继承了陆王的道德本心与'良知说'"[161]，可见亦非无的放矢。总而言之，明清儒学在理解"恶"的生成问题上，实有同大于异的理论立场[162]。

## 四、总　结

本文作为一项横跨明清的宏观考察工作，发现"晚明一段时间"之后，"恶"的讨论延续到有清一代仍然有着十分丰富的理论发展，特别是围绕"习"的概念作为线索。从王阳明开始，"恶"的问题便总是与"习"的概念密不可分。作为心学的一员，王阳明思想总是与"心"的概念相关，善恶之分，亦是扣紧"心""本然"与"流弊"状态的差异来说。从"本然"的状态而言，"心"具有"虚""灵""明""觉"的形式特性；一旦陷落沦入"流弊"的状态，"心"则转而受到"习气""习染"的困限。及至有清一代，儒者基本上仍然通过"习"的概念言"恶"：

---

[153] 郑宗义：《明清儒学转型探析：从刘蕺山到戴东原(增订版)》，页216—217。
[154] 如其谓："理学家蔑视形下气化之以'恶'归于气、而倡为'存理灭欲'之说；陈确认为道德学所应该努力的课题为'慎习复性'，而非如宋明儒倡言之'无欲'、'灭欲'等说。"见张丽珠：《清代新思想典范之曙光——以陈确、唐甄、颜元为线索》，页406。
[155] 钱穆：《中国近三百年学术史》(台北：台湾商务印书馆，1990)，页180—184。
[158] 同前注，页224。
[159] 同前注，页196—197。
[160] 同前注，页204—206。
[161] 刘元清：《颜元论"恶"的来源及其意义》，页108。
[162] 郑宗义尝另从理论上指出明清典范的差异，复认为陈确、颜元等清儒在解释"恶何以生"的问题上皆不称理。这些批评将会有助进一步的考察，以给予清儒恶论更恰当的理论地位。见郑宗义：《明清儒学转型探析：从刘蕺山到戴东原(增订版)》，页158—159及216—217。

王船山肯定人性全幅是善,不善者产生于人性之外,继而从"气禀与物相授受之交",进一步阐明"习"的理论意义。陈乾初与颜习斋,理论表述上亦更为明确从"性"与"习"判分"善"与"恶"的理论界线。希望本文的分析,可以提供一个较为宏观的哲学史图像,点明"习"的概念在明清恶论之中的关键地位。

# 良知、立志与知行合一：
# 再论阳明如何回应道德之恶[*]

赖柯助[**]

**内容提要**：阳明学"知行合一说"的论述主要涉及"良知""知""行""合一""私欲（意）隔断"等概念之间的复杂关系，而这些主要概念借现代用语表示，即讨论道德行动的逻辑或结构所必然涉及的道德理性、知识/道德信念、道德行动、意欲、动力来源与传输、意志软弱。本文在研究方法上，将借美国哲学家柯思嘉（Christine M. Korsgaard）的两层行动理由意义及理由内在论论述，来探讨与厘清阳明学中这些概念的意义及其之间复杂的关系，此有助于我们把握：（一）阳明"知行合一说"的现代意义；（二）阳明如何回应意志软弱所造成的知行不一致，以及因（对道德的）错误认知而做出道德恶行的实践问题；（三）良知、立志与知行合一在道德行动逻辑中的意义及其之间的关系。

**关键词**：良知，立志，知行合一，一致性，完整性，理由

## 一、前　言

阳明学"知行合一说"的论述主要涉及"良知""知""行""合一""私欲（意）隔断"等概念之间的复杂关系，而这些主要概念借现代用语表示，即讨论道德行动的逻辑或结构所必然涉及的道德理性、知识/道德信念、道德行动、意欲、动力来源与传输、意志软弱。借由厘清这些概念的意义及其之间复杂的关系，有助我们把握：（一）阳明

---

[*] 本文得到匿名审查人详细的指正与建议，谨此致谢。本文若有未尽之处，实属笔者之责。

[**] 中正大学中国文学系助理教授。（电邮：kochu@ccu.edu.tw）

"知行合一说"的现代意义;(二)阳明如何回应意志软弱①所造成的知行不一致,以及因(对道德的)错误认知而做出道德恶行的实践问题。

　　根据笔者的研究,在阳明的"知行合一说",良知判断同时蕴含"应当行动的意识",这意识蕴含行动者的道德信念及其能力的考量。而良知明觉所作成的是非决断/立法(借柯思嘉的用语)即行动者的道德认同,也正是这认同一方面证成他应当(或不应当)行动的合理性,另一方面则是驱动他去行动的动力。然而,行动者若一方面出于他的道德认同作出判断,但另一方面却因为受到私欲、私意或其他外在因素的支配而最终未付诸实践,这结果无异否定了他的道德认同,而让他陷入自我认同与行动不一致的一种(良知我与抉择我的)"人格自我分裂"②。正因道德自我与主观感性意欲两股力量相互拉扯,使得处于此冲突与挣扎状态的行动者未必能时时"维持其道德认同的稳定性"——即以道德认同作为行动的主宰,而导致他最终因意志软弱而有"知行不一致"的实践问题,借柯思嘉的用语,这不一致的实践问题意味着行动者失丧其道德自我的完整性(integrity)。

---

①　本文以"意志软弱"来说明阳明学中导致道德之恶发生的原因之一,其中"意志"不是指超越而至善的"良知",而是相当于阳明所谓的"意",是指行动者的现实意志,而在此现实意志的选择作用下,人乃有善有恶(牟宗三:《圆善论》[台北:台湾学生书局,1985],页 67);"软弱"则是指:在良知作成判断后,行动者明确知道当下理应践履良知要求,但他却因为受到其主观感性因素、所欲求之目的的影响、支配,最终屈服其中,选择依据违背良知决断的格准而行动。然而,这导致道德之恶发生的原因不同于另一原因——"对道德的错误认知"(对正义的颠倒),理由在于,基于后者,行动者是坚决地选择依据他自以为是的格准而行动。

②　李瑞全:《儒家道德规范根源》(新北:鹅湖月刊社,2015),页 29。李教授此处所言的人格自我分裂不是指精神疾病下的多重人格,而是指在道德处境时,良知我与抉择我基于某些主观因素而表现出的不同调。必须说明的是,不论是良知我或是抉择我,实际上是同一个行动者(我)不同面向的表现:前者是能给出普遍道德法则,以决断是非的超越而绝对的立法者;后者则是行动格准与价值选取,以促成实际行动的经验而有限的抉择者。当然,若行动者基于他的道德认同而选择以道德法则作为他行动的依据,则虽然他是一有限的行动者,但他所彰显的道德价值是无限的,即他可以是既有限而无限。相反的,如果行动者一方面认同道德实践是人之价值所在,但另一方面却又禁不住某些主观目的的诱惑,或其心理情绪而选择会做出做恶行的格准,则他(在做恶的同时或)事后经理性反省所(可能)产生的懊悔、内疚等自我究责,便是他的良知我与抉择我的拉扯与分裂。

有别于行动者因意志软弱而为恶的实践问题,对道德错误的认知意指行动者或是在"认欲作理",或是在"诉诸权威"的情形下,态度坚决地基于错误信念而做出"自以为是""自信为真"但实际上却是道德的恶行。

关于阳明如何回应道德之恶的问题,本文会根据相关的文本及其意涵指出,解决因对道德错误认知而为恶的关键在"道德审思",而解决因意志软弱而知行不一致的关键固然在"致良知"。然而,要能做到致良知,笔者发现除了牟宗三先生已点出的"两条件"③之外,还必须把握到"知行合一说"的立言宗旨,以及由此所示的"良知特性"及其所发之实践上的必然要求。

阳明力主"知行合一",其兼论本体与工夫的立言宗旨④,不仅要人把握到本体意义下的"一念发动处,便即是行了",更是要人进而完成工夫意义下的"发动处有不善,就将这不善的念彻根彻底克倒了",以保证人的意念时时相应于良知明觉(心体本性)而发⑤,而使其视听言动完全出于良知的要求而行。若人能时时克除不善的意念而知行一致,则其德性生命便是一体平铺,完整无缺。

关于"知行合一说",笔者已撰文从理由内在论的进路阐释本体意义下的"一念发动处,便即是行了",其现代意义系指"良知判断蕴含行动动机/动力"(判断与动机之间有着必然的连结),而此即为"知行合一说的第一重意义"。此外,也初步指出但未详论的"知行合一说的第二重意义"系指良知本性所必然发出的必然道德要求:"道德判断与相应行动的一致性"⑥。在本文,笔者除了会再补充与第一重

---

③ 牟宗三先生指出,要做到致良知工夫必须具备两个条件:(一)"有必为圣贤之志,即立志希望";(二)"有相当的开悟接受此'先天的工夫',即对于天心仁体之'良知之用'须有相当的体悟与信奉及,方能用此工夫"。见牟宗三:《宋明儒学的问题与发展》(台北:联经出版社,2003),页244。相关的讨论详见下文。

④ 此见王阳明所言:"我今说个知行合一,正要人晓得一念发动处,便即是行了。发动处有不善,就将这不善的念克倒了。须要彻根彻底,不使那一念不善潜伏在胸中。此是我立言宗旨。"([226])本文所有征引自《传习录》《传习录拾遗》的原文皆是出自陈荣捷:《王阳明传习录详注集评》(台北:台湾学生书局,2006)附有编号的版本。为节省篇幅,将视论述而标示编号于原文前或后,不另作注。

⑤ 牟宗三:《宋明儒学的问题与发展》,页243。

⑥ 参阅拙著:《王阳明良知内在论的建构与定位:以"知行合一说"为核心》,《政治大学哲学学报》第44期(2020年7月),页24。

知行合一相关的讨论之外,主要是从柯思嘉(Christine M. Korsgaard, 1952—)的实践哲学论证:从应当意识来看,"知行合一"意味着"道德自我完整性的确立",而这道德自我完整性,即第二重知行合一所蕴含之意,是发于良知的必然要求。

由于本文涉及柯思嘉实践哲学与阳明学中重要概念的诠释,故笔者先概论前者实践哲学的相关概念——实践认同的两层意义、"道德认同"(moral identity)、行动理由、完整性等,借此诠释阳明的知行合一说,及其所蕴含的道德完整性的观点,以及与此观点密切相关之良知、立志与知行合一在道德行动逻辑中的关系。最后,论阳明如何回应道德之恶。

## 二、柯思嘉式行动理由的两层意义及理由内在论论述

柯思嘉指出,人类的心灵能够反身自省,是形成自我意识的来源,而此自我意识即是人的自我构想(conceptions of self)[7]。这自我构想表示:你评价自己是什么样的人、值得过什么样的生活、什么样的行动值得做,这评价意味着你对自己的身分的认同。由于你基于这认同而有相应的行动,所以你对自己的定位便成为你的实践认同。你的实践认同同时是驱动你去行动的理由,这意味着你的行动理由同时蕴含行动动机,这样对于理由与动机之间关系的论述,是一种理由内在论的主张。以下,本节将分别讨论柯思嘉式行动理由的两层意义,以及她的理由内在论论述,以作为下一节理解与诠释阳明知行合一说的可能线索。

(一)行动理由的两层意义

实践认同即行动者对自己身分的认同,及其自我评价。而他对自己身分的认同决定了他实践所依据的原则,换言之,行动者的实践

---

[7] Christine M. Korsgaard, *The Sources of Normativity* (Cambridge: Cambridge University Press, 1996), p.100.

认同就是他的行动理由⑧。在这意义下的"自我认同"（self-identity），是实践的（practical）概念，而不仅是理论性的（theoretical）⑨。

涉及自我评价的自我认同是行动者的行动理由，但柯思嘉指出，并非所有的认同都必然能作为可证成的行动理由，因为在我们现实生活中有一些认同是"偶然的"（contingent）、相对的（relative）⑩，它有可能在与另一个认同相冲突时被放弃。例如，你是某个国家的人民与某个宗教的信徒，你奉行某种和平的主张。然而，当要为国家打仗时，你可能会放弃宗教信仰（主张和平）；或相反的，你也可能基于宗教信仰或其他理由而拒绝国家的征召⑪。由于有些认同是偶然的，所以行动者未必会在任何时候都会将之付诸实践。

---

⑧ 对此，审查人指出："康德道德哲学遭受到的其中一个批评就是认为他的义务论缺乏实质性内容，柯思嘉提出实践同一性的概念即试图回应此一批评。依柯氏，人类意识具有反思性结构，人要作出判断即需要一个理由，但如果我们继续追问理由的理由将会无所底止。故柯氏回到康德，认为自由意志依据定言命令给自己立法，但柯氏区分了定言命令与道德法则，认为后者是目的王国的法则，即'仅仅根据一个在有效合作系统内所有的理性存在者都认可的准则行动'。康德定言命令是自由意志的法则，但没有确立道德法则是自由命令的法则，柯氏以实践同一性的概念填补了此一空隙。以实践同一性来界定我们具有反思性的人类，使得我们进行特定行为前总是将自己的反思能力指向某种特定的身分或角色，以使我们要实施的行动能否'配得上'我们所具有的特定身分或角色。反思的结果是肯定的，我们就成功建构了一个行动的理由，否则就会比死都难受。可见，在柯氏《规范性的来源》一书中，实践同一性概念固然包含丰富的内容，但它似乎侧重于建构行动的理由。柯氏有关一个成功的道德规范需要满足的'第一人称、透明性和自我同一'三个条件，每个条件某种意义上都可蕴含动力的解释，但侧重点应有差别。"笔者谢审查人对于相关背景的补充，让本小节的论述相对更加完整。笔者也进一步简要回应如下：对行动者而言，一个判断是否能作为证成的行动理由，在于该判断是基于其道德审思的普遍性检验而作成，若能通过普遍性的检验，则它就是一符合道德理性的判断，因此，它可以同时是一证成的行动理由。而当行动者自我探问该判断是否为可充作其行动的证成理由时，他即是出于第一人称的身分对该判断进行反省检验。而一旦能通过其道德理性的普遍性检验，则该判断就是基于行动者的道德理性的认同而成为可证成的行动理由。就此而言，该判断成为行动理由是由行动者的道德理性所背书与决定，故而这对他而言是自我透明的。也由于该判断有道德理性的背书，这便意味着该判断同时代表行动者对自我的评价，在这个意义下也可说该判断所蕴含的评价与行动者的评价具有同一性，即对判断的认同同时是对自我价值的认同。就此而言，如果一个判断符合这三个条件，它对行动者而言不仅具有证成的规范性，亦是能驱动他以相应行动去践履的行动理由。

⑨ 此见柯思嘉所言："你的实践认同意味着你以该认同作为对自己的一种评价，并以该实践认同作为行动的理由，相应于该实践认同的行动是值得去做的。"见 Korsgaard, *The Sources of Normativity*, p.101。

⑩ 同前注，页 120。

⑪ 同前注。

相较于上述偶然的实践认同,柯思嘉指出每位行动者皆有一种特殊意义与价值的实践认同不是偶然的,它是具有实践"必然性"(necessity)的可证成理由,没有任何偶然的认同比它更具有实践的优先性,此特殊的实践认同就是具有实践与规范形式的"人性"的认同,也就是"人之为人"的道德认同⑫。而"人性"的认同之所以是必然的,乃因为"人性"⑬是身为"人"都普遍而必然具有的,这是身为人所不可逃避的客观事实。此外,柯思嘉于文中所使用的"人性"概念是指涉具有反省功能的"理性",此"理性"所面对与解决的是道德规范及其来源问题,而这是"人"所独有而其他动物所没有的实践问题⑭。因此,人对其人性(理性)的认同实际上就是他的道德认同,这正是从道德价值的进路将"人"与其他动物作出了本质的区分,即:"人"是有具有道德价值的存在,而动物是非道德价值的存在。

关于柯思嘉主张"人性具有价值"的观点,可参见以下这宣称:(A)"你必须赋予你的'人性'价值,如果你想赋予任何东西价值"⑮,这意味着:(A1-1)"你身为人的价值是你能赋予任何东西价值的前提/条件"。

(A1-1)的论证如下:

(P1)如果我们要想够赋予其他东西价值,必须建立在我们本身是有价值的前提之上,否则我们无法赋予任何东西以价值;

(P2)而就我们能够赋予其他东西以价值确实是客观的事实而言,我们必然是有价值的;

(C)我们(的"人性")是有价值。

而(C)也证成了(A1)"所有的价值都取决于人性的价值"⑯。在(A)(A1)的基础上,柯思嘉指出:"我们对于自己身为道德存有者的

---

⑫ Korsgaard, *The Sources of Normativity*, p.121.
⑬ 柯思嘉此处所论的"人性",是指道德领域中具有实践、规范意义的人性,而非从生理自然之性处所论的人性。见同前注。
⑭ 对此,柯思嘉指出:"正是在理性行动者对其心灵进行反省的过程中,产生了仅有人类才有而其他人类以外的动物没有的道德的规范性问题。"见同前注,页92—93。
⑮ 同前注,页123。
⑯ 同前注,页121。

认同(引按:即对人性的认同),是我们其他的实践认同的后盾"⑰,这段话主要用意在指出:由于道德的认同是其他实践认同的基础,因此当我们实践的认同与身为"人"的认同相互冲突时,必须以身为"人"的道德的认同优先作为行动的理由。换言之,任何偶然的实践认同都不能违背身为"人"的认同。据此,以道德的认同(身为"人"的认同)作为行动的理由具有实践的绝对优先性。

关于上述所言两个意义的实践认同,我由以下的论证来表示⑱:

P1:柯思嘉主张:人的自我意识是反身自省的,会探问行动的理由(可证成的行动);

P2:行动者现实中的实践认同就是他行动的理由;

P3:但是,行动者可以有不同的认同,而他有些实践认同是偶然的;

P4:行动者放弃其偶然的实践认同是可能的;

P5:如果行动者放弃他的实践认同,他便没有行动理由以证成其行动的合理性;

P6:为了回应自我意识之反身自省结构所带来的规范性问题(要求证成的理由),行动者不能没有回应规范问题的行动理由;

P7:行动者必须要有一个实践的认同给出行动的理由;

C1:行动者有实践认同是必然的,但他具体而言有什么样的实践认同是偶然的;

P8:并非所有的实践认同给出的都是证成的实践理由(例如身为杀手的实践认同);

P9:并非所有来自实践认同的行动都是可证成/合理的行动;

P10:实践理由的根源是"身为人"的认同(human identity),即道德认同(moral identity),这也是作为目的自身的"人之为人"之"性"(humanity);

P11:违背"人之为人"的实践认同(例如杀手的认同)必然无法

---

⑰ Korsgaard, *The Sources of Normativity*, p.121.

⑱ 以下的论证来自我对 *The Sources of Normativity* 中 3.4.1—3.5.1(页 121—126)的重述。在写这个论证的过程中,笔者与梁奋程博士有深切的讨论,他所提供的建议,对于这个论证的完成有实质的帮助。虽然此论证仍有不足之处,但实为作者的问题。

通过纯粹实践理性的反身自省检验；

P12：无法通过纯粹实践理性反身自省检验的实践认同，必然在此检验的过程中被理性法则排除；

C2：身为"人"（理性行动者），我们必然会要求我们的实践认同在反身自省的检验过程中，符合"人之为人"的"道德认同"。

除了"人之为人"的道德认同的必然性之外，每个行动者的实践认同是偶然的，而从 P8—C2 的推论，我们可知"反身自省将我们和〔实践认同所蕴含的〕⑲驱动力隔开，反身自省与和驱动力的距离使我们能够为自己的行动立法〔……〕为自己立法同时表示了你的实践认同。而我们对于自身实践认同的想法决定我们哪些驱动力可以是行动理由"⑳。这也意味着，"道德认同"支配了我们其他的实践认同㉑，以及这些实践认同实践的合理性。当然，如果行动者对于他自己实践认同的构想本质上与"道德认同"不同调，则就应然的自我价值层面而言，"道德认同"会拒斥与其不同调的实践认同。

行动者透过实践两个层面的认同来评价/定位自己。柯思嘉则是使用"完整性"这概念来说明行动出于两层实践认同的行动者，理由在于他们的自我评价与据此评价而有相应的行动是一致的，故而是一个完整/完全的人㉒。依上所论，满足完整性概念的首要条件是实践"道德认同"，以及在此前提下实践其他通过行动者反身性检验的实践认同。此处的完整性蕴含了自我认同实践的一致性，而实践此一致性是来自人类实践理性的必然要求，理由在于此实践一致性的否定即自我认同的否定，而自我认同的否定是理性所不能同意的，或甚至是比死还糟糕的事㉓。故完整性的崩解意味着：行动者对自我的构想/评价与行动是不一致，或做出违背自我构想的行动，前者让

---

⑲ 此为笔者所加，而加入此语的合理性可参见本节关于柯思嘉"内在论条件"的相关论述。Christine M. Korsgaard, "Skepticism about Practical Reason," in Kieran Setiya and Hille Paakkunainen, eds., *Internal Reasons: Contemporary Readings* (Cambridge, MA: The MIT Press, 2012), p.57. 本文"〔 〕"中的内容皆为笔者所加。

⑳ Korsgaard, *The Sources of Normativity*, p.129.

㉑ 同前注，页 130。

㉒ 同前注，页 102。

㉓ 同前注，页 18。

行动者陷入了自我认同悖反的困境㉔,后者则是可能导致道德(或法律)上的恶行。

然而,现实世界中行动者做出违背"道德认同"的行动是可能的,柯思嘉认为"此处的问题不是来自于认同的脆弱性,而是认同的稳定性"㉕。由于"认同"本身蕴含驱动我们去行动的力量,故造成完整性崩塌的原因固然不在其——力量不足意义下的——脆弱性,而是在于行动者有不止一个认同,当不同的认同相冲突时,则会导致认同的不稳定性。而认同的不稳定性往往导致我们把有时把做出违背(尤其道德)认同的行动,视为是"仅此一次"的例外。柯思嘉由此指出,这就是为什么纵使是品格最好的人,偶尔也会明知故犯㉖。

(二) 理由内在论论述㉗

上述所论是实践认同、行动理由与行动的关系,以及有关实践层面的"完整性"和自我认同的关系。以下,将依序说明理由内在论中的两种内在关系,以及柯思嘉的理由内在论论述。

理由论中的"行动"可以泛指一切与目的相关的行动(intentional conduct),而"行动理由"(reasons for action)是可以证成或引起行动的审思(consideration)结果㉘。这意义下的审思是与行动相关而为实践的(practical),行动理由对行动者而言则是可证成的(justifiable)实践理由。不同的哲学家对于理由是否蕴含行动的驱动力/动机(motive/motivation)有不尽相同的看法,这导向了理由的内在论与外在论的不同立场。在有目的/意向的行动逻辑/结构中(行动者 A 依据理由 R 去做 φ),若行动的驱动力/动机蕴含在行动理由之中,则是内在论的立场;反之,则为外在论。

---

㉔ 这就像是柯思嘉所说的:"如果我那么做的话,我没办法再和我自己一起生活。"见 Korsgaard, *The Sources of Normativity*, p.101。这里凸显的正是:"理性我"和"做出违背理性行动的我"的冲突。

㉕ 同前注,页 103。

㉖ 同前注,页 103。

㉗ 虽然这部分的论述,笔者已于拙著《王阳明良知内在论的建构与定位:以"知行合一说"为核心》第贰节有详细的讨论,但由于这是诠释阳明学为一种理由内在论重要的理论背景,因此以下为笔者节录、修改自拙文该节的相关论述。

㉘ Robber Audi, ed., *The Cambridge Dictionary of Philosophy* (New York: Cambridge University Press, 1999), p.776.

"理由、动机、行动"是构成行动逻辑形式表述的三个基本概念，而"内在论主张"的行动逻辑形式是："如果行动者 A 审思后相信他有理由 R 去做 φ，则他必然有去做 φ 的动机——即理由 R 蕴含一股力量驱动 A 去做 φ。"㉙内在论意义下的"理由"与"动机/驱动力"之间有着"内在必然的连结关系"。

这内在论的形式表述借赛堤亚（Kieran Setiya）的分类，属于"理由内在论"（Internalism about Reasons）的表述："事实上，唯若行动者 A 因为信念 p 而能被影响去做 φ，则 p 就是行动者 A 去做 φ 的理由。"㉚"理由内在论"的基本主张是"理由必定能够驱动"（理由蕴含动机），这是内在论者所共许的。然而，有一派内在论者主张，信念 p 要能够影响或驱动行动者去行动还必须加上欲望这条件，即行动者相信透过做 φ 可以达到他所欲求的目的。我们若在内在论主张的行动逻辑形式中加入欲望这条件，则这意义的内在论主张的形式表述为："如果行动者 A 审思后相信借由做 φ 是可以达到他所欲求的目的－E 的手段－M，则'达到欲求的目的－E'就是支持/驱动他去做 φ（手段－M）的行动理由 R。"这是"手段/目的式"的行动结构，在此手段/目的式思考下，行动动机的来源就是行动者的欲望。而此意义下的行动理由 R 借赛堤亚的分类属于"内在理由论"（Internal Reason Theory）㉛的内在理由，这类型主张的代表是休谟派哲学家威廉斯（Bernard Williams，1929—2003）㉜。

虽然同为内在论意义下的理由论述，但"理由内在论"与"内在理由论"的区别在于理由和动机的来源不同，尤其当涉及道德领域的讨

---

㉙ 由于外在理由论述不是本文的重点，故笔者主要聚焦在内在理由的讨论。

㉚ 赛堤亚指出："事实上，唯若行动者 A 因为信念 p 而能被影响去做 φ，则 p 就是行动者 A 的去做 φ 的理由。"（见 Kieran Setiya, "Introduction: Internal Reasons," in *Internal Reasons: Contemporary Readings*, pp.4-5。）例如，如果行动者 A（经医师诊断后及其）审思后相信他有理由开始每天服用血压药，则他必然有每天服血压药的动机，或该理由自身即有一股力量驱动行动者每天服药，这意义下的行动理由是内在的。

㉛ 赛堤亚指出"内在理由论"的形式表述为："事实上，唯若行动者 A 的信念和去做 φ 的欲望之间，存在着（连同行动者的主观动机组和信念 p 一起）宽泛的工具传输路径，则 p 是行动者 A 去做 φ 的理由。"见同前注。

㉜ 参阅拙著：《王阳明良知内在论的建构与定位：以"知行合一说"为核心》，页 31—34。

论,即探讨理由、动机、道德原则/判断的来源及其之间的关系,属于"理由内在论"阵营的柯思嘉反对"内在理由论"主张行动理由与动机皆来自"欲望"㉝。

在讨论柯思嘉的理由内在论论述前,笔者先概述她所反对的、属于"内在理由论"阵营的威廉斯的内在理由论论述。由于身为休谟派的威廉斯和康德派的柯思嘉对于理由的论述分别代表这种两类型的内在关系,以及这两种类型恰好是内在论的本质区分,因此,先说明这两种内在论版本,有利于下一节对比出阳明的良知学之为一种理由内在论的殊特之处。

威廉斯是以"主观动机组(subjective motivational set)"来解释内在理由的理由论述,关此,可见以下二文段:

> 内在理由论述模型最简单的解释是:A 有理由做一件事,若且唯若,行动者透过做 φ 这件事可以满足他的欲望。㉞

> 不是基于 S 中适当的原素所作成的内在理由说明是虚假的。㉟

这意指"能满足欲望(主观动机组)"就是驱动行动者去做 φ 的理由,此能够驱动行动者去做 φ 的力量来源是欲望。在威廉斯的内在理由论述下,"理由"已化约为"主观动机"㊱,或换句话说,对他而言,理由与主观动机(欲望)是同一的(identical)。这意义的行动理由是以欲

---

㉝ 例如达尔沃尔(Stephen Darwall)指出内格尔(Thomas Nagel)即不是采取此主张者(见 Stephen Darwall, "Reasons, Motives, and the Demands of Morality: An Introduction," in Stephen Darwall, Allan Gibbard, and Peter Railton, eds., *Moral Discourse and Practice: Some Philosophical Approaches* [New York: Oxford University Press, 1997], p.305)。关于内格尔"反对欲望是所有动机来源"的主张,参阅本注所引专书论文集的页 330。笔者下一节所讨论的明儒王阳明,以及稍后会讨论到的(和内格尔同为)康德派哲学家柯思嘉都不主张欲望是动机的来源。

㉞ Bernard Williams, "Internal and External Reasons," in *Internal Reasons: Contemporary Readings*, p.37.

㉟ 正文为我的重述;原文: "An internal reason statement is falsified by the absence of some appropriate element from S." 见同前注,页 38。

㊱ 参阅拙著:《王阳明良知内在论的建构与定位:以"知行合一说"为核心》,页 32。

望为基础的(desire-based)理由㊲。也由于内在理由论主张以欲望(主观动机)作为理由的来源,故而当行动者判断借由做 φ 可以达到他主观动机组中所欲求的目的时,他便有理由去做 φ,而此行动理由必然蕴含驱动他去做 φ 的动力。在这意义下,威廉斯式理由论述中的"理由"与"动机"之间是"同一的内在必然关系"。

柯思嘉在《实践理性的怀疑论》论述了"内在论条件"(internalism requirement)、内在论立场的相关观点,以及行动动力的意义及其和实践理性的关系,借此表达了她的理由论立场。关于她的理由主张,可见诸该文中引述内在论立场的二文段,及"内在论条件"。原文如下:

> 道德判断的知识(即它为真、或承认这判断)蕴含了存在一个依据那个道德判断的行动动机(未必是第一优先的动机)。㊳

> 如果我判断一行动是对的,这蕴含我有(承认)去做该行动的动机或理由。㊴

> 如果实践理由的宣称真的提供我们行动理由,则它们必定能够驱动理性的人。我称此为内在论条件。㊵

这三文段合而言之,可知在道德层面,柯思嘉肯定纯粹实践理性所作成的道德判断(纯粹实践理由的宣称)能够驱动理性的行动者去付诸相应的道德实践。而依据她(于该文章后段)是在康德道德哲学的基础上——实践理性的要求必须是(一)普遍的;(二)无条件的;

---

㊲ Darwall, "Reasons, Motives, and the Demands of Morality: An Introduction," p.309.
㊳ Korsgaard, "Skepticism about Practical Reason," p.54.
㊴ 同前注。
㊵ 同前注,页57。

（三）来自意志的自律㊶——说明行动理由的特性，可知道德判断就是证成的行动理由㊷。换言之，行动理由证成了行动者应当做 φ（或不当做 φ）的合理性。

根据柯思嘉的理由主张，虽然行动者的道德判断蕴含了行动动机，但因为他同时有来自其他实践认同的行动理由㊸，这会影响道德判断所蕴含的行动动机在任何时候"未必是第一优先的动机"。这说明了就完成具体道德行动这件事而言，道德判断所蕴含的行动理由纵然理性上具有实践的优先性，但仍可能因为被其他主观动机 S 或来自其他实践认同的行动理由取代，原因在于行动者并非时时都处在理性的状态㊹，以致他有可能会忽略纯粹实践理性的声音/要求㊺。这样的思考和威廉斯所言的行动逻辑——行动者的行动理由（动机）和行动之间没有紧密到将意志软弱排除㊻——有共通之处。对柯思嘉而言，道德判断固然就是行动理由（蕴含去行动的动力），以及，只要行动者的实践认同可以通过道德认同的检验，行动者便有理由去行动。然而，这仅说明该行动理由有驱动行动者去实践道德的要求（或其他行动原则）的力量，但行动者当下受到其他主观的动机、心理因素影响而不去行动亦是可能的。柯思嘉也承认："如果有人发现行

---

㊶ Korsgaard, "Skepticism about Practical Reason," p.68.
㊷ 这意思同于，"内在论者相信说明为什么一个行动是对的理由，以及为什么你做该行动的理由是一样的。行动是对的理由同时是做该行动的理由与动机"。见同前注，页 55。
㊸ 柯思嘉指出，拥有实践认同的想法是必要的，因为没有的话，行动者将没有行动理由。而大多数支配行动者的行动的自我想法是偶然的，他可能是某个国家的公民、某社群、宗教团体的成员，或有某个职业，这些对于实践认同的自我想法都可以充作他的行动理由。见 Korsgaard, *The Sources of Normativity*, pp.120–121。
㊹ 虽然柯思嘉在文中对于"理性状态"没有多作说明，但笔者认为可以回到她的 *The Sources of Normativity* 找到答案，此理性状态是指"在我们处于反身自省的理性状态情况下，我们的行动不会违背行动理由，行动理由使我们负起实践的责任"。见同前注，页 121。
㊺ Korsgaard, "Skepticism about Practical Reason," p.59.
㊻ Williams, "Internal and External Reasons," p.43. 原文中的 akrasia 是希腊文的"意志软弱"。对于威廉斯所论，若我们较宽泛的来看，其言意味着：纵使行动者当下确实有行动理由（或动机）去做某事，但他可能因为同时因意志软弱而未必付诸行动。所以，就行动当事者的现实处境而言，一个可能的情况是：在他心灵运思的活动中，行动理由与意志软弱同时并在且相互拉扯、搏斗。行动理由驱动行动者去做 φ（或不做 φ）是一回事，如何排除意志软弱则是另一回事，意志软弱的存在并不否定他当下确实有行动理由。

动理由明显与我们的行动相关，但那些理由却没有驱使我们去行动，则这仅说明了〔实践〕理性有其限度。”㊼但这仍不否定实践理性所作的道德判断蕴含驱动我们去行动的动机，而是说明了认同的不稳定性。然而，她在《规范性根源》则是从“对认同的承担”㊽提出了回应这问题的解方。这正是笔者在第四节以“义理承担”来诠释阳明的“立志”之意。

以上是柯思嘉理由主张中纯粹实践理性（理由）与动机（驱动力量）之间的内在关系，这不同于威廉斯式理由主张中的以欲望为基础的理由与主观动机（欲望）是同一的内在关系。但无论如何，他们都主张行动者所接受的理由自身就有驱动他的力量。根据威廉斯的理由主张，行动理由与动机是同一的，因此这主张下的“内在关系”实是指向一种同一的“必然关系”，即来自主观动机的理由必然给出实践的驱动力。

关于柯思嘉对于行动理由的想法，她指出，在行动者道德审思的过程中，能够通过根源于纯粹实践理性之“定言令式”检验的格准，在于格准所涉及的行动（手段）与目的皆符合普遍性原则㊾。换言之，若格准能通过理性行动者道德审思的普遍性检验，则行动者会基于肯定它的绝对合理性（ultimate justification）而认同它，并以之作为一同时是主观动机的行动原则㊿。就此而言，柯思嘉虽然肯定纯粹实践理由单靠自己能够驱动理性行动者，但柯思嘉其实是诉诸“心理力量”(51)

---

㊼ Korsgaard, “Skepticism about Practical Reason,” p.69。或者我们可以说，就经验的实践活动而言，行动理由与外显行动之间并没有所谓像是自然因果性意义下的必然性，必然性仅是指行动理由与动机之间的关系。例如，虽然行动者会被纯粹实践理性的要求而驱动，但它未必每次都能够成功完成道德行动，因为现实中行动者未必都时时从头到尾都处于理性状态。

㊽ 柯思嘉指出：“在一个意义下，对你的认同的承担（commitment）——意即对你完整性的承担——被认为可以解决这问题。”见 Korsgaard, *The Sources of Normativity*, p.102。

㊾ Christine M. Korsgaard, *The Constitution of Agency: Essays on Practical Reason and Moral Psychology* (New York: Oxford University Press, 2008), p.218。这也是她在《规范性根源》一书所言：“如果行动和目的的关联让行动的格准能够被意愿为一条普遍法则，则这条格准就是好的。”见 Korsgaard, *The Sources of Normativity*, p.108。

㊿ Korsgaard, “Skepticism about Practical Reason,” p.66。对柯思嘉来说，这里所指的“主观动机”并不同于威廉斯所理解的以欲望为基础的主观动机组，而是指信念（belief）。

(51) 她认为内在论条件加诸行动者的是心理学意义的命令，故而其驱动力是一种心理力量（psychological force）。见同前注，页 67。

(赛堤亚指出是"信念"㊾)来理解纯粹实践理由提供的驱动力。赛堤亚也因此把柯思嘉归入了理由内在论的阵营:"P 是行动者 A 做 φ 的理由的事实,唯若行动者 A 是能够被信念 P 影响去做 φ。"㊿

透过以上的讨论,柯思嘉是以纯粹实践理性能够引发心理力量来驱动行动者,以作为说明道德判断(理由)引发实践动力的驱动路径,而她理由主张中的纯粹实践理性(理由)和心理的动机力量之间的关系,并不是威廉斯式理由与主观动机之为"同一"的"强义内在必然关系",而是"异质"的"弱义内在引发关系"。

## 三、阳明式"良知内在论"的意义及其殊特处

笔者在近期从理由论的脉络诠释宋明理学的研究中,根据王阳明的"知行合一说"论证了其良知学是一种理由内在论的立场。此外,也在借由理由论所涉及的相关概念(判断/理由/证成、动机与行动)诠释阳明的"知行合一说"后,厘清了其中的诠释歧义问题㊾。

在上述研究的基础上,笔者指出阳明学的"知行合一"可以有两重意义:其一是就本体意义与理由内在论意义而言的"良知判断(知)蕴含行动动机(行)";其二是本文将进一步论证的重点,即就良知的特性而言的"良知判断(知)与相应行动(行,corresponding conduct)的**一致性**",此"一致性"即是第二重"合一"之义。这两重意义可归结为以下三点:(一)"知行合一"之"行"字有"行动动机/动力"(motivating force)和"道德行动"(moral conduct)二义,此须视文脉而定;(二)"第一重知行合一"之"合一"是指共源于良知的判断与动机**"有必然的连结"**,或者良知决断**"蕴含"**实践驱动力;(三)"第二重知行合一"之"合一"是指良知之应然的特性所必然要求(知行须一致)的"一致性"。第二点是本体意义下的知行合一,第三点则是兼本

---

㊾ Setiya, "Introduction: Internal Reasons," p.5.
㊿ 同前注,页 4。
㊾ 参阅拙著:《王阳明良知内在论的建构与定位:以"知行合一说"为核心》。

良知、立志与知行合一：再论阳明如何回应道德之恶

体与工夫意义下的知行合一。第三点之所以如此，是因为"知是知非进而要求行动者以相应的行动为善去恶"是良知明觉的特性，也正是在良知特性(**知行须一致**)的要求下，必然会发展出——对治行动者因受到私欲私意的支配而隔断知行本体，导致最终知行不一致(知而不行或明知故犯)——"致良知""诚意""格物"等异名同义[55]的修养工夫。

由于"第一重知行合一"所涉及的判断、动机与行动之间的关系，是把握"知行结构"和"第二重知行合一"的重点，而把握"知行合一说"的这两重意义，则有助于我们探讨阳明如何回应道德之恶的相关问题。因此于本节，笔者会在上一阶段研究成果的基础上简要论述（证成阳明良知学是良知内在论的）"知行合一说"的意涵，并且补充前辈学者与此相关的重要讨论。

在《传习录》中，有两个重要的论点有助于我们把握阳明"知行合一说"的两重意涵，其一为：

〔5〕爱曰："如今人尽有知得父当孝、兄当弟者，却不能孝、不能弟，便是知与行分明是两件。"先生曰："此已被私欲隔断，不是知行的本体了。未有知而不行者。知而不行，只是未知。圣贤教人知行，正是要复那本体。"

在这段问答中，阳明是从工夫显本体的方式指点徐爱如何把握知行本体于道德实践的意义。根据徐爱所问，他以人不愿[56]尽孝、弟这结果质疑良知判断(知当孝/弟)和践履之间没有必然关系(分明是两件)，即行动者当下知理当如何是一回事，但按理而行又是另一回事。但阳明指出，导致知行分明是两件的实践问题的原因在于"私欲隔断"，即行动者的偏私欲望隔断(遮蔽)了来自良知判断所发出的实践

---

[55] 诚如林月惠教授指出："诚意、致知、格物不是三种不同工夫，而是同一种工夫的三个说法。"见林月惠：《良知学的转折：聂双江与罗念庵思想之研究》(台北：台大出版中心，2005)，页555。

[56] 文段〔5〕中的"不能"系指(孟子批评梁惠王不行仁政乃)"是不为也，非不能也"之"不为"的意思。

69

力量，以致该实践力量无法贯彻到底——完全驱动行动者完成具体的道德行动，此即"不是知行的本体"之意——良知被迫退离主宰之位。换言之，只要能"复本体"——良知回居主宰之位，则判断到具体相应行动之间的践履是有必然性的。复本体之所以可能的内在根据即在于良知的本质作用：根据阳明学，知行本体即是真诚恻怛的良知㊼，其明觉不仅能在道德情境中作出相应的是非、伦理判断，以作为行动者应当或不应当行动的准则，更是能在作出判断的当下**同时涌现驱动**行动者去实践的动力。这判断同时涌现不容已的实践动力就本体意义而言是良知明觉的大用，若换个方式表述，则此大用即道德判断蕴含行动动机（实践动力），或说道德判断与行动动机有着内在必然的连结。因此，阳明旨在告诉徐爱，道德实践的问题不当是质疑良知本身没有足够的动力促成道德践履，必须把握到所论问题的症结是：纵使良知（之判断）本身有不容已的动力，但人会受到主观而偏私感性的影响，选择忽视良知的声音而去做可以满足私欲的行动，以致未让良知的力量彻底贯注到相应的行动上。

若从工夫的目的在复本体以使良知回居主宰之位的角度来看"未有知而不行，知而不行，只是未知"㊽这文段，则在良知主宰的前提下，一旦良知判断作成，该判断就会同时驱动行动者去行动，此外，在没有其他内外在因素干扰良知判断，或与之相搏斗的情形下，行动者

---

㊼ 陈荣捷：《王阳明传习录详注集评》，卷上，第122条，页146。
㊽ 在此文段中，第一与第三个"知"字皆指"良知作主"之"真知"，第二个知字则是指"良知判断"。也就是说，"知而不行"之"知"字的语意已从一开始的"良知作主"（真知）意义下的"知"，转换成"良知判断"之"知"，如此，连接到后句"只是未知"之"未知"便是意指"良知未居主宰之位"，而非完全如劳思光先生所理解的"说知道却不实行，其实是根本未从良知所发方至如此"（劳思光：《新编中国哲学史》三上〔台北：三民书局，1993〕，页433—441）。劳先生所言之"知道"固然有一义可以指向经验知识之知或来自某种主观感受，但由于阳明此文段明显是扣紧良知之本体与工夫回应徐爱的提问，因此，此处的"未知"仍是与良知相关。也由于此文段的第二个"知"字已从良知作主转为良知判断，故说"知而未行，只是未知"则是就良知未作主的结果而言。就此而言，纵使行动者最后因私欲隔断而未行，但这不否定其良知实作了（发出）道德判断，而这正好可以从阳明自己的说法得到支持：〔152〕"良知者心之本体，即前所谓恒照者也。心之本体，无起无不起，虽妄念之发，而<u>良知未尝不在</u>，但人不知存，则有时而或放耳。"当然，若是就行动者在该道德情境当下未做出相应道德行动的结果而言，是可以称此行动者对良知之知（道德上理当如何）**彷佛**无知般的未知。

必然会完成道德践履。这也就是"知而不行,只是未知"⑨的反面:良知作主则即知即行。

据上所论,"未有知而不行者"可以有两层解释:(一)就工夫意义而言,一旦良知作主,行动者便不是从躯壳起念,意念之动皆是良知所发(判断),在良知判断(知)的驱动下,行动者当下会以**相应的行动(行)**践履良知的要求;(二)就知行本体意义而言,良知判断(知)作成的当下即涌现驱动行动者**去实践的动力(行)**。由(一)到(二)是从工夫显良知本体的本质作用:良知单靠自己就有促成道德行动的力量。就(二)所凸显的是本体意义下的知行关系而言,恰好符合理由内在论的基本观点:判断与行动动机/动力有着本质或必然的连结。此外,我们也可以从这两层解释把握到"知行合一"有本体与工夫两重意义,及其中的"行"字也有两重意义:具体的道德行动,实践动力/行动动机。

关于"知行合一"之"行"指涉本体意义下良知判断蕴含"实践动力"的理据,亦可见以下文段:

〔226〕问"知行合一"。先生曰:"此须识我立言宗旨。今人学问,只因知行分作两件,故有一念发动,虽是不善,然却未曾行,便不去禁止。<u>我今说个知行合一,正要人晓得一念发动处,便即是行了。</u>发动处有不善,就将这不善的念克倒了。须要彻根彻底,不使那一念不善潜伏在胸中。此是我立言宗旨。"

其中笔者标以底线之"行"字,即是指在良知发动作成判断的当下,即同时驱动行动者去为善去恶的动力,也可以换个方式表述:良知判断

---

⑨ 在上述理解下回到文段〔5〕,其中的"未知"是就道德抉择的结果而言,意指良知的判断最终未能成功驱动行动去实践,而不是意指行动者当下没有作出相应的道德判断。其理据可见阳明这段话:〔160〕"良知是天理之昭明灵觉处,故良知即是天理。思是良知之发用。若是良知发用之思,则所思莫非天理矣。良知发用之思自然明白简易,良知亦自能知得。若是私意安排之思,自是纷纭劳扰,良知亦自会分别得。盖思之是非邪正,良知无有不自知者。"而这也同于王龙溪在《念堂说》所言:"正与邪,本体之明未尝不知,所谓良知也。"见王龙溪:《念堂说》,《王畿集》(南京:凤凰出版社,2007),卷17,页502。

就是行动的动机[60]。就此而论,底线之"行"字可以不是指具体行动,而阳明高弟王龙溪也同样把握到他"知行合一说"的这一义,其言:"本体原是合一,〔……〕知非见解之谓,行非履蹈之谓,只从一念上取证。"[61]

以上的诠释亦可见牟宗三先生对于《传习录》以下二文段的论析:

〔288〕良知只是个是非之心,是非只是个好恶,只好恶就尽了是非,只是非就尽了万事万变。

〔133〕知之真切笃实处,即是行,行之明觉精察处,即是知。

关于文段〔288〕所论良知之义,牟先生指出:

在孟子,"是非之心智也,羞恶(即好恶)之心义也。"此是并列分讲。而在阳明,则是非好恶绾于一以见良知之用。精诚恻怛则表示仁亦在良知之用中。推之,辞让之心之礼亦不能外此良知之用。是以在孟子并列分讲之仁义礼智,在此俱绾于"良知之用"而一起彰著。〔……〕阳明即就此"俱是心之具体妙用"而即通而一之于"良知"。[62]

这个意思同于他在《从陆象山到刘蕺山》中的这段话:

---

[60] 与此相似的文段亦可见《传习录拾遗》这文段:〔19〕"门人有疑'知行合一'之说者。直曰:'知行自是合一。如今能行孝,方谓之知孝;能行弟,方谓之知弟。不是只晓得个'孝'字'弟'字,遽谓之知。'先生曰:'尔说固是。但要晓得一念发动处,便是知,亦便是行。'"阳明固然同意道德行动的完成肯定行动者当下是良知作主(真知孝而行孝),但就他所言"一念发动处"是知(良知判断)亦是(蕴含)行(驱动力/行动动机),其主要在强调知行本体之"判断同时驱动"的要义,而此也正好符合理由内在论条件:良知之"道德判断"蕴含"行动动机"(驱动力)。相关的讨论亦可参阅拙著《王阳明良知内在论的建构与定位:以"知行合一说"为核心》。

[61] 王龙溪:《华阳明伦堂会语》,《王畿集》,卷7,页159。

[62] 牟宗三:《宋明儒的问题与发展》(台北:联经出版社,2003),页242。

> 这是把孟子所说的"是非之心知也,羞恶之心义也"两者合一而收于良知上讲,一起皆是良知之表现。良知底是非之智就是羞恶之义。阳明说"好恶"就是孟子所说的"羞恶"。是非是道德上的是非,不是我们现在所熟知的认知上的是非,因此,它就是羞恶上或好恶上义不义的是非。故是非与好恶其义一也。㉖

根据牟先生此二文段所论,阳明学的"良知"本于孟子的"良知良能说",并进一步将良心的四种道德觉断——即仁之恻隐、义之羞恶、礼之辞让/恭敬、智之是非——一齐收摄于良知,将良知上提至本心地位。在这个意义下,阳明言"良知"即指"心即理"之"本心",故在良知作出是非决断的当下,会同时涌现一股好善恶恶㉔的力量驱动行动者为善去恶。在这诠释下,阳明学中"良知"之"是非"(知是知非)㉕与"好恶"(好善恶恶)可理解为"同一个意思的不同表述",及其是"一体呈现"(即是非即好恶/即呈现即驱动)。

关于文段〔133〕,他说:"此明觉即移于'行'处说。行是行动或活动。行动得明觉精察而不盲爽发狂即是知。'即是知'者明觉之知即在行中也。此之谓知行合一。"㉖这是就行动者自觉出于良知的裁断而完成外显道德行动,来证其知行合一,此是第二重意义的知行合一。而从牟先生几段后所言"良知之心即是存有论的创发原则,它不是一认知心。它不是认知一客观而外在的理,它的明觉〔……〕隐然给吾人一方向,决定一应当如何之原则(天理)。〔……〕此决定活动之自己即呈现一个理,〔……〕而就此决定活动本身说,它是活动,它同时亦即是存有。良知是**即活动即存有的**"㉗,可知良知单靠自己就是足以决定行动者道德上应当如何行动的立法者,就这意义而言良

---

㉖ 牟宗三:《从陆象山到刘蕺山》,《牟宗三先生全集8》(台北:联经出版事业股份有限公司,2003),页179。
㉔ "恶恶"之意应同于朱子对羞恶之注解,其云:"羞:耻己之不善也;恶:憎他人之不善也。"见朱熹:《四书章句集注》(台北:鹅湖出版社,1984),页237。
㉕ 此"知是知非"之"知"意指本心在道德情境所作所出的道德决断。
㉖ 牟宗三:《从陆象山到刘蕺山》,页219—220。
㉗ 同前注,页220。

知是存有论的创发原则。创发必然蕴含着活动性,而良知之活动性分就"知"与"行"两面而言,则:"知之活动性"意指良知的道德决断;"行之活动性"意指良知判断蕴含之不容已的驱动力而言。

若换成理由论的语言进一步展开,则良知作为道德决断的立法者,意味着行动者(一)就他是与己切身相关的第一人称立场而言,他已充分掌握所处情境涉及道德判断的所有讯息,在他健全的道德审思之后,(二)行动者依其良知之裁断,对他当下应当(或不应当)行动是清晰而自我透明的。(三)而此"应当"(或"不应当")的道德决断不仅是证成他行动的理由,亦同时是行动的动机/动力。因此,置身于道德处境中的行动者,若他没有受到其他主观感性层面之私欲(意)的干扰、相争斗,一旦良知作成决断,他会在该判断驱动的当下付诸相应的行动。牟先生这两段诠释已隐含了"知行合一"的两重意义。

这样的理解亦可见于劳思光先生的阳明学诠释,劳先生指出:

(1)阳明所谓"知",指价值判断而言,即"知善知恶"之"良知";而所谓"行",指意念由发动至发展而成为行为之整个历程言。

(2)阳明所谓"合一",乃就发动处讲,取"根源意义";不是就效验处讲,因之不是取"完成意义"。⑱

"知"所指的价值判断是道德层面的是非之断,而不是其他如宗教、艺术等价值的判断。"行"则涵盖良知道德判断作成的当下(发动处),至实践此判断而成的(外显的)道德活动。若参照劳先生"'良知'之'知'作价值判断,〔……〕此判断一成立即同时决定意志之取向,亦即入实践阶段,此即所谓'行'。'行'是'良知'之展开(即贯注于意志中)"⑲,则"行"依劳先生的了解并非指外显行动,而是指驱动行动者实践良知判断的动力/动机。正是在此理解下,"合一"所取之根源意

---

⑱ 劳思光:《新编中国哲学史》三上,页433。
⑲ 同前注,页435。

## 良知、立志与知行合一：再论阳明如何回应道德之恶

义同于笔者所言之"第一重意义的知行合一"（良知之道德判断蕴含行动动机/驱动力），这是"知行合一"说最核心的义理，这一义的知行合一是"第二重知行合一"（行动者在良知判断的驱动下付诸相应的道德行动）所以可能的根据。在这意义下，知行合一首先是就道德上之"应当蕴含能够"而言的判断蕴含动机之合一，其次则是就工夫意义上克复良知本体（良知作主）而言的"即知即行"之合一。据此，第二重意义的知行合一则是就"完成意义"而言。

虽然劳先生不是从理由论的进路来理解阳明的"知行合一"说，但他从"根源处"来理解知行之"合一"（良知判断蕴含实践驱动力），确实和理由内在论的立场有不谋而合之处。这间接说明从理由论的进路来诠释阳明有相应处，也能进一步展开阳明良知学的义理。

关于"良知决断蕴含不容已的实践动力"意义下的第一重知行合一之意，钱穆先生亦有共同的理解，其言：

> 若心只是觉，则知了未必能行，因此心与理是二。若心知觉中兼有好，则知了自能行，因此心与理是一。⑦

心之知觉是指心的判断，若"知了未必能行"，是因为缺少了实践"所知"（判断当下应当或不应当去行动）的动力，则"知了自能行"只因"知中兼有好"，便是意味着这"好"正是驱动行动者践履良知判断（知）的实践动力。这是"心理为二"与"心理为一"在实践上"判断是否蕴含实践驱动力"的区别。前者因所当为之理是心所认知的外在规范，未必为心所认可而不必然蕴含实践动力；后者则因为所当为之理是自发于本心自主的要求，必然为本心所认可而蕴含实践动力。在"心理为一"（心即理）的意义下，良知判断与实践动力乃同时俱现，

---

⑦ 钱穆：《中国思想史》，《钱宾四先生全集24》（台北：联经出版事业股份有限公司，1994），页217。钱先生这段话是根据《传习录》〔5〕"知是行的主意，行是知的功夫。知是行之始，行是知之成。若会得时，只说一个知，已自有行在。只说一个行，已自有知在"这段话来了别朱学与王学的本质区分，他说："阳明说的'知'是活的，有主意的，朱子说的'理'是静的，无造作的。因此朱子说知只是觉，而阳明说知却有好。朱子只说心能觉见理，却没有说心之所即是理。朱子是性与心分，阳明是性与心一。故朱子不得不把心与理分，而阳明则自然心与理一。"同本注，页217。

此意亦见唐君毅先生的理解"阳明之所以发明此义,则又由其良知之知善知恶,同时能好善恶恶,即自然见得此良知之有此善善恶恶、反反正正,而唯定向在善之至善之性"㉗。

透过以上从理由内在论的进路来诠释阳明的知行合一说,并将之连同牟宗三、劳思光、钱穆、唐君毅四位先生的阳明"知行合一说"诠释一起看,我们可见出,良知于道德情境作出相应的是非决断是良知明觉(应机而呈现)的特性,而其判断同时是证成应当(或不应当)行动之合理性的行动理由,并且蕴含行动动机。因此,作为知行本体之良知在实践上是"即呈现(判断)即驱动",故我们可以合理地将阳明的良知学诠释为一种理由内在论的版本。基于良知在阳明学是证成行动者之行动具有合理性,以及实践动力的内在根源,并且是建构其道德理论的拱心石,笔者称这意义下的良知学是道德内在论中的"良知内在论"㉘。

---

㉗ 唐君毅:《中国哲学原论·原性篇》(台北:台湾学生书局,1989),页461。

㉘ 审查人指出:由于"理由论"本身极端繁复,因此常常被一些学者认为以其来解释儒家心性学的结果只能是治丝益棼。笔者感谢审查人的提醒,谨回复如下:理由论可分为"外在论"与"内在论"两个阵营。以(和本文相关的)内在论为例,所谓的"内在"是指:(一)"道德判断和道德动机是本质的或必然的连结"或"二者之间有很强的连结"。(二)判断的来源是主体的纯粹实践理性或欲望,而相反于这两个原则的则是外在论阵营。在内在论阵营中,也因为(二),所以内在论有不止一个版本,且不同版本之间又可能彼此竞争与排斥。例如较典型的区分是"欲望和动机"与"纯粹实践理性和动机"这两种版本的内在关系,在前者,欲望与动机是同一的(identical)强义内在关系,可以休谟派威廉斯的内在理由论为代表;在后者,动机的来源是纯实践理性所给的道德法则,即其是由纯粹实践理性之法则所保证的(guaranteed)异质引发的弱义内在关系,这可以康德派柯思嘉的理由内在论为代表。诚如审查人所言,理由论本身是复杂的,但是笔者发现,它所涉及的判断与动机(动力)之间的关系,其"内、外在论"的区分,实际上有助我们在传统以康德学之自律与他律来诠释与定位宋明理学家理论的基础上,进一步作出更根本的区分。笔者据这两对概念作成了"AHIE 象限"区分:内在自律(IA)、内在他律(IH)、外在自律(EI)、外在他律(EH)。此用以定位不同哲学家之道德理论的"AHIE 象限"区分,是笔者与梁奋程博士共同讨论后的成品,不过,梁奋程博士对各种立场的定位跟笔者未尽相同。相较于上述内在论的两个版本,"阳明式良知内在论"的特殊之处在于:(一)相较于柯思嘉的版本属于异质引发的弱义内在关系而言,良知内在论主张道德判断与动机(实践动力)乃共源于良知,二者的内在关系是强义的同一本体的必然引发关系。(二)相较于威廉斯的版本属于同一而共源的强义内在关系而言,良知内在论与其本质差异在于:前者主张主体的欲望是判断与动机的来源;后者则是主张主体的良知——即性能较纯粹实践理性有过之而无不及的道德主体——是行动之证成与动力的来源。关于上述所提到的两种版本的内在关系、"AHIE"的运用的初步的相关说明,可参阅拙著:《王阳明良知内在论的建构与定位:以"知行合一说"为核心》。

综上所论，“知行合一”有两重意义：第一重知行合一意指道德判断（知）与道德动机/实践动力（行）是必然连结(73)，这说明了道德实践动力内在于良知的道德判断，这是从理由论论述来理解阳明的“知行合一说”；第二重知行合一意指道德判断与相应外显行动的一致性，这是就应然层面而言良知的自我责求。关于第二重知行合一之意，笔者将于下一节讨论。

## 四、如何回应道德之恶的相关问题：良知、立志、知行合一的关系及其重要性

笔者在第二节指出，根据柯思嘉的实践哲学，行动者是出于其实践认同去行动，其实践认同就是行动的理由，亦可说，实践认同蕴含行动的驱动力。对应到阳明的良知学，良知判断蕴含“应当去行动的道德意识”(74)，而这“应当去行动”的道德意识正是去行动的动力，这除了因为良知已将行动者的能力纳入考量之外，更主要的是因为这应当的意识所包含的道德判断就是良知的立法，而良知的立法除了自身必然是对的的判断之外(75)，亦代表良知的认同——行动者的道德认同。道德认同亦是行动者对自我的道德评价，定位自己的身分/角色，及其身分或角色所蕴含的责任，也正是这自我的道德评价、定位及其所蕴含的责任要求/驱动行动者去以相应的道德行动付诸实践(76)。

---

(73) 必须注意的是，就知行结构而言，第一重知行合一所表示的“必然性”，仅是就“道德判断与行动动机”而言，即良知判断必然会驱动行动者去行动，但并不表示每次良知判断作成的当下，行动者就必然会付诸具体的道德行动，这是必须检别清楚的。因此，第一重知行合一意义下的必然性，实是意指道德判断与动机/动力之间的“内在必然”，而非道德判断与外显道德行动之间有必然的关系。

(74) 依前所论，若良知的判断蕴含“应当去做”（ought-to-do）的意识，即表示包含了“应当含能够”的考量，故而给出行动者应当实践该判断的要求。

(75) 就阳明学之良知与康德学之良心皆指“内在法庭”有共同的理解而言，出于良知的判断不可能是错的，这正如康德所言：“一个犯错的良心是个荒谬之物。”见康德著，李明辉译：《道德底形上学》（台北：联经出版事业股份有限公司，2015），页 274。

(76) 例如，当行动者发现有人正在恶意诋毁他的国家时，他的国家认同（或言他身为国家公民的身分所蕴含的责任）就是驱动他去阻止那口出恶言的人的力量。或像是当行动者发现有个恶霸正在霸凌他人时，他道德认同中之“不应当任意霸凌他人”的意识就是驱动他去阻止那恶霸的力量。

就自我评价、道德定位与实际行动三者之间的关系而言,当行动者的实际行动是履行其道德认同(自我评价)所蕴含的责任时,当下的他可谓是无缺的道德行动者,或换个表述,他的"道德人格完整性"是无缺的。

"道德人格完整性"体现在"良知我"与"抉择我"是"一致的"的基础上,也就是说,行动的完成,才算是行动者的道德人格完整性的实现。一致性是理性必然的要求:就思辨理性而言,是逻辑的一致性(不可矛盾);就道德理性而言,是道德判断与相应行动的一致性。

在"道德理性要求道德判断与相应的实际行动的一致性"的基础上回到阳明学,则"第二重知行合一"是良知(立法的功能相当于道德理性)对于行动者之道德人格完整性的必然要求,因为付诸实际的道德行动意味着行动者实现了他自我定位的道德价值。反之,若行动者一方面出于道德认同作出道德判断,但他却因为受到私欲私意的支配,最终不以相应的行动履行该道德认同所形成的判断,甚或选择做出违背其道德认同的行动以满足其私欲私意,则行动者会陷入自我认同不一致的悖反。此因"良知我"与"抉择我"不一致而导致知行不同调,是他同时身为理性行动者无法接受的,因为这戕害了他道德自我的完整性,而致使行动者不再是他原初所看待与评价的那个道德的自己。这也说明了为什么当行动者事后理性地反省他之前的知行不一致时,会引生耻己之不善的道德咎责。

阳明正是意识到知行不同调所导致的自我否定,及其衍生的完整性失丧的问题,因此,关于知行,他不仅要人把握到本体意义下的"一念发动处,便即是行了",更是要人进而完成工夫意义下的"发动处有不善,就将这不善的念〔彻根彻底〕克倒了",以保证人的意念时时相应于良知明觉(心体本性)而发,而使其视听言动完全出于良知的要求而行。因为若行动者未将不善的念头克倒,则不善和善的念头同时存在,在这两股力量相互作用与拉扯的情况下,行动者便时时处在善与不善相冲突与挣扎的状态,在如此受干扰的情况下,行动者未必能时时维持其道德认同的稳定性,故而他未必能时刻呈现完整与自由而不受私欲私意支配的道德自我。因此,阳明主张我们应该正视那隐微而不善之念,并且透过工夫排除之,因为它往往是导致知行不一致的弊病、内在隐忧[77]。

同前所论,意志软弱是行动结构上必定存在的事实[78],它是导致行动者(道德上)知行不一致的主要原因,这是(包含阳明在内的)道德哲学家所共同承认的实践问题。然而,除了意志软弱,还有其他原因(例如对于道德的错误认知/正义的颠倒)会导致行动者做出自以为善但实际上却是道德之恶行,无论是为恶之成因或克治之方皆迥异于意志软弱。在阳明,要回应意志软弱所造成的道德之恶的实践问题,必须把握阳明学中良知、立志、知行合一等三者涉及工夫的意义及之间的关系;要回应错误认知所导致的为恶问题,则与其学中所论道德审思相关。以下,笔者先初步说明阳明如何理解道德之恶,之

---

[77] 这相当于康德以下这段话中笔者以粗黑底线所标示者:"除了我们自己的行动之外,并无任何道德上的恶(亦即能有责任的恶)〔……〕但是一般而言,'行动'一词能在两种情况下适用于自由底运用:在第一种情况下,最高格律(按照或违反法则)被纳入意念中;在第二种情况下,行为本身(在其实质方面,亦即关乎意念底对象)按照那项格律被履行。如今,这种向恶的性癖是第一个意义的行动(原始的罪恶),并且同时是就第二个意义而言的一切违背法则的行动底形式根据,而这种行动在实质方面与法则相抵牾,并且被称为'恶行'(衍生的罪恶)。**而纵使第二种罪过(出乎并非存在于法则本身的动机)经常被避免,第一种罪过依然存在**。"此为李明辉教授根据德文译成中文的版本者,转引自李明辉:《康德伦理学与孟子道德思考之重建》,页132。而牟宗三先生集阿保特(Thomas Kingsmill Abbott, 1982—1913)、格林(Theodore M. Greene, 1897—1969)与胡生(Hoyt H. Hudson, 1893—1944)等的英译版而译成中文的版本可参阅氏著:《圆善论》,页91。

[78] 说意志软弱是吾人行动结构中必定存在的事实,在于人同时是一现实(具感性生命)的存在。纵使在具道德意涵的情境中常照之良知作出了判断并驱动行动者去行动,但在判断作成到实际行动完成的过程中,他亦可能因为私意私欲的胜出/隔断而让他最终未付诸相应的实践;反之,他也可能虽有一丝私意萌起,但确出于义理承担当下克除之(见下文),而完成相应的道德行动。因此,纵使意志软弱是行动结构中必定存在的事实,并不意味每位行动者在每次的行动者中必然会受到这问题的影响而知行不一致。也正因它是必定存在的事实,所以纵使圣人也可能德行退转,儒家内圣学的存养扩充、格物致知、致良知等通往君子、圣人之道是持续无间断的修养工夫。审查人指出本注的解释"似乎与亚理士多德的解释相似(一个意志软弱的人之所以在行动的瞬间不能将其所知付诸实践,是由于不适当的爱好appetite、欲望和情感),但此一解释是否可以与阳明同,却不能不加以思考。"笔者感谢审查人的提醒,谨回复如下:根据《传习录》,置身于道德处境的行动者之所以知行不一致的其中一个原因是:虽然良知于当下作成了是非判断,但行动者却可能在知是知非的的当下,也出现来自其他主观欲求的动机,即[84]"如今一说话之间,虽只讲天理,不知心中倏忽之间已有其多少私欲"这段话之意,若他最后因为这些主观欲求(或私意)胜出——即良知被它们遮蔽(隔断),而不为善、不去恶,屈服于其主观欲求,便是在明明可以选择依据良知之为善去恶的格准而行的情况下,最终因为现实意志的软弱而做出违背良知判断的行动。其他相关的说明,亦可参考笔者以下有关《传习录》文段[5]与[317]等的讨论。就此而言,笔者此处所论应是有阳明的文本及其义理的支持。

后依据阳明的良知内在论,依序探讨他如何回应因(Q1)"错误认知"或(Q2)"意志软弱"而导致道德之恶发生的实践问题。

根据阳明的理解,道德之恶不是本体,故无独立性,这立场可见于以下文段:

> 〔228〕问:"先生尝谓'善恶只是一物'。善恶两端,如冰炭相反,如何谓只是一物?"先生曰:"至善者,心之本体。本体上才过当些子,便是恶了。不是有一个善,却又有一个恶来相对也。故善恶只是一物。"

虽然善与恶表面看来如冰炭相反,是为光谱的两端,但若根据"本体上才过当些子,便是恶""不是有一善,却又有一个恶来相对"这两段话,则对阳明而言,恶之端并非同善一般具有独立的实在性,此端为虚说。换言之,就存的次序而言,是先有⑲善,而在行动者当善而不思善(本体上过当些子)的情况下才可能衍生出道德之恶,这意味着,恶是善的缺如,是后起。也由于恶是因善的缺如才有出现的可能⑳,因此,阳明语末所言"善恶只是一物"之"物"是就"事行"而言,即必须在事行上才见得出有善有恶,其意不同于问者"如何谓只是一物"之为本体而有独立实在性意义的"物"。

而所谓就事行上才见得出有善有恶,可见于阳明"四句教"的"有善有恶是意之动"(〔315〕),以及他主张工夫必须在"意念上实落为善去恶"(〔315〕)这句话。按阳明之意,道德之恶首先存在于经验界的意念㉑,若行动者最后选择听从他的恶念去行动,则他所做成的便是道德上恶的行为。

若将以下《传习录》中的五段话一起看:

---

⑲ 在阳明学,就存有论而言,良知本体是一切存在所以可能的超越的根据,是一实在(reality);就实践而言,良知是行动者为善所以可能的内在根据。由于"善乃发于良知",因此,此"先有"是依据良知而言的"形上学的先在性"。

⑳ 即行动者之所以为恶,在于良知对他发出理当行善的要求(判断)而不去做,或甚至做出悖反于良知判断的行为。

㉑ 此亦同于王龙溪所言:"惟离心而起意则为妄,千过万恶,皆从意生。"见王龙溪:《答洪觉山》,《王畿集》,卷10,页262。

〔7〕格物〔……〕是去其心之不正,以全其本体之正。但意念所在,即要去其不正以全其正,即无时无处不是存天理〔……〕

〔315〕有善有恶意之动。

〔315〕人有习心,意念上见有善恶在。

〔317〕然知得善,却不依这个良知便做去。知得不善,却不依这个良知便不去做,则这个良知便遮蔽了。

我们可知道德之恶发生的原因固然和良知受到主观情识的遮蔽有密切的关系,但恶的来源并不是存在于意念所对的外在对象,或内在的主观欲求、冲动,而是发自意念的主观原则。借康德的说法,恶的来源存在于行动者的格准之中,其言:

> 恶之根源不能存在于那"通过性好而决定有选择作用的意志"的任何对象中,或存在于任何自然的冲动中,但只存在于一个规律中,此规律乃是有选择作用的意志在其自由底使用上为其自己而作成者,那就是说,恶之根源在于一个格言中。⑫

康德指出,恶的来源不存在于自然的冲动与意志⑬所对的外在对象,这意思正可见于文段〔7〕与〔317〕。此二文段共同指出了道德之恶的来源除了是行动者的格准之外,亦与他意念的自由选取有关,即行动者明知善当为却选择不为,反之亦然。

---

⑫ 康德著,牟宗三译:《单在理性范围内之宗教》,收录于牟宗三:《圆善论》,页65。
⑬ 笔者案:此实为能自由选择的现实意念。即康德所言:"〔……〕'自由决意'之自由则只表示人的行为或格言之采用之或好或坏皆由自决,故人须对之负责。你可说此自由决意之自由即是那作为一**设准的自由之现实的投映,受感性影响下的投映**——投映于意志之现实的作用而成为或好或坏的自决。好的自决固是自己负责,坏的自决亦是自己负责。此即所谓'自由之使用'。"见同前注,页67。

简言之,由于主观感性的冲动或外在环境、对象就其自身而言可以是中性(无关乎道德的)[84],它们或只是让恶行可能发生的条件之一,但却非决定性条件。因此,恶行实来自行动者所构想出的"恶的格准"与其"自由的选择",故行动者必须为其选择的结果负责,不能将为恶的责任仅归咎于冲动或外在环境、对象。

关于因(Q1)所导致道德之恶的实践问题,可见所引阳明师弟的问答:

〔96〕侃问:"专涵养而不务讲求,将认欲作理,则如之何?"先生曰:"人须是知学,讲求亦只是涵养。不讲求只是涵养之志不切。"曰:"何谓知学?"〔先生〕曰:"且道为何而学?学个甚?"曰:"尝闻先生教,学是学存天理。心之本体即是天理,体认天理只要自心地无私意。"〔先生〕曰:"如此则只须克去私意便是,又愁甚理欲不明?"曰:"正恐这些私意认不真。"〔先生〕曰:"总是志未切。志切,目视耳听皆在此,安有认不真的道理?是非之心人皆有之,不假外求。请求亦只是体当自心所见,不成去心外别有个见。"

薛侃所问"认欲作理"即是"误认人欲为天理"的一种错误认知,也由于人之感性层的欲望或心理情绪是相对主观的,若行动者在行动之前未反身省察这依其好恶所形成的主观原则是否同时客观、可普遍化而为合理的,则这意义下之主观原则很容易形成个人意见或意识形态。再者,若他仅据此主观原则(但却以为是依据天理)而行,则很容易导致道德上的恶行或灾难[85]。在探讨阳明如何回应这问题之前,我们再讨论与此情形相关的实践问题——冥行,之后再一并看阳明的回应。据相关文献所载:

---

[84] 以"玛啡"为例,就其自身而言可以是无关乎道德的是非,当它用于医疗时,因能消除疼痛故而可谓是好的——为一种善(good);相反的,惟有当它被人为不当地滥用时,它才会被称为毒品,而该不当使用则为恶行。

[85] 例如,"我这么做(不择手段)都是为你好(让你过上舒服的日子、扶你上位等)",在这情形中,只要是能达到"为你好"的目的,任何(纵使不择手段)行动在"我"看来都是应该去做的。此时不仅没有意志软弱的问题,反之可能是在很坚定的状态下去行动。

［5］古人所以既说一个知又说一个行者，只为世间有一种人，懵懵懂懂的任意去做，全不解思维省察，也只是个冥行妄作，所以必说个知，方才行得是。

② 行之明觉精察处，便是知；知之真切笃实处，便是行。**若行而不能精察明觉，便是冥行，便是"学而不思则罔"**，所以必须说个知。⑧⑥

③ 所论致知二字，乃是孔门正法眼藏，于此见得真的，直是建诸天地而不悖，质诸鬼神而无疑，考诸三王而不谬，百世以俟圣人而不惑！知此者，方谓之知道；得此者，方谓之有德。异此而学，即谓之异端；离此而说，即谓之邪说；迷此而行，即谓之**冥行**。⑧⑦

在这三文段中，思维省察、精察明觉是同一个意思，即"以良知（作为判准）检验行动是否合理"的道德审思。因此，根据阳明的立场，行动者未经道德审思的行动即为冥行。再按冥行是指行动者未能辨清所行是否能通过良知检验（迷此而行）、懵懂任意之无知盲从（冥行妄作）、诉诸权威，则他很可能是在自以为是或自信为真（但实际上为非而不具真实合理性）的情形下做出道德之恶行⑧⑧。

针对以上"认欲作理"（错误认知）、"冥行"等实践问题，从阳明的回应来看，"存天理"与"志切"是关键。其构想可见以下引自《示弟立志说》与《约斋说》的二文段：

④ 夫学，莫先于立志。志之不立，犹不种其根而徒事培拥灌溉，劳苦无成矣。故程子曰："有求为圣人之志，然后可

---

⑧⑥ 王守仁撰，吴光等编校：《答友人问》，《王阳明全集（上）》（上海：上海古籍出版社，2011），卷6，页232。
⑧⑦ 王守仁：《与杨仕鸣》，《王阳明全集（上）》，卷6，页185。
⑧⑧ 例如，如果有一位军官在面对对其曾执行屠杀特定种族的反人道罪之指控时，其态度坚定而不觉有错地诉诸行官方权威而以当时"一切都是依法行事"回应之，则他很可能就是因为上述所论之冥行所导致的错误认知而做出道德的恶行。

> 与共学。”人苟诚有求为圣人之志,则必思圣人之所以为圣人者安在?非以其心之纯乎天理而无人欲之私欤?圣人之所以为圣人,惟以其心之纯乎天理而无人欲〔……〕**求所以去人欲而存天理之方,则必正诸先觉,考诸古训,而凡所谓学问之功者,然后可得而讲。而亦有所不容已矣**。夫所谓正诸先觉者,既以其人为先觉而师之矣,则当专心致志,惟先觉之为听。言有不合,不得弃置,必从而思之;思之不得,又从而辨之;务求了释,不敢辄生疑惑。(89)

> ⑤ 予曰:“〔……〕理一而已,人欲则有万其殊。是故一则约,万则烦矣。虽然,理亦万殊也,何以求其一乎?**理虽万殊而皆具于吾心,心固一也,吾惟求诸吾心而已。求诸心而皆出乎天理之公焉,斯其行之简易,所以为约也已**。彼其胶于人欲之私,则利害相攻,毁誉相制,得失相形,荣辱相缠,是非相倾,顾瞻牵滞。纷纭舛戾,吾见其烦且难也。然而世之知约者鲜矣。”(90)

根据儒家内圣之学,为学的理想在成就德行人格完美的圣人,要达此人生理想,必须先立志,若否,则终难成。对此,我们可以问的是,何以“学莫先于立志”?根据阳明的回答,若行动者的为圣之志立,则立志者“必思圣人之所以为圣人的道理”,而“圣之为圣”在于他一切行动是纯粹出于天理的要求而无夹杂偏私的人欲。对此,理论上立志者会继而探问成圣之方,由此见出“思”于优入圣境的必要与重要性。若再根据文段⑤“求诸心而皆出乎<u>**天理之公**</u>焉,斯其行之简易,所以为约也已”这段话,一切行动纯粹出于天理的要求而行者之所以为圣,在于他所据以行动的天理是放诸四海皆准的普遍原则,而这正是前引文段〔96〕阳明所言“克去私意愁甚理欲不明”与“志切则道理认得真”之意。

(89) 王守仁:《示弟立志说》,《王阳明全集(上)》,卷7,页289。
(90) 王守仁:《约斋说》,《王阳明全集(上)》,卷7,页261。

将这几段讨论与《传习录》〔169〕"良知是天理之昭明灵觉处，故良知即是天理。思是良知之发用。**若是良知发用之思，则所思莫非天理矣**"（粗黑体为笔者所加）合而言之，则"理欲之辨"的关键在于行动者据以行动的主观原则，是否能通过良知（所本具之普遍判准）检验的道德审思；"去人欲与存天理之方"则在于学问思辨之道问学[91]。

回到（Q1）的实践问题，避免因错误认知而可能做出道德恶行的回应之方，在于行动者在每次行动之前，能反身探问其于当下处境所将据以行动的原则，可否通过"天理之公"（可普遍化）的合理性检验。

关于（Q2）从"知是知非"（判断之知及所蕴含的道德动机/力）到"为善去恶"（落实至外显行为）之间所存在的意志软弱这事实，阳明云：

〔5〕爱曰："如今人尽有知得父当孝，兄当弟者，却不能孝，不能弟。便是知与行分明是两件。"先生曰："此已被私欲隔断，不是知行的本体了。"

〔317〕然知得善，却不依这个良知便做去。知得不善，却不依这个良知便不去做，则这个良知便遮蔽了，是不能致知也。吾心良知既不能扩充到底，则善虽知好，不能着实好了；恶虽知恶，不能着实恶了。

阳明固然肯定良知能在相应的道德情境给出"知是知非"的判断并驱动行动者去行动，但若行动者被偏私欲望或其他私意所影响而迫使良知退位，以致于最后不是选择以良知的判断作为行动所依据的优先、决定性原则，则行动者最终做出不道德的行动，或不作为是可

---

[91] 对阳明而言，尊德性与道问学实是圣学的并进之方。这个意思亦可见《传习录》以下二文段：〔14〕"如说格物是诚意的工夫，明善是诚身的工夫，穷理是尽性的工夫，道问学是尊德性的工夫，博文是约礼的工夫，惟精是惟一的工夫，诸如此类，始皆落落难合，其后思之既久，不觉手舞足蹈。"〔25〕"博学、审问、慎思、明辨、笃行者，皆所以为惟精而求惟一也。他如博文者，即约礼之功，格物致知者，即诚意之功；道问学即尊德性之功；明善即诚身之功：无二说也。"

能的。此即阳明所言知行被私欲隔断（或言良知被遮蔽），不是知行本体（非良知作主）之意——行动者不理会良知的裁决⑫。就此而言，纵使良知之判断已蕴含行动的动机，行动者最后仍可能不听从良知的判断而未付诸践履。阳明指出其中一个原因在于〔84〕"如今一说话之间，虽只讲天理，不知心中倏忽之间已有其多少私欲"，即前所提及行动结构中必然存在使实践意志软弱这事实，而一旦私欲在与良知判断相搏斗中胜出，即意味着行动者选择人欲而非天理，这让良知判断不再是优先的实践原则，其驱动力量未贯彻至具体的道德行动。

面对私意隔断的问题，阳明在他处指出解决之道在借由"诚意"（亦可言致良知或格物）之修养工夫让良知（心体）稳定地维持在"廓然大公"的状态⑬。在说明回应意志软弱／私意隔断之工夫前，值得注意的是：良知本体具有"超越性与能动性"⑭，即良知超越于现实意志而能自订普遍的行动法则，是价值及其自我实现之源。因此，整个实践问题的症结不在良知（道德意志）本身的动力不足，而是那于行动者的某一阶段的生命中留着的习染，及其日后诱使他的现实生命去满足私意的倾向，故而默视／不理会良知的判断，导致当下良知的作用暂时无法贯彻行动者的现实意念以完成道德行动⑮。

因此，对应到阳明的良知学，此"意志软弱"之"意志"不是指"良

---

⑫ 在这个情况下，我们常会指摘该行动者是没有良心的人，但实际上是他不听从良知的声音。对此，康德指出："当我们说'此人没有良心'时，我们的意思是说：他不理会良心之裁决。因为如果他真的没有良心，他也不会将任何事情视为合乎义务而归功于自己，或将任何事情视为违反义务而谴责自己，因而甚至完全无法设想'拥有一个良心'的义务。"见康德著，李明辉译注：《道德底形上学》，页274。

⑬ 王守仁：《大学古本傍释》，《王阳明全集（上）》，卷32，页1318。

⑭ 林月惠教授指出："良知本体之体用〔……〕显示良知本体的超越性与能动性。"见林月惠：《韩儒郑霞谷的良知体用观——兼论与王阳明体用观的比较》，《台大中文学报》第57期（2017年6月），页182。

⑮ 先暂时撇除长期以来道德价值判断被扭曲或颠倒正义（正当、合理等）概念的行动者，我们可以发现：所谓忽视良知判断，意味着行动者在做出不道德行动的过程中，他明白自己所做的是错误的行为，但他当下或许仍抵挡不住私意的引诱或其他心理因素的影响（如恐惧），所以选择暂时忽视良知的声音。而这也就说明，为什么许多不道德的行动多是暗地里进行，例如私底下的（行）收贿等，以及当良知再次觉醒时，行动者会事后自我究责，而选择承担后续的责任，例如：有些肇事者一开始因害怕面对后续处罚、责难或其他原因而选择逃逸，但最后出于良知的自我谴责而自首。

知",而是指行动者的"现实意念"⁹⁶。理由在于阳明学中的良知自身没有力量不足的问题,知行不一致的问题在于行动者的良知被异质的私欲遮蔽,导致良知的力量没有贯彻到底。这意味着,行动者做出违背良知的行动的原因,并非良知有实践上的"脆弱性",而是行动者的道德认同处于不稳定的状态,影响了他的选择,以致于因摆荡于天理与人欲之间,最终未能贯彻良知判断(道德认同)⁹⁷。故解决意志软弱所导致知行不一致问题的关键,在于行动者要能无间断地维持其道德认同的稳定性。

关于工夫的着力处,阳明指出:

〔317〕然至善者,心之本体也。心之本体,那有不善? 如今要正心,本体上何处用得功? 必就心之发动处才可着力也。心之发动不能无不善,故须就此处着力,便是在诚意。如一念

---

⁹⁶ 关于此二者的区分见阳明所言:"意与良知当分别明白。凡应物起念处,皆谓之意。意则有是非,能知得意之是与非者,则谓之良知。"见王守仁:《答魏师说》,《王阳明全集(上)》,卷6,页242。

⁹⁷ 关于意志软弱的相关问题,审查人指出:"从理论上看,'意志软弱'的成立基于这样一种假定:一个人有何为最好的规范判断、一个人欲求去做他认为最好的,以及一个人实际去做他认为最好的,此三者之间(判断信念、欲求与行动)有必然的联结。否则,我们就很难发现意志软弱的真正问题。'意志软弱'对应于知而不行而言,涉及到一个行动主体不能将其所知落实到行动中,故意志软弱是这样一种人,他知道什么是最好的,但他却选择去做不是最好的。对一个行动者而言,知而有意地反对他自己认为最好的判断,是如何可能的? 此间涉及的哲学问题是什么?"笔者谨回复如下:就道德层面而言,"最好的"未必是"道德的",而"道德的"未必是"最好的",例如《孟子·告子上》"鱼与熊掌章"便是最好的例子。行动者有可能出于良心的要求而选择放弃自身的利益,甚至自己宝贵的生命,以完成他所认同且为道德上为是的事情。就此而言,他基于其道德认同而选择做一件他明明知道行动结果未必是好的,甚或是可能最糟糕的,但对他而言是道德上对的事情。相反的,如果行动者知而有意地去反对去做道德上对的事情,让他如此行动的其中一原因,可能是选择如此行动的结果或是他所欲求的,或对他而言是有客观利益的,例如他明明知道他是知道真相唯一的人,且说出事情的真相能让他的同事免于被解职,且这是道德上为是的判断,但该行动者同时也知道一旦该名同事被解职,他就会少了一位竞争升职的对手。基于不说出事实的真相所可能带来的客观利益,于是他最终明知而有意地反对去做(基于良心的判断)他也会认为是道德上为是的事情(说出事实的真相以还人清白)。而将前所讨论的《传习录》文段〔317〕与〔84〕一起看,可知阳明也发现纵使良知作成判断,但当下人亦可能因倏忽间亦有其他欲求生起,而遮蔽了良知判断,以致于其所发出的动力被隔断而未能贯彻到具体的行动,导致最终知行不一致的结果:"知得善,却不依这个良知便做去。知得不善,却不依这个良知便不去做。"

> 发在好善上,便实实落落去好善;一念发在恶恶上,便实实落
> 落去恶恶。意之所发,既无不诚,则其本体如何有不正的?
> 故欲正其心在诚意。工夫到诚意,始有着落处。

正因为道德实践之意志软弱的问题不是良知的动力不足,故阳明指出工夫着力处不在心之本体,而是在"心之发动处"(意念)。"致良知"之"致"是指行动者在良知判断作成时(一念发在好善恶恶上),当下必须恳切、严肃地正视与细察那倏忽间随躯壳起念的私欲,着实去扩充[98]为善去恶之断,以纯净化现实意念而不受私意的支配。这工夫的意义同于孟子学的"求放心"[99],其目的在于克除因交于物而引生的私意干扰,以维持良知主宰(道德认同)的稳定性。

良知要完全作主,关键在"自觉",即前于《示弟立志说》所提及承自孔孟传统之"立志":在孔子曰"志于道"(志于仁),在孟子曰"先立乎其大",在阳明曰"长立此善念"(存天理)[100]。"长立"字意味着持时

---

[98]　蔡仁厚:《中国哲学史(下)》(台北:台湾学生书局,2009),页788。就《孟子·公孙丑上》第6章所载:"凡有四端于我者,知皆**扩而充之**矣,若火之始然、泉之始达。苟能充之,足以保四海;苟不充之,不足以事父母。"(粗黑为笔者所加)前半段之"若火之始然、泉之始达"借"始然之火"与"初出地之泉"比喻四端之心启机涌现。转换成现代语言即:四端之心在相应的情境指出了行动者道德上应当如何行动的方向(或言作出道德判断)。就"德行"的意义而言,此阶段之四端之心仅是开端,还未成具体的道德行动,若行动者仅止于此而未有相应的具体行动,则不能说他有相应的"德行"。例如,乍见孺子将入于井时,行动者A恻隐之心涌现,但行动者A未立即冲向前去救抱之,则不可说恻隐之心涌现之行动者A有相应的德行。在相同情境,行动者B恻隐之涌现,虽行动者B为一不良行者,但他大喊呼救以引起旁人注意而期望旁人能去救助小孩,纵使他无法立即冲向前去救抱之,但他大喊呼救却是相应的德行。就此而言,行动者在四端之心于相应的情境涌现时,必须"扩而充之"才算是完成相应的"德行"。要言之,"扩充"是指行动者自觉地充尽实践四端之心——在相应的道德情境所作出相应的判断,而实现为具体的道德行动(德行)。

[99]　对此,李明辉教授亦有详细的讨论:"这种扩充并非在质(纯度)上的提升,而是在量(应用范围)上的拓展,这就是王阳明所谓'事上磨炼'之义。在这个意义下,道德修养(工夫)就在于护持本心(良知),使其不放失。所以孟子才说:学问之道无他,求其放心而已矣。"见李明辉:《耿宁对王阳明良知说的诠释》,《哲学分析》第5卷第4期(2014年8月),页47。

[100]　阳明曰:"善念存时,即是天理。此念即善,更思何善?此念非恶,更去何恶?此念如树之根芽,立志者长立此善念而已。'从心所欲,不逾矩',只是志到熟处。"见王守仁:《王阳明全集(上)》,卷1,页19;《传习录》,卷上,第53条,页89。"只念念要存天理,即是立志。能不忘乎此,久则自然心中凝聚,犹道家所谓结圣胎也。此天理之念常存,驯至于美大圣神,亦只从此一念存养扩充去耳。"见王守仁:《王阳明全集(上)》,卷1,页11;《传习录》,卷上,第16条,页57。

时自我警觉、提撕所立成圣之志,以及致知工夫之持续而无一毫间断[101]。牟先生指出此实践工夫有外部与内部的两重艰难,尤以内部艰难影响为深,其言"内圣之践履是一无限过程,天心仁体之在主观践履中实现是艰难重重,犹如在屯蒙中冒出一样。此主观践履中之艰难(障蔽)〔……〕有是内部的。〔……〕如私意之执着、僵滞、随时限定其自己、拖陷其自己,而落于种种感觉欲望中,如声色货利,所谓贪嗔痴,以及名位权力等。〔……〕障蔽自己为自己之最大敌人的乃是自己,私意之自己,执着之自己,限定并拖陷我的那自己"[102]。关于其中内部私意随时限定自己、拖陷自己的问题,在于人"永远有退转的可能,亦永远有自欺的可能",故"道德工夫是永无止境的"[103]。因此,实践工夫是终生自勉之事,行动者必须时时无间断地维持在良知作主的稳定状态。阳明指出,一旦"志到熟处"(蕴含工夫纯熟),则行动者能"从心所欲,而不逾矩",因而每次置身于抉择处境时都能克服意志软弱而实践良知之要求[104]。在这意义下,道德工夫非仅作一次而期望能一悟永悟,须贯彻终始。此即实践工夫的意义[105]。

关于"志"的讨论,安靖如在 Sagehood: The Contemporary Significance of Neo-Confucian Philosophy 指出:

> 志通常被翻译成意向(intention)或意志(will),但是,如

---

[101] 这是蔡仁厚教授已指出吾人须正视的课题,他说:"'致'的工夫是不间断的,在此机缘上是如此,在彼机缘上亦是如此;今日如此,明日亦如此,随时随事皆如此,这就是孟子所谓'扩而充之'或'达之天下'。若能这样不间断地扩充之,则人的生命行为便全体是良知天理之流行。"见蔡仁厚:《中国哲学史(下)》,页788。

[102] 牟宗三:《陆王一系心性之学》,《牟宗三先生全集30》,页23。

[103] 李明辉:《从康德的实践哲学论王阳明的"知行合一"说》,《儒家与康德》(台北:联经出版事业股份有限公司,2018年),页218。

[104] 李明辉教授也有相同的看法:"圣人之所以为圣人,只因他能将在某一特殊机缘直接呈露的良知扩而充之,使之全幅朗现而已。"见李明辉:《耿宁对王阳明良知说的诠释》,页48。

[105] 儒家式修养工夫强调持续无间断,原因在于人有感性生命,以致易被黑化之现实意念隔断良知之道德要求是无诤的事实,故为学须先立志,而"行志,必须始终贯彻,不可因利害得失而稍变初心,所以孔子又说'君子无终食之间违仁,造次必于是,颠沛必于是'。仓卒匆遽之间,颠沛流离之际,人往往违期初衷,改其素志,以为苟且之行。但君子所以为君子,其最吃紧关键正在'无所苟'。人一旦违背生命原则而为苟且之行,便是堕志失信"。见蔡仁厚:《孔孟荀哲学》(台北:台湾学生书局,1984),页68—69。

同我所表示的,这些翻译让志的意涵是短暂的(transient),而非其真正的意涵。志具有持续性(continuity),也有个人涉入的差异程度,这使得commitment可以很好地注解志。⑩

笔者认同安靖如以 commitment 来诠释阳明的"立志"⑩,以及正是"志让〔知行〕合一成为可能"⑩。然而,关于立志与知行合一的关系,也正如同沈享民教授所指出的:"〔……〕可惜的是,为什么'志'使知行能够合一,则未有说明,至少没有引用任何王阳明的著作中的篇章段落来证实之。"⑩

对此良知、立志、知行合一三者之间的关系,瑞士汉学家耿宁(Iso Kern)在其《人生第一等事:王阳明及其后学论"致良知"(上册)》探讨阳明"立志"的主张时,亦提出了一个值得思考的问题,他说:"伦理动力学中的首要问题或许就是决定为善的意志之努力与道德意识("良心")的明见之间的关系。极端地说:究竟是哪一种主体力量在'实现本原知识〔致良知〕',是意志还是道德意识的明见?"⑩依耿宁的用语,他以"本原知识"诠释阳明的"良知",也肯定良知蕴含驱动行动者实践良知要求的力量。因此,耿宁上述提问不在质疑良知本身是否具有道德判断能力与驱动力量,而是在问:行动者决定以良知(之知是知非)作为行动时优先考量的依据的力量从何而来?是同样来自良知?或是其他的心理状态?若力量来自后者,且在对应到阳明的"致知"与"诚意"工夫时,则意味着致知与诚意工夫还必须靠良知之外的心理力量来维系。而耿宁也指出,阳明弟子们对于如何"致良知"的问题是意见分歧的,而分歧处就在于"主体'力量'之间、意志的努力与明见之间、意志修习与心的自发的善的萌动之间

---

⑩ Stephen C. Angle, *Sagehood: The Contemporary Significance of Neo-Confucian Philosophy* (Oxford: Oxford University Press, 2009), p.114.

⑩ 同前注。

⑩ Angle, *Sagehood*, p.118.

⑩ 沈享民:《立志、知行合一与道德知觉:安靖如论新儒家哲学与道德知觉的几点探讨》,《中国文哲研究通讯》第 23 卷 3 期(2013 年 9 月),页 67。

⑩ 同前注,页 255。

的关系问题"⑪。

对于上述问题,笔者初步回应如下所论。

在安靖如 *Sagehood: The Contemporary Significance of Neo-Confucian Philosophy* 的中译本《圣境:宋明理学的当代意义》,吴万伟将 commitment 翻译成"承诺"⑫。对应至阳明良知学中的立志,笔者认为将 commitment 翻译成"承担"更能突显出"志"的意义。理由在于立志是一种自觉,即出于自主的意识持续从事某种活动,而在道德层面即为"道德自觉",这是自我评价/定位为道德行动者,其视实践道德要求为自身义务/责任的承担。换言之,道德意义的立志就是"义理承担",即行动者自觉应当负起身为道德行动者的责任。志立不仅意味着行动者的道德认同的建立,亦意味着他对于道德实践的承担,而正是这基于道德认同而醒觉的道德承担提供了他实践道德要求的动力。然而,同前所言,人会因为其他内外因素而使道德认同不稳定,而有导致德行退转的可能:知行不一致。故立志承担道德责任的行动者,必然也体认到道德实践并非一曝十寒,而是持续无间断之自持。

在阳明学,**要求"道德认同/判断与相应行动的一致性"(为善)是良知的特性**,驱动行动者立志为学的动力就是来自良知,故孔子之"志于学"在这个意义下可诠释为:良知自我要求应当负起身为道德行动者的责任。据此,阳明所言"有有志而无成者矣,未有无志而能有成者也"⑬,即意指"立志"是实现"第二重知行合一"的先决条件,以及发自良知的必然要求。

或许有人会问,对于一个已沦没陷溺于私欲私意之中的行动者,立志如何可能?阳明会由以下文段之意回应:

〔207〕在虔,与于中、谦之同侍。先生曰:"人胸中各有个圣人,只自信不及,都自埋倒了。"〔……〕又论:"良知在

---

⑪ 沈享民:《立志、知行合一与道德知觉:安靖如论新儒家哲学与道德知觉的几点探讨》,页256。
⑫ 安靖如著,吴万伟译:《圣境:宋明理学的当代意义》(北京:中国社会科学出版社,2017),页150。
⑬ 王守仁:《寄闻人邦英邦正》,《王阳明全集(上)》,卷8,页190。

人,随你如何不能泯灭,虽盗贼亦自知不当为盗,唤他做贼,他还忸怩。"于中曰:"只是物欲遮蔽,良心在内,自不会失;如云自蔽日,日何尝失了!"先生曰:"于中如此聪明,他人见不及此。"

⑥ 然见得良知亲切时,其工夫又自不难。缘此数病,良知之所本无,只因良知昏昧蔽塞而后有,若良知一提醒时,即如白日一出,而魍魉自消矣。⑭

根据阳明的良知学,纵使良知一时被遮蔽而致使行动者处于昏昧的状态,但由于良知是吾人本有之道德性,其明觉不仅不会丧失,反而无时不起克除己私之作用(即"虽盗贼亦自知不当为盗"一段之意),惟关键在于:在此汩没中一旦良知明觉透出一丝道德之光,即行动者霎时间因着良知而来的自我警醒,他必须当下把握住而克倒有我之私,这便同白日一出,如魍魉般之偏私人欲自会消散。这意味着根本的解决之道还是在一念自反之"醒觉""承担",即牟先生所言的"立志希望"。这对于陷溺的行动者而言,或许十分艰难,但并不意味着不可能,也正因为虽汩没昏蔽之人亦可随时意识到其耻己不善之心,而有挣扎奋起的可能,所以胜私复礼的本质工夫还是在把握良心之提撕醒觉。依阳明之意,为学莫先立志,此是根本而关键的工夫,也是出于良知特性的要求,更是使知行同调之致良知工夫可能的内在条件之一。

综上所论,意志软弱系指行动者明明晓得理应完成良知判断的道德要求,但其现实意志却屈服于其偏私化了的主观的欲求、心理因素,或客观的利益,而选择做出违背良知的恶格准,导致最终良知之知与具体外显行动不一致。换言之,这意味着良知被异质的私欲私意所覆盖,以致其力量无法贯彻至实际行动。知行不一致的结果固然是行动者没有履行相应其身分的道德责任,亦是意味着行动者道德人格完整性的丧失。然而,基于"要求道德认同与相应行动的一致

---

⑭ 王守仁:《与黄宗贤》,《王阳明全集(上)》,卷6,页244。

性"是良知的特性,故而维持道德人格的完整性是良知必然的要求,而道德人格的完整性是建立在"道德认同与实际相应行动一致"(第二重知行合一)的基础上。据此,我们可以推论出:阳明学从"知行合一"到"致良知"的发展,皆是奠基于上述良知特性而立说的道德主张。

因此,基于良知明觉之大用是"即呈现即驱动",而此必然推导出"良知判断(道德认同的呈现)与相应行动的一致性"是良知的必然要求,则回应因意志软弱而导致行动者知行不一,继而陷入自我之道德评价的悖反,而失丧其道德人格的完整性这实践问题的内在条件,就是行动者良知的自我醒觉,及其所发的一致性要求与义理承担:立志。这也见出,良知、立志⑮、知行合一(知行一致)、道德人格完整性这几个概念在阳明学中回应道德之恶的实践问题上的同一或条件关系。

## 五、结 论

透过以上的讨论,笔者由以下五点作为本文目前研究的成果:

(一)依柯思嘉论及行动模式的相关论述,人的自我意识是反身自省的,会探问行动的理由,而现实中其实践认同就是他的行动理由,而其"人之为人"的"道德认同"则是支配他其他的实践认同,以及判别这些实践认同是否具实践合理性的标准。一旦行动者对于他自己实践认同的想法,无法通过理性反身自省的检验,而本质上与"道德认同"不同调,则在应然的自我价值实现层面,"道德认同"会拒斥和排除那些与其不同调的实践认同,进而发出禁止行动的道德命令;反之,则有实践的合理性。

(二)"道德人格完整性"体现于"良知我"与"抉择我"具有"一

---

⑮ 要充分展开阳明学的"立志"之说,还需涉及有关"警戒(立志之辅)""责志"等的相关论述(见王守仁:《书顾维贤卷》,《王阳明全集(上)》,卷8,页305)。由于本文主要目的在探讨阳明学如何说明行动者自觉从事道德践履、修养工夫的内在条件,而其他亦分散在《王阳明全集》各处的相关论述是属于具体工夫操作层面的问题,笔者将留待后续文章讨论。

致性"的基础上，尤其是实际行动的完成，才算是自我道德完整性的实现。然而，行动者做出违背其自我道德评价/道德认同的行动是可能的，而其中的原因并非良知所蕴含的道德认同本身力量不足——即非良知具有脆弱性之故，而是良知要求一致性的力量无法贯彻，故解决问题之道就在于行动者能无间断地维持良知之道德认同的稳定性，柯思嘉提出了对道德认同的义理承担。此与安靖如、笔者的想法有重叠处，这便进入了工夫论的范畴，笔者认为阳明的良知学中"立志"之说正好可以补上这部分的论述。

（三）阳明学的"知行合一"有两重意义：第一重知行合一是从理由内在论论述论证良知判断（知）与道德动机/实践动力（行）是必然连结，这说明了道德实践动力内在于良知的道德判断，在这个意义下，作为道德判断与实践动力根源的良知在实践上是"即呈现即驱动"。阳明的良知学据此可诠释为道德内在论中的一种版本——"良知内在论"；第二重知行合一意指道德判断与相应外显行动的一致性，这是就应然层面而言出于良知本性的自我责求。

（四）针对行动者因为错误认知（认欲作理）而导致道德恶行的实践问题，根据阳明学，回应之方是立志与良知之道德审思。立志之道在于，把握到尊德性与道问学实是圣学的并进之方；良知之道德审思则意指行动者在每次行动当下能切实反身省察其于当下处境的行动原则，是否可以通过"天理之公"（可普遍化）的合理性检验。

（五）若行动者为了满足其主观欲求或现实利益而选择实现那违背良知判断的格准（忽视良知的判断），则结果是他没有履行相应其身为良知我的道德责任，或甚而做出违背道德的恶行，这是（现实）意志之软弱所导致的知行不一致的结果。然而，这让他在反躬自省（理性省思）后，认为他不再是他所认同与评价的自己、不再是道德人格完整的自己，而深自懊悔与自我咎责。这理性反省对应至阳明学意味着行动者一念逆觉而冲破私欲私意的障蔽之"良知醒觉"，且由于要求道德判断（知）与相应行动（行）的一致性（合一）是良知的特性，因此，良知一旦醒觉作主，必然基于其要求一致性的特性发出责求知行一致的义理承担，即责志。据此而论，要回应因意志软弱而导致知行不同调，以及因自我之道德评价的悖反，而觉其失丧道德人格的完整性此等实践问题的内在条件,必须"信得及良知明觉之大用",及其所发之"立志希望"。理由在于:就前者而言,虽汩没昏蔽之人亦可随时意识到其耻己不善之心,而有挣扎冲破的可能,故而胜私复礼的根本工夫还是在良知之提撕醒觉。就后者而言,为学之志确立,即有求为圣人之心,继而必思圣人之所以为圣人的意义与体现之道。

# 耿宁的良知三义
## ——以《人生第一等事》为中心的检讨

黄敏浩*

**内容提要**：耿宁（Iso Kern）在其《人生第一等事》中提出良知三义："本原能力""本原意识"和"心的本己本质"，认为"本原能力"是"本原意识"的前提，而二者与"心的本己本质"是有"未完善"与"完善"的间接关系。他又认为三义中之首义是阳明早期的概念，其他二义是其晚期概念。本文则认为三义中前二者应是"用"与"体"的关系，且二者相合而与"心的本己本质"直接贯通。良知三义也没有早晚期之分。它们实为良知的三个侧面而不可分割。

**关键词**：耿宁，王阳明，良知，本原知识，本原能力，本原意识，心的本己本质

# 一、引　言

耿宁（Iso Kern）的《人生第一等事——王阳明及其后学论"致良知"》是他研究阳明学的力作①。笔者对此书产生兴趣，是因为耿宁是现今西方学者中，少数具有西方哲学（尤其是现象学）的背景，而又能对中国哲学（尤其是阳明学）的文献有深入而同情的了解，并提出新颖见解的人。上述的优点，本文不拟多说，反而想讨论他在书中提出的一个重要而基本的观点：王阳明的"良知"具有三个不同的意义。须知已有学者对这个观点提出检讨；珠玉在前，本文难免有些重复，但主要还是从自己的角度来检视。在论述的过程中，也会援引这些学者的部分意见，以便讨论。

---

\* 香港科技大学人文学部副教授。（电邮：hmmhwong@ust.hk）
① 耿宁著，倪梁康译：《人生第一等事——王阳明及其后学论"致良知"》，二册（北京：商务印书馆，2014）。

先略述本文的立场。我们认为,耿宁所谓阳明"良知"的三个意义,若视之为良知的三个侧面而互含其义,便没有问题,这个观点可为阳明"良知"的诠释提供一新向度。但若视之为良知的三个不同概念而区别开来,便会产生一些问题而导致对良知的误解。以下试申其义。

## 二、耿宁的观点及良知的
## 第一个概念:本原能力

首先,我们有必要简略交代耿宁所谓阳明"良知"的三个意义:

> ……"良知"随上下文的不同而可以被诠释为"本原能力"(第一个概念)、"本原意识"(第二个概念)或"心(精神)的本己本质"(第三个概念)。当我们获得了对王阳明"良知"的三个不同概念的理解之后,我们的"本原知识"的翻译便获得一个深化的论证。②

引文中的"本原知识",指的便是"良知"一词。在他处耿宁补充说:

> ……我们可以将王阳明的第一个"本原知识"概念称作他的心理—素质概念,将第二个概念称作他的道德—批判(区分)概念,以及第三个概念称作他的宗教—神性概念……③

学者大都承认,阳明的良知概念蕴含不同的向度,包括心理的、道德的和宗教的向度。耿宁从这三方面阐发良知的意义,本来就是顺理成章的。然而,他似乎更进一步,认为三者尽管息息相关,却是相对独立的概念。他甚至认为,作为"本原能力"的良知(第一个概

---

② 耿宁:《人生第一等事》,上册,页187—188。
③ 同前注,页273。

念)是阳明较早期(1520年前)的概念,而作为"本原意识"(第二个概念)及"心的本己本质"(第三个概念)的良知则是阳明晚期(1520年后)的概念。依耿宁,阳明在引入新的两个良知的概念后,仍然维持良知第一个概念的使用④。也就是说,良知的三个意义或概念在阳明晚期均被使用,它们彼此相关,但也相对独立,各自承载着不同的含义。

我们已提过,把良知所蕴含的丰富意义分析出来,实有助了解良知的概念。然而,一旦分析太过,却反而容易造成良知含义的歧出乃至丧失。这个危险均见于耿宁的良知三义。让我们从其良知的第一个概念说起。

耿宁把良知的第一个概念称作"本原能力",亦即一种向善的自然秉性或意向,就如孟子所谓"孩提之童,无不知爱其亲者;及其长也,无不知敬其兄"之良知良能,又如孟子的恻隐、羞恶、辞让、是非的"四端",也可说是德性的开端或萌芽⑤。这个解释乍看之下,似乎没有什么问题,因为阳明的"良知"本来就源自孟子的良知概念,而孟子的"良知"与其"四端"是有着密切的关系。阳明正是取孟子"四端"中之"是非之心"来理解其"良知"的。然而,在耿宁的诠释下,孟子的"是非之心"是个不确定的概念。耿宁说:

>……在孟子本人那里没有任何迹象表明,"肯定正确与否定错误的心(精神)"具有王阳明在前引文中所指的对本己意向的伦理性质(善、恶)之认识的意义。然而如我们所见,还是很难理解这个表达在孟子那里究竟意味着什么。⑥

此处"肯定正确与否定错误的心",指的就是"是非之心"。而所谓"对本己意向的伦理性质(善、恶)之认识",即是对一己所发的意向之为善的或恶的意识,这其实便是耿宁的"良知"的第二个概念,下节再详说。至于"如我们所见"云云,是指耿宁在书中他处的解释:

---

④ 耿宁:《人生第一等事》,上册,页190。
⑤ 同前注,页186、188。孟子语见《孟子·尽心上》。
⑥ 同前注,页201。

……对于智慧之德性而言,它的萌芽是在"对与错之心"中,或者用另一种翻译,在"肯定与否定之心"或"赞成与反对之心"[是非之心]中。可惜孟子没有给出第四种德性之萌芽的解释性例子,因此很难看出这里所指的是哪些心理现象。就他所说的一段话来看,它很像是对道德之善的一种喜爱与对道德之恶的一种厌恶,而且是以一种我们能够与他人相一致的方式。即是说,它看起来像是一种主体间的共同道德价值感。至少后来的中国思想家,也包括王阳明,是在这个意义上来理解孟子的。⑦

把两段话合起来看,耿宁的意思是,尽管阳明以"好善恶恶"来理解孟子的是非之心——此实意味着是非之心便是那对本己意向的伦理性质的认识,但这不表示孟子的是非之心的原意是如此。是非之心在孟子文本中的含义是模糊的,因为孟子没有给出解释性的例子。我们有理由相信,耿宁认为阳明以"好善恶恶"理解是非之心,是就阳明晚期的良知第二个概念而说的。在耿宁心目中,阳明早期的良知第一个概念,是继承了孟子的"良知",而孟子"良知"所含的"是非之心",根本就不清楚有没有好善恶恶或对本己意向的善恶的意识的含义,甚至孟子的"良知"本来就没有"是非之心"之义⑧。这样,对本己意向的善恶的意识之义,便完全留给良知的第二个概念,而与良知的第一个概念不相干。

然而,无论从哪一个角度言,阳明的"良知"乃至孟子的"良知"概念,是可以这样理解的吗?我们认为,孟子的"良知"在其文本中虽只出现过一次⑨,但从其出现的脉络及孟子整个思想看来,"良知"与恻隐(仁)、羞恶(义)、辞让(礼)乃至是非(智)的"四端"实有着相通的关系。尽管孟子的"是非之心"没有解释性的例子,但揆诸孟子的四

---

⑦ 耿宁:《人生第一等事》,上册,页51—52。
⑧ 关于末句说法的根据,可参考同前注,页201。
⑨ "孟子曰:'人之所不学而能者,其良能也;所不虑而知者,其良知也。孩提之童,无不知爱其亲者,及其长也,无不知敬其兄也。亲亲,仁也;敬长,义也;无他,达之天下也。'"(《孟子·尽心上》)

端及其整个思想,我们仍可断定其"是非之心"便是是是非非、好善恶恶之心,也就相当于耿宁所谓的"对本己意向的伦理性质的意识"。当阳明继承孟子的"良知"概念时(不论是早期或晚期,如果有早、晚期之分的话),他从一开始便继承孟子"良知"的整个含义,包括良知之是是非非、好善恶恶之义。所谓对本己意向的伦理性质的意识,自始便存在于孟子及阳明的良知概念中。现在耿宁把"良知"分为三义,把对本己意向的伦理性质的意识之义归于良知的第二个概念,而良知的第一个概念不与焉,只成为一种向善的自然秉性或意向,或德性的萌芽的"本原能力"。试问此剥落了对善、恶之意识的含义的作为良知第一个概念的本原能力,仍能合良知的原意否?既已剥落了对善、恶之意识的含义,毋怪乎耿宁以本原能力为德性的萌芽,而非德性的本身。既非德性的本身,试问又怎可与在道德意义下本自具足的良知相当?

## 三、良知的第二个概念:本原意识

也许耿宁认为孟子的"是非之心"只是日常经验中的肯定正确与否定错误的心,与阳明那深化了的是非之心,亦即对本己意向的伦理性质的意识的"本原意识",不可相提并论。他认为"本原意识"之成为阳明"良知"的第二个概念,是经过一个过程的。而发展出这个概念的关键,是阳明要解答一个在1519/1520年里对他来说越来越重要的问题,即"单个的人在其各个处境中如何能够将他的'自私意向'与他的善的倾向区分开来"的问题⑩。这个问题的解答,便是作为良知第二个概念的本原意识。耿宁简述他认为的阳明所经过的心路历程如下:

> ……他(笔者案:即阳明)长时间徒劳地寻找合适的话语来表达他自1520年起用"良知"来称呼的东西,尽管他此前已经使用这个表达很久:在1520年以前,这个表达对他

⑩ 耿宁:《人生第一等事》,上册,页195。

来说意味着在孟子意义上的人心中的向善的倾向。当善、恶意向之区分问题摆在他面前时,他试图解决这个问题所采取的方向引导他得出后期的良知概念,但据说他曾说过,他起先"无法给明这两个字";"而是[……]浪费了许多[其他的]语词"。他无法给明这两个字不是因为他不知道它们,而是因为它们被一个其他的含义所占用。只是当他于1519/20年被怀疑与人共谋反对皇帝而在其行为中不得不完全依靠其"独知"时,他才给了这种"知"以这个此前已被他用来标示人心中正确的东西的称号。⑪

换言之,耿宁意谓阳明最初以良知概念表达"本原能力",及后由于面对刚才提到的问题而逐渐酝酿出"本原意识"之意,并曾尝试以不同的语词描述⑫,终于在1520年后决定以"良知"来表达。之所以迟至1520年后才以"良知"表达"本原意识",是因为在此之前阳明是以"良知"来表达"本原能力"之意的。虽然作为"本原能力"(良知的第一个概念)与"本原意识"(良知的第二个概念)的"良知"在阳明晚期均被使用,二者的含义是很不同的。耿宁有一段话清楚地区分二者:

> ……这个较早的概念指的是在人心(精神)中的向善的秉性,它表现在同情、爱、羞等等情感中、在对正确与错误的"感觉"中以及在由这些自发的萌动所直接产生的善的倾向或意向[意念]中。新的"本原知识"(笔者案:即"良知")概念所指的是一种对本己意向的直接伦理意识、一种对其伦理性质的"知识"。因此,新的"本原知识"按照这个含义不再是一种对父母之爱、对兄长之敬、同情等等自发的萌动和意向,它不是一种特殊的意向,甚至根本就不是意向,而毋宁说是对所有意向的一种内意识,对善的和恶的意向的内意识,它是一种对这些意向的道德善、恶的直接"知识"。

---

⑪ 耿宁:《人生第一等事》,上册,页226—227。
⑫ 依耿宁,这些不同的语词包括"见心体""天聪明""本心"和"独知"等(同前注,页213)。

> 这个道德意识不能被理解为一种对本己意向进行伦理评判的反思。因为这种"本原知识"在王阳明看来是在一个本己意向出现时直接现存的,而且是必然与它同时现存的,而对这种意向的反思则是一种特殊的精神行为,它并不必然会进行,而且即使它进行,在时间上也只能出现在被反思的意向之后。⑬

简言之,"本原能力"是一种向善的意向,"本原意识"则是对意向的直接意识。这种意识并不是一般所说的反思,一般的反思总在被反思的意向之后,而"本原意识"则是与被意识到的意向同时存在的内意识。

尽管耿宁对他所谓的良知的第一和第二个概念,区分甚为清楚;然而,正如在上一节中我们认为作为"本原能力"的良知不应剥落其"本原意识"一面的意义,否则便不成其为良知一样,我们也认为,作为"本原意识"的良知不应剥落其"本原能力"一面的意义,否则亦不能成其为良知。所谓"本原能力"和"本原意识",我们承认其为良知的两个侧面,这两个侧面自始便结合在良知概念之中,不可分割。阳明谓:"意之本体便是知。"⑭这句话很可作为我们说法的佐证。在此,"意"可粗略地被理解为意向或"本原能力",而"知"则可被理解为"本原意识"。耿宁也曾引用这句话,谓:"意向是直接被知道的(被意识到的)。"他的解释似乎意谓"意"与"知"是同时而相对的关系⑮。于此,我们的解释便有不同。我们认为,"知"是"意"的本体,"意"是"知"的发用,"知"是体,"意"是用,而体用不二。二者实不可分,若分割开来,"知"与"意"均会失去其原初的意义而导致良知之不可见。

如是,单言"本原能力"不可成其为良知,单言"本原意识"亦不可成其为良知。若追问:"本原意识"是对本己意向之或善或恶之内意识,确是一种"是非之心",如何不可成其为良知?我们的回答是:究

---

⑬ 耿宁:《人生第一等事》,上册,页217。
⑭ 王阳明:《传习录》卷上,第6条。见陈荣捷:《王阳明传习录详注集评》(台北:台湾学生书局,1983),页37。
⑮ 耿宁:《人生第一等事》,上册,页224。

实而言,这个与本己意向相对而立之内意识恐怕仍不能成其为良知。我们只需看看耿宁是如何从另一角度刻画其"本原意识"的概念便知。他把"本原意识"类比于佛教唯识宗的"自证分"。依耿宁的解释,唯识宗把一个意向意识体验分解为三(或四)个组元,即"见分"(行为组元)、"相分"(对象组元)及"自证分"(自身意识的组元)。"见分"如看、听、想、意愿等;"相分"如"在看的行为中被看见的东西,在思考的行为中被思考的东西,在意愿的行为中被意欲的东西";"自证分"如"当人在看时对看的行为的意识,当人在思考时对思考行为的意识,当人在意愿时对意愿活动的意识"。在某一义上,唯识宗的说法针对了佛教小乘和外道的一些学派。"这些学派认为一个认识行为只知道它的对象,但不知道它自己",就如一根手指,"它可以指向其它对象,但不能指向自己"。但唯识宗却借着"自证分"的概念而认为"认识行为应当用灯来比喻,它会在照亮周围环境(对象)的同时也照亮自己"。耿宁补充谓:"王阳明的'良知'(笔者案:指良知的第二个概念,即本原意识)并不可以简单地等同于'自证分',因为'良知'不像'自证分'那样是意向一般的'自身意识',而是对意向的善与恶的'道德自身意识'。"虽然如此,耿宁还是引入"自证分"的概念,因为"它有助于我们看到王阳明的这个新的'良知'概念的本质所在"[16]。

以上的综述表明,在耿宁心目中,作为"自身意识"的"自证分"实相当于"本原意识"。跟"本原意识"一样,"自证分"是对所有意向的内意识。尽管它与"本原意识"有些不同(一是自身意识,一是道德自身意识),它们基本上是属于同一层次的。由此,我们便注意到,唯识宗把"识"分成三或四分,"自证分"是其中之一,然则"自证分"当属于"识"。而依佛教,"识""智"对举,"识"基本上属于经验,是污染的,而"智"则是超越而清净的。如果作为阳明良知的第二个概念的"本原意识"实相当于"自证分",则在佛教思想的脉络下,良知便成为经验的及污染的,而有待转化。试问此能反映在不同角度所理解的良知的本质所在吗?在比较哲学的角度下,把良知联系至"智"而非

---

[16] 以上是简述耿宁对"自证分"的说明。见耿宁:《人生第一等事》,上册,页217—219。

"识"的层面,应该是更能反映良知的本质的。盖良知作为本原意识,虽然不是在意向之后的反思意识,而是与意向同时存在的内意识,但它毕竟是以意向为对象的,意向是被它所意识到的。这种意识与被意识的相对关系,并不同于我们刚才所说的"知"与"意"的体用关系。在良知的体用关系中,"被意识者"实没有由分别而显之对象之相,这是使良知属于"智"而不属于"识"的根本原因,也才是良知的本质含义所在⑰。

关于耿宁的良知第二个概念,还有一点须要说明:如果"意"与"知",或如耿宁所谓的"本原能力"与"本原意识",自始便存在于良知的概念中(不管在孟子或阳明)而为其不可分割的两个侧面,则为何阳明在晚期(1520年后)才提致良知教,而之前却一直使用"良知"一词?若在之前已使用此词,便不应至后来才提致良知教。我们相信,此正是耿宁的问题意识,促使他想到阳明的"良知"在其心路历程中应有前后不同的含义,由是而展开其良知两个概念(还有第三个概念,见下节)的诠释。对于这个在本节开首已提到的问题,我们的想法不像耿宁那么复杂。依据阳明高弟钱德洪的记录:

> 先生(笔者案:即阳明)尝曰:"吾良知二字,自龙场以后,便已不出此意,只是点此二字不出,于学者言,费却多少辞说。今幸见出此意,一语之下,洞见全体,直是痛快,不觉手舞足蹈。学者闻之,亦省却多少寻讨功夫。学问头脑,至此已是说得十分下落,但恐学者不肯直下承当耳。"⑱

我们认为,如果能正视这段话,便应不致产生别的联想。事实应该是:阳明在龙场悟道(1508年)后,思想便已大抵确定。之后他提出不同的教法,包括不同的概念,当中"良知"便是其中之一。及至1520年后,他渐渐发觉"良知"一概念确可涵盖其整个思想而无余蕴。正

---

⑰ 或云依佛家,"智"亦许有"自证分",但从耿宁以"自证分"是"当人在看时对看的行为的意识……"看来,他所谓相当于"良知"的"自证分",是属于"识"而非"智"的。

⑱ 钱德洪:《刻文录序说》,收入王守仁:《王阳明全集》(台北:河洛图书出版社,1978),页7。

如他自己所说："……我亦近年体贴出来如此分明,初犹疑只依他恐有不足,精细看无些小欠阙。"[19]于是,他便提出致良知教,以良知为其整个学问的头脑。这样,与其说良知的含义有所转变,不如说良知原有的含义逐渐彰显,在阳明的思想系统中有所提升,而达至中心之地位。此中实没有良知含义改变的情况,否则阳明便不会径说"吾良知二字,自龙场以后,便已不出此意"。如是,良知之不可分析为两个不同的含义,便很清楚了[20]。

## 四、良知的第三个概念:心的本己本质

依耿宁,阳明在1520年后也谈到一种良知的概念,也就是他所谓的良知的第三个概念。这个"良知"是清澈的、始终完善的、不变的,"它是所有意向作用的起源,也是作为'心(精神)'的作用对象之总和的世界的起源"。它可以被称作"良知本体""本原知识的本己(真正)本质""本原知识的本己实在"或"心(精神)的本己本质"[21]。耿宁说:

> 这个"本原知识"不是某种以其完善的方式在我们的通常人类经验中被给予的东西,它跨越了人类经验,它对于人类经验来说是超越的,以至于人们可以将这个意义上的第三个"本原知识"概念称作"本原知识"的超越(超经验)概念。尽管有这种相对于通常经验的超越,"本原知识"的这个完善的"本己本质"在王阳明看来也并非与人类经验无关:它不仅在那些已经从任何方面都完善地"实现"了第一与第二含义上的"本原知识"的"圣人"那里被经验到,而且已经在那些刚踏上神圣之途的人那里通过他们在个别的行

---

[19] 王阳明:《传习录》卷下,第206条。陈荣捷:《王阳明传习录详注集评》,页291。

[20] 有关耿宁的良知的第一个及第二个概念的问题,笔者在讨论他的另一本书的有关部分时也有较详细的检讨。耿宁的另一本书是《心的现象——耿宁心性现象学研究文集》(北京:商务印书馆,2012)。笔者的讨论见黄敏浩:《耿宁对阳明学的诠释的检讨》,《鹅湖学志》2017年第59期,页1—32。

[21] 耿宁:《人生第一等事》,上册,页271—272。

为中对其"本原知识"的充实而被经验到。王阳明认为,在这些于时间与范围上都有限的"本原知识之实现"中,"本原知识"本身的完善的"本己本质"被经验到,就像蓝天本身被看见一样,即使它只是通过一扇限制了光线的窗户而被观察到。㉒

必须指出,耿宁这段话对良知的描述十分中肯。他把良知形容为超越的,并指出它与良知另外两个含义的关系。让我们重申,我们无意否定耿宁所谓的良知三义,只是此三义只能为良知的三个侧面而不可分割。但在耿宁的诠释下,他似乎是把三者分开处理。前面已述他如何区分良知第一和第二个概念,现在看看他如何区分良知的第一和第三个概念。他说:

> ……王阳明的"本原知识"第三个概念是所有"心的状态",即是说,是"本原知识"的所有"意向"、"作用",前提是它们不含有任何"执着"。只要这种"本原知识"是自由的,即没有被愿望所遮蔽,它便会在心(精神)的所有作用中表露出来;这种"本原知识"已经距离第一个"本原知识"的概念很远了,后者仅仅包含爱、怜悯、恭敬、羞耻等等自发的道德情感。㉓

由此看来,耿宁以为"心的本己本质"是良知的所有意向、作用在没有任何"执着"或"遮蔽"的自由状态。相对地,"本原能力"虽包含爱、怜悯、恭敬、羞耻等自发的道德情感,但由于仍带着"执着"或"遮蔽"的关系,它不能是在一真正自由的状态而遂与"心的本己本质"距离很远。换言之,"本原能力""在普遍人类经验中不是完善的",它"必须抵御自私的倾向而贯彻自己,并且借此而'扩展'和'充实'自己,而后才能达到它们的完善"㉔,而此完善的状态便是"心的本己本质"。

---

㉒ 耿宁:《人生第一等事》,上册,页272。
㉓ 同前注,页287—288。
㉔ 同前注,页271。

如是,"本原能力"与"心的本己本质",一是未完善的,一是完善的,二者便不能是直接,而只是曲折或间接的关系。像这种说法,已受到学者的质疑。如李明辉便在不同的讨论脉络下提出,在某意义上相当于"本原能力"的四端之心,与相当于"心的本己本质"的良知本体,实可直接连贯起来[25]。他举证的其中一个例子,是阳明另一高弟王龙溪所提的"昭昭之天与广大之天,原无差别"之说。此说其实是来自阳明的。阳明的原说如下:

> 比如面前见天,是昭昭之天。四外见天,也只是昭昭之天。只为许多房子墙壁遮蔽,便不见天之全体。若撤去房子墙壁,总是一个天矣。不可道眼前天是昭昭之天,外面又不是昭昭之天也。于此便见一节之知,即全体之知;全体之知,即一节之知,总是一个本体。[26]

此意谓从一隙见天,与四外见天,所见均是昭昭之天。一隙与四外容有广狭之不同,但所见之天总是一个。此喻一节的良知便是全体的良知,全体的良知便是一节的良知,彼此没有根本的不同。所谓"一节之知",是指良知在具体境况中的呈现。就如作为"本原能力"的四端之心,在见孺子将入于井而起恻隐之时,此恻隐之心同时就是"全体之知"亦即良知本体的呈现,也就是"心的本己本质"的朗现,于此便见自发而真实的道德情感如何与"心的本己本质"直接贯通起来[27]。

然而,耿宁并不是不知此义。在本节第一段引文中,耿宁已提到阳明认为"在这些于时间与范围上都有限的'本原知识之实现'中,'本原知识'本身的完善的'本己本质'被经验到,就像蓝天本身被看见一样,即使它只是通过一扇限制了光线的窗户而被观察到"。此中蓝天与一扇天之喻,跟阳明、龙溪一隙之天与四外之天之喻实际相

---

[25] 李明辉:《耿宁对王阳明良知说的诠释》,《哲学分析》第5卷第4期(2014),页47。
[26] 王阳明:《传习录》卷下,第222条。陈荣捷:《王阳明传习录详注集评》,页300。
[27] 道德情感与良知本体的直接贯通,很容易令人产生一个疑问,即:道德情感既已通于良知本体,已是完善的,为何还需要做致良知或扩充的工夫?对此问题,李明辉已有颇详细的解说。简言之,他的回答是:"这种扩充并非在质(纯度)上的提升,而是在量(应用范围)上的拓展。"见氏著:《耿宁对王阳明良知说的诠释》,页47。

同。耿宁更在书中他处引用阳明"昭昭之天"之喻,表示他对此喻有充分之意识。然而,他对此喻却是这样解释的:

> ……但这个比喻还是说明了一个单纯向善的萌动(第一含义的"本原知识")与"本原知识之本己本质"之间的关系。在"本原知识"的某种萌动中,它的"本己本质"已是在场的;只需要将遮蔽它的"愿望"去除,就可以使它的"本己本质"显露可见。如果它是自发的善的萌动,没有受到"利己愿望"的影响,那么这种同一性也同样适用于它。王阳明的观点似乎在于,即使是"小人"有时也能够有这种纯粹的萌动。然而在产生这种纯粹的善的萌动情况下,如果它们还不能成为"主宰",即是说,如果它们还过于微弱,无法针对利己的欲望来贯彻自己,正如在常人那里大都会出现的情况那样,那么将这种萌动等同于"本原知识之本己本质"就是有问题的。㉓

表面看来,耿宁对阳明"昭昭之天"的喻意是很明白的。但细看他这段话,却隐然带上他自己的诠释。在这段话的前半中,耿宁意谓只要去除"本原能力"中的"遮蔽","心的本己本质"便已在场而显露,其意是"本原能力"与"心的本己本质"的同一性只能在去除遮蔽后的圣人境界中呈现。此明显是他自己的意思,并不符合原喻之意,故而为笔者(还有李明辉)所不同意,因为说"本原能力"中有遮蔽,即意谓它是不完善的,与完善的"心的本己本质"不能建立直接连贯的关系,若此则如何可说到"一节之知"即"全体之知"?当耿宁说"王阳明的观点似乎在于,即使是'小人'有时也能够有这种纯粹的萌动"时,他才开始触及原喻的真正意思。但他随即意谓这种纯粹的善的萌动(本原能力)在小人乃至常人那里是微弱的,不能成为"主宰"。试问如何是微弱不能成主宰?此即"无法针对利己的欲望来贯彻自己",换言之,还是来自作为"遮蔽"的利己的欲望。如是,说到底,耿宁还是未

---

㉓ 耿宁:《人生第一等事》,上册,页350。

能相应阳明"昭昭之天"之喻意。难怪他之后仍说:

> ……通常的人[以被遮蔽的方式]具有完善的"知识与行动之本己本质",而王阳明在这里是用他的第一个"良知"概念来称呼这个"本质":"良知良能"。㉙

他始终是以"被遮蔽"和"不被遮蔽"区分良知的第一(本原能力)和第三个概念(心的本己本质)的。必须指出,他的这个观点似乎可以得到一些阳明后学的支持。他说:

> 这种将通常的人的意识中的现时"本原知识"等同于他的完善"本己本质"的问题后来在王阳明的弟子之间的讨论中起着重要的作用。王畿已经将"本原知识"的每个自发萌动,也包括在常人和愚人的那里的萌动,都看作完善的"本原知识之本己本质",而罗洪先则否认这一点。㉚

我们在此无意涉及阳明弟子之间的讨论,但熟悉这个讨论的都知道,罗洪先(念庵)否认王畿(龙溪)之说,所持就与耿宁上述的观点非常接近。但我们认为,还是龙溪的看法较为正确,或至少较合乎阳明的原意㉛。

至于良知的第二个和第三个概念,即所谓"本原意识"与"心的本己本质"的关系,同样地,耿宁把它们区分开来。他说:

> ……很难在这里将两者等同起来,因为完善的"本原知识之本己本质"自身不可能包含任何恶的意向,即一个道德意识中不同于善意向的恶意向。㉜

---

㉙ 耿宁:《人生第一等事》,上册,页352。
㉚ 同前注,页350。
㉛ 比较赞同王龙溪的,除了李明辉和笔者外,还有牟宗三。可参牟宗三:《从陆象山到刘蕺山》(台北:台湾学生书局,1979),页414—415。
㉜ 耿宁:《人生第一等事》,上册,页352。

在耿宁心目中,"本原意识"即是对善、恶意向的道德意识,当然包含恶的意向,此即与完善的"心的本己本质"之不可能包含任何恶的意向不同。但耿宁却马上补充说:

> 但即使在这里,王阳明似乎也看到了某种同一性。他说,意向的伦理价值的知道者,亦即主体,具有这种直接的意识,即:直接意识到这就是"本原知识之本己本质"。㉝

耿宁已注意到,阳明似乎认为,跟"本原能力"一样,"本原意识"与"心的本己本质"实有着直接贯通的关系,即那知善知恶的良知便是良知本体。然则耿宁是如何看待或解释这个似乎跟自己的意思矛盾的说法?他说:

> 就王阳明将"本原知识之本己本质"与道德意识主体相等同的做法而言,至关重要的一点或许就在于:这个道德意识知道它的意向的伦理性质,即是说,它是"明澈的[明]",即使只是或多或少"明澈的"。但只要它是"明澈的",它就是"本原知识之本己本质"的"显明昭然之天[昭昭之天]"。㉞

关键就在于"本原意识"是或多或少明澈的。它一方面是明澈的,故它在某义上能通于那完善的"心之本己本质"。但另一方面,它的明澈是或多或少的,意味着它的明澈其实并不那么彻底而不是完善的。换言之,"本原意识"是"或多或少被蒙蔽的;它必须在一种与意识相符的'真诚意愿'与行动中得到澄明"㉟,及至彻底澄明后才与"心的本己本质"为同一。因此,耿宁始终认为,"本原意识"与"心的本己本质"是有着不完善与完善的关系,与"本原能力"和"心的本己本质"的关系正好相同。

如果我们承认"本原能力"和"本原意识"自始便是结合在一起

---

㉝ 耿宁:《人生第一等事》,上册,页352。
㉞ 同前注,页354—355。
㉟ 同前注,页271。

的,则用来形容"本原能力"和"心的本己本质"的关系的"一节之知"和"全体之知",其实也可以用来形容"本原意识"和"心的本己本质"的真正关系。在具体的本原道德意识的诚明中,普遍而真实的本体即此而在。但也许耿宁还是会认为,"本原意识"觉知善恶而包含了恶,而"心的本己本质"是纯善的,试问这个分别怎可消解? 于此,笔者赞成陈立胜的和会。他说:

> 良知Ⅲ跟良知Ⅱ(笔者案: 指良知的第三个和第二个概念)之同一性在根本上应从两者之同源性上去考虑,耿宁说完善的"本原知识之本己本质"自身不可能包含任何恶的意向,这无疑是正确的,但这个完善的"本原知识之本己本质"本身并不是盲目的冲动,它自身同时亦具有本己的内意识("天理之明觉")。就其是恒照恒察的"明觉"而论,这仍然是一种"知是知非"之"知"(此处之"是非"只是一虚位的"是非","知"才是实字);而就这时无任何恶的意向而论,这又可说是"无是无非"之"知";就良知本体而论,"知是知非"原是"无是无非"。㊱

就"本原意识"与"心的本己本质"的同源性上说,前者的"知是知非"就是后者的"无是无非",知善知恶、好善恶恶就是无善无恶。依阳明,无善无恶即至善,也就是纯善。从主观上说,"无善无恶"不是没有善恶,而是"无有作好,无有作恶",真正之良知之知善知恶、好善恶恶并无一毫造作,好恶一出于自然,就好像没有好恶一样。既好像没有好恶一样,则从客观上说,所好之善和所恶之恶也就没有善恶之相,所谓"恶固本无,善亦不可得而有也"。㊲ 明白"知善知恶"与"无善无恶"是一体之二面,如此才是真正之纯善,便没有所谓的"心的本己本质不可能包含恶的意向"的问题了。

---

㊱ 见陈立胜:《在现象学意义上如何理解"良知"?——对耿宁之王阳明良知三义说的方法论反思》,《哲学分析》第5卷第4期(2018),页15。
㊲ 此是王龙溪语。见王畿:《天泉证道纪》,《王龙溪全集》,三册(台北: 华文书局股份有限公司,1970),页90。

既然耿宁把"心的本己本质"与作为良知第二个概念的"本原意识"区别开来，认为前者不能包含恶的意向，在如此分解之下，"心的本己本质"便多少偏离其所要指向的含义。在解释阳明"不可分别善恶"及相关句子时，耿宁说："王阳明在这里诉诸一种精神态度，它超越出善恶之别的道德意识，及超越出他的第二个'良知'概念。"[38]他的意思是：

> ……道德价值的意识主体是一个个体的人的主体，并且不可能是一个普遍的完善的实在。因为道德意识的主体在王阳明看来会将恶的意向意识为自己的意向，而"本原知识之本己本质"则不具有本己的恶的意向；始终完善的"本原知识之本己本质"自身根本不具有区分善恶意向的良心。[39]

虽然他紧接着说"人的道德意识在王阳明看来是或多或少清晰的，而始终完善的'本原知识之本己本质'始终是一种对其各个作用的清晰意识"[40]，但当他说"始终完善的'本原知识之本己本质'自身根本不具有区分善恶意向的良心"时，他已多少意味着"心的本己本质"是在一完全没有善恶区别的状态，这便具有掉进否定善恶的虚无主义深渊的危险。借用阳明学批评者的话，这是"玄虚而荡"[41]，良知在脱离经验的玄虚中荡越开去了。

至于耿宁谓"心的本己本质"是阳明晚期（1520年后）的概念，这点也已由陈立胜提出有力的反驳而站不住脚。陈立胜举出在耿宁看来是阳明表达良知第一个概念的句子，即"孩提之童，无不知爱其亲，无不知敬其兄。只是这个灵能不为私欲遮隔，充拓得尽，便完完是他本体，便与天地合德"[42]，而看出当中"完完是他本体"实属良知第三个概念的范畴。他又指出在早期的龙场悟道期间，阳明已经拥有耿宁

---

[38] 耿宁：《人生第一等事》，上册，页328。
[39] 同前注，页354。
[40] 同前注，页354。
[41] 这是牟宗三用以描述刘宗周对阳明学批评的词语，见《从陆象山到刘蕺山》，页454。
[42] 王阳明：《传习录》卷上，第118条。陈荣捷：《王阳明传习录详注集评》，页140。

所谓的良知的第三个概念。如在这段期间的《五经臆说》中,阳明便有"日之体本无不明""心之德本无不明"之语㊸,此与后来阳明所谓"心之本体"如出一辙,可视为良知第三个概念的雏形㊹。前已谓良知从第一个概念转至第二个概念的说法不合实情,现在所谓良知的第三个概念又可见于早及晚期,然则良知的含义没有转变,便应该是十分明白的了。

## 五、良知三个概念的历史证明

良知三义是耿宁对阳明"良知"概念解读的结果。其实阳明自己有没有把"良知"分为三个概念的说法?耿宁已谓"王阳明自己并未明确区分'良知(本原知识)'的三个概念"㊺。此实已足以启人疑其良知三义之说。当然,这不能排除阳明实际上有此区分。耿宁认为,阳明的弟子黄弘纲(洛村)实际上已把此区分提了出来;但耿宁自己也承认,黄弘纲"所做的带有'本原知识'三个不同概念的陈述实际上并不明确,而且也许这个陈述受到了我的过度诠释"㊻。让我们进一步指出,黄弘纲的"不明确"陈述只是耿宁提出良知三义的历史证明的孤证,而所谓"过度诠释",是耿宁的谦逊语,但也的确说明了事实。试看黄弘纲是如何说的:

> 自先师提揭良知,莫不知有良知之说,亦莫不以意念之善者为良知。以意念之善者为良知,终非天然自有之良。知为有意之知,觉为有意之觉,胎骨未净,卒成凡体。㊼

在这段引文中,耿宁以为"以意念之善者为良知"和"知为有意之知"是指良知的第一个概念("本原能力"),"觉为有意之觉"是指良

---

㊸ 王守仁:《五经臆说十三条》,《王阳明全集》,卷 26,页 477—478。
㊹ 见陈立胜:《在现象学意义上如何理解"良知"?——对耿宁之王阳明良知三义说的方法论反思》,页 13—14。
㊺ 耿宁:《人生第一等事》,上册,页 345。
㊻ 同前注,页 346。
㊼ 黄宗羲:《明儒学案》(台北:世界书局,1973),卷 19,页 188。

知的第二个概念("本原意识"),"天然自有之良"是指良知的第三个概念("心的本己本质")⑱。但细体文意,根本看不出有良知三个概念的事实。黄弘纲的意思,应该是说自阳明揭良知之教,有学者学力未逮,竟误以意念之善为良知,说知说觉,均属意念,已非真正的良知了。故最后说"胎骨未净,卒成凡体"。然而,耿宁却不是如此看这句话的。他引用黄宗羲对这段话的评语说:

> 于是而知阳明有善有恶之意,知善知恶之知,皆非定本。意即有善有恶,则知不得不逐于善恶,只在念起念灭上工夫,一世合不上本体矣。⑲

黄宗羲的原意且不管。我们依耿宁引用黄宗羲的话,推想耿宁的意思(耿宁在引用黄宗羲的话后,便没有进一步作清楚的说明),应该是:那作为"有善有恶之意"的"本原能力"和作为"知善知恶之知"的"本原意识"都不是"确定的基础"("定本"),它们都合不上作为"本体"的"心的本己本质",因为它们仍有"遮蔽"而未臻完善,与"心的本己本质"仍有距离,所以它们是"未净"的"凡体"。这种看法,在义理上固可自圆其说;但试问黄弘纲既言"凡体",又怎会认为此"凡体"是"良知"? 跟我们上面的解释比较,以及揆诸上文的讨论,以何者的解释较为顺适,应该还是很清楚的。

厘清黄弘纲的意思以后,我们再来看黄弘纲那段话,发现他所说的一些阳明后学误解良知为意念之善,正好用来批评耿宁自己的观点。耿宁的"本原能力"及"本原意识",在彼此区分的意义下,都成了意念,尽管是善的意念或善的意识。即使耿宁自己也承认,"本原能力"和"本原意识"都是"经验概念"⑳。即此一点,便已显示二者作为良知之超越义之丧失而实不能成其为良知。也许只有作为始终完善的良知本体的"心的本己本质"才能保住"良知"在阳明思想中所本有的超越意义;然而,上文已提到,在耿宁把"心的本己本质"与"本原能

---

⑱ 耿宁:《人生第一等事》,上册,页 346。
⑲ 黄宗羲:《明儒学案》,卷 19,页 187。
⑳ 耿宁:《人生第一等事》,上册,页 271。

力""本原意识"区隔的前提下,"心的本己本质"已有掉进虚无主义窠臼的危险。

## 六、结　论

耿宁认为王阳明的"良知"有三义:"本原能力""本原意识"和"心的本己本质"。"本原能力"是向善的意向、德性的萌芽或道德情感。"本原意识"是对所有意向的伦理本质(或善或恶)的内在意识。"心的本己本质"是始终完善的良知本体,乃至为意向对象的总和的世界的起源。三者的关系是:"本原能力"是"本原意识"的本体论前提,而"本原能力""本原意识"与"心的本己本质"是有着"未完善的"与"完善的"的间接关系。他又认为,"本原能力"是阳明早期的良知概念,"本原意识"与"心的本己本质"则属阳明晚期的良知概念。

我们认为,若视良知三义为良知三个侧面的展示而彼此相含,则此对阳明良知之学之研究不无贡献。然而,耿宁却把三义分析太过,导致良知原义的丧失:"本原能力"与"本原意识"下委而流为经验的概念,而"心的本己本质"又因脱离经验而有荡越的危险。若能把三义收摄而彼此融会,则"本原意识"和"本原能力"便应是体与用的关系,而"本原能力""本原意识"和"心的本己本质"也应具有"一节之知"与"全体之知"的直接贯通的关系。至于所谓良知有早、晚期的转变,从良知三义之见于早期及晚期而可知此说不能成立。总之,良知三义,在耿宁对阳明文字精细而深入的解读下被提出,本应是对阳明思想的一个洞察。可惜的是,他沿着分解的路数而把三个概念作过度的分析,便把良知的本义分析掉了。

耿宁在总结他的良知三义时说:

> 或许是"本原知识"的第三个概念,即它的完善的本己本质,促使王阳明用"良知"这同一个词来命名自然的善的萌动(意向)与对意向的伦理价值的意识。……但如果"本原知识之本己本质"既产生出善的意向,也知道由于利己主义而对它们的"阻碍与遮蔽"以及在人心中对"物"的执着,

那么这种知道也是“良知”。(51)

这段话言三个良知概念之统一,如此说则无弊。可惜书中时将三者分隔开来说,便导致良知本义丧失的问题。耿宁又说:

> 如果我们能够将我们对他的“本原知识”的三个概念的划分提交给王阳明,他或许会批评说,我们过于迷失在理论的分析中,并于此同时忽略了实践生活。但如果我们作为欧洲的概念梳理者仍然想要坚持这种区分,那么但愿他还是会赞同我们。(52)

我们对此的看法是,如果耿宁对良知三个概念的划分和梳理是本着上一段所说的三者统一的原则或精神而为,那么阳明是会赞同的。但如果他违离这个统一的原则而分解太过,恐怕阳明便会批评这是“过于迷失在理论的分析中”了。

---

(51) 耿宁:《人生第一等事》,上册,页355。
(52) 同前注。

# "体用兼赅"以"开物成务"
## ——李二曲对儒家道德的自觉与重建

俞秀玲*

**内容提要**：在明末清初的学术话语转型之际，李二曲作为清初的著名学者与思想家，其学以"明学术"以"正人心"的使命意识、"兼摄"程朱陆王以"破门户之见"的学术意识，以及"明体适用"以"康济群生"的经世意识，展现出其独特的学术转型意识，由此呈现出与众不同的思想转型特质。李二曲主张为学首先要究极性命大事，倡导有体有用之学，他既关注形上根据，又注重形下关照，通过对儒家道德本体之"道""理"的体悟，对儒家道德本体进行了不同于同时代其他学人的学术转换，提出"相资为用"与"相资相成"，对程朱、陆王进行学术融汇。同时，李二曲从其切身的真实生命体证出发，结合他所处的特殊历史境遇，吸纳明末清初的经世致用时代思潮，对传统儒家的道德统绪(即"内圣外王"之道)进行接续并开新，提出了"体用兼赅"以"开物成务"的"明体适用"思想，实现了儒家道德价值的调整与转向，使关学学术在清初得以成功转型，并由此促成儒家道德的自觉与重建。

**关键词**：李二曲，主静，主敬，明体适用，体用兼赅

李二曲（1627—1705），名颙，字中孚，今陕西盩厔人，自署为"二曲土室病夫"，学者称之为"二曲先生"，是清初著名学者与思想家，同容城孙奇逢、余姚黄宗羲一并"高名当时"，时论以为"三大名儒"[①]。

---

\* 西北政法大学哲学系副教授。（电邮：yuxiul2001@sina.com）

① 全祖望在《二曲先生窆石文》中称："当是时，北方则孙先生夏峰，南方则黄先生梨洲，西方则先生，时论以为三大儒。"（见李颙撰，陈俊民点校：《二曲先生窆石文》，《二曲集》[北京：中华书局，1996]，附录二，页614。）关于三大儒之说法，学界争论不一，亦有四大儒、五大儒之说。张岱年指出："清初时最有名望的三个大儒是：孙奇逢、黄宗羲、李颙。到了清末，人们讲清初三大儒，就改成了黄宗羲、顾炎武、王夫之。章太炎讲清初五大儒：孙奇逢、黄宗羲、顾炎武、王夫之、颜元。梁启超则推崇四人：黄宗羲、顾炎武、王夫之、颜元。"参见张岱年：《中国哲学史史料学》(北京：生活·读书·新知三联书店，1982)，页180。关于这一说法，亦可参见何冠彪：《明清人物与著述》(香港：教育图书公司，1996)，页50、55、59、62。

李二曲作为明末初清的关学殿军人物,"生平论学,无朱、陆,无王、薛,惟是从之"②,其学"以尊德性为本体,以道问学为工夫,兼尽姚江、考亭之旨"③,其"明体适用"说,是一从内省入手,体认天理的修行法门。二曲正是通过对儒家道德本体之"道""理"的体悟,达到"心与道一""心与理一"的至圣之境,这是二曲道德哲学思想在转型中的逻辑起点与终点,其"心体"诸说,融摄朱子和阳明对此问题的阐发,具有明显的综合性特征。然而,需要留意的是,如果我们将二曲置于明末清初的学术话语转型中,就会发现,二曲学术思想转型呈现出的是其独具特色而与众不同的特质,他将体、用结合在一起,既关注形上根据,又注重形下关照,认为不能离体而讲经世致用④,并强调,无体则无"安身立命"之归宿。二曲尤其从其真实生命体证出发,结合他所处的特殊历史境遇,折衷、汇融程朱、陆王思想,并吸纳明末清初的经世致用时代思潮,对传统儒家的道德统绪(即为"内圣外王"之道)进行接续并开新⑤。也就是说,二曲承载着如何进行关学学术转型,以

---

② 李颙:《二曲集·小引》,页1。
③ 李颙:《序》,《二曲集》,附录四,页705。
④ 李二曲与明清之际的实学家黄宗羲、王夫之等关于体用关系的理解有所不同。李二曲强调体、用的紧密结合,他既关注形上根据,又注重形下关照,认为不能离体而讲经世致用;而王夫之关于体用关系的讨论,是以其实有观念为基础,他强调体用合一论,主张"天下之用,皆其有者也。吾从其用而知其体之有,岂待疑哉?用有以为功效,体有以为性情。岂待疑哉?体用胥有而相需以实。……故善言道者,由用以得体;不善言道者,妄立一体而消用以从之……"(王夫之:《周易外传·大有》,《船山全书》[长沙:岳麓书社,2008],第一册,页245。)可以看出,王夫之对体用问题的看法,仍然注重于"用"的一面,偏重于对某种事物所具有的某种功用的考察。黄宗羲强调本体随"功夫积久"而展开,是一"心无本体,功夫所至即其本体"的过程。黄宗羲认为,本体并非超越于功夫之上的绝对理念,而是在"吾人应物处事""竭其心之万殊"的过程中逐渐培养和发展起来的"吾心之物"。这种"万殊"形态的"吾心之物",尽管是"心"变化所致,其实正是各种各样的具体事物。因而,黄宗羲主张功夫亦应"只是一个行字",即"力行实际去做",切不可使行"滞于方隅",亦"不得专以经义为主",更不能"以空疏应世"。在黄宗羲这里,功夫的目的就是为了"通经致用",因此功夫必须"致之于事物"。黄宗羲不仅以功夫代替本体,而且赋予功夫以新的内容。概而言之,李二曲主张为学首先要究极性命大事,倡导有体有用之学,这是二曲高于顾、黄、王及颜元等之处。故而,在清初诸儒中,真正能摒弃门户之见而创造性地整合、转化程朱、陆王之学的,当属李二曲。然而,由于明清之际的时代悲剧,更因二曲的遗民情怀,使他外王事业上的"致用"仅限于讲学。在清代要求客观化、外在化、形下化的时代精神中,李二曲影响力式微,乃至从"清初三大儒"中退位,是可以理解的。
⑤ 陈鼓应认为,"内圣外王"一语并非来源于儒家,它来源于《庄子·天下》篇"……内圣外王之道,暗而不明,郁而不发,天下之人各为其所欲焉以自为方",其原义也并不是专指儒家思想而言。参见陈鼓应:《庄子今注今译》(修订版)(北京:商务印书馆,2007),页984。

对儒家道德进行自觉重建的任务。他正是以此凸显其学术转型特色,使关学理学向传统儒学回归⑥。

## 一、李二曲的学术转型意识

从思想史的视野来看,每一个时代的学术思想都有它所面临的时代课题,而儒学思想发展到"天崩地解"的明末清初之际,也展现出了其特殊性、时代性特质,此时的学术话语转型,一方面凸显了儒学在适应社会政治需求与学术文化发展方面的应变机能,另一方面也展现了儒学在历史形态和理论内涵方面的丰富与多样,无论是以理气、心性为中心的宋学,还是以经史考证和经世致用为中心的清学,都是儒学在不同历史时期的不同表现形态。明清之际是一个"天崩地解"的时代,而"天崩地解"一词不仅刻画出明亡的历史事件在一个传统士大夫心目中留下的无限悲痛和愤慨,更突出了这个时代政治的昏暗和主流价值的缺失。"随着明末政局的日益衰败以至覆亡,形上与形下的外在紧张及崩离危机亦由内圣成德的领域逐渐扩散至外王经世的领域。对王学的怀疑批判遂一演而为对整个宋明儒道德形上学的怀疑批判,认为彼根本只懂谈心说性,完全缺乏经世致用的思考。易言之,即无益于世道民生。由此,乃有推翻否定宋明理学传统的思想涌现"⑦,儒学面临的时代问题是政统和学统的双重倒塌。政统上的明亡于清和学统上的空谈学风,刺激着儒学观念的更新和转型⑧。"由于明亡的切身之痛,清初大多数思想家从学术上反思,往往把原因归罪于理学的治学方法,并由此否定其建筑在修养工夫基础上的本体思想。……这一时期的基本取向是,强调经世,强调实用,强调闻见之知,强调气质之性,注重对社会实际问题的观察与研究。为改变理学专务心性的主要学术路线,或扬经学,或重史学,或开子

---

⑥ 常新:《明末清初关学的学术面向》,《孔子研究》2018年第6期,页109、116。
⑦ 参见郑宗义:《明清儒学转型探析:从刘蕺山到戴东原》(香港:中文大学出版社,2000),页171—172。
⑧ 刘宏:《重建政统与学统——明清之际学术转型的内在理路》,《云南社会科学》2015年第2期,页27。

学,或创'质测之学'。由于对知识的探求,尤其是外向自然的实证研究恰是整个传统文化的薄弱环节,故从积极的意义上讲,这一潮流客观上增加了儒学'用'的范围和份量。"⑨在这样的学术思潮背景下,不管我们是否同意顾炎武、黄宗羲、王夫之以及颜李学派等的思考模式,去否定整个宋明理学心性传统之价值,必须承认,他们的批判的确摆出了一个值得思考的重要问题:宋明理学是否真的空谈形上的天道性命,而无益于国计民生?这些批判背后所展现的正面精神有着"崇实斥虚"的强烈要求。在内圣方面,"表现为一形上心灵的萎缩;对一切形上本体论说的厌恶。……这种强烈厌恶心性与天理地超越义、形上义、本体义,转而注重形下的气质才情与人欲的想法,在明末清初确乎是渐渐形成一迥异于宋明儒道德形上学的新典范"⑩,在外王方面,则展现为强烈的"经世致用"的思考。顾炎武于"心性不喜深谈",王夫之虽溯源于心性却深斥王学,黄宗羲宗主阳明而难脱门户之见,且不能兼取朱学之长,颜元专注事功而"兼斥宋明",同时对整个理学进行彻底清算。二曲却在其学术思想转向中展现出独具特色的思想特质,进行了不同于同时期其他士人的反思,他以自己独特的学术转型意识,主张为学首先要究极性命大事,倡导有体有用之学,这是二曲高于顾、黄、王及颜元等之处。故而,在清初诸儒中,真正能摒弃门户之见而创造性地整合、转化程朱、陆王之学的,当以二曲为主要代表。

(一)"明学术"以"醒人心"⑪的使命意识

在回应时代问题上,二曲更加重视经世思想的学理根基,他对儒家传统的经世问题重新思考,提出以"明学术"以"醒人心"为中心的新经世观念⑫,客观地对明末清初的时代问题进行理性思考。

---

⑨ 朱康有、葛荣晋:《清初诸大儒思想再评价》,《西南民族大学学报(人文社会科学版)》2006年第10期,页80。

⑩ 参见郑宗义:《明清儒学转型探析:从刘蕺山到戴东原》,页172。

⑪ 这里所讲的"明学术",是指儒家之学术。曾春海指出:"二曲论断彼时代之急务在讲明学术,以豁醒人心,严义利之辨……那么,他所欲讲明的学术当指儒家之学术。"参见曾春海:《对李二曲儒学观的形成之考察》,《哲学与文化》2004年第8期,页97。

⑫ 参见林乐昌:《论李二曲对宋明理学的总结》,《中共宁波市委党校学报》2012年第1期,页97。

二曲对造成明亡之祸的原因作了独特的分析，认为根本原因不在于国家无坚甲利兵、缺粮少饷等这些外在因素，而在于"边臣不知忠义，而争先逃走；妖贼不知正道，而大肆猖獗"⑬，说白了，就是"少此一点忠义之心"。在二曲看来，要想提撕此忠义之心，只有从人心处入手，才能找到症结之所在：

> 洪水猛兽，其为害也，止于其身；学术不明，其为害也，根于其心。身害人犹易避，心害则醉生梦死，不自知觉，发政害事，为患无穷，是心害酷于身害万万也。⑭

二曲认为，要救治上述弊病，"惟在明学术。学术明则人才兴，人才兴则风俗正，而治化翔洽矣"⑮。那么，如何才能"明学术"？二曲认为必须以"讲学"为主要途径，只有"倡率鼓舞，极力主张"才是正道。

二曲认为大丈夫"无心于斯世则已"，若有心于斯世，则须从"大根本处"下手，只有这样，才能事半而功倍、不劳而易举，而天下之"大根本"，莫过于提醒天下之人心。欲唤醒人心，惟在"明学术"。这是今日第一要务，只有如此，才能救正人心而"移易风俗"，学术才能成为匡时救世之要务，从而促成人们洞识"真我"。所以，二曲强调"为学先要识本"，本不离心，这与孔孟之学"总是令人收拾身心，不致放逸"的主张是一致的。二曲在讲学中总是扣紧本原（即本体），提醒门人须时时"洞识真我"，"自觅主宰，务求靠得着者而深造之"。二曲抨击以名利为主的俗学，主张欲"明学术""醒人心"，须剔除以名利为念的俗学，只有"明学术"，才能端正人心，从而使社会治理与教化归于翔洽。

鉴于此，二曲把整个社会教化活动建立在"醒人心"的基础之上，并强调关注心性本体的重要性。他认为，人只有禀天地之气才能得以成身，禀天地之理才能得以成人性，心性本体与天地同其大，与日月合其明，是一种至善无恶，至粹无瑕的东西，它是使人心得以"明"

---

⑬ 李颙：《匡时要务》，《二曲集》，卷20，页107。
⑭ 同前注，页105。
⑮ 李颙：《两庠汇语序·常州府武进县两庠汇语》，《二曲集》，卷3，页25。

的本体、灵原。因此，二曲说"为学之要"在于效法圣贤，而效法之要，在力行四书五经及诸儒语录。一旦效法、躬行既久，必能自返自照、"自见己心"，这都是由于本体之功用。所以，二曲指出，教化之陵夷、风俗之颓废，关键在于人伦的救正，人伦救正了，则也就可以"廓清"拯救天下之人心；然而，所有这些必须有个前提条件，那就是须于立身之初，先有"明学术""救人心"之志。

在二曲这里，政治、人心与学术三者环环相扣。因此，如果想发挥出儒学的真精神以更好地经世致用，仍然要回归传统儒学。二曲在此根本问题上所表现出的鲜明的传统儒学立场，不仅与专主事功的颜元判若两途，而且与只标"行己有耻"而"于心性不喜深谈"的顾炎武拉开了距离。

### （二）"兼摄"程朱陆王以"破门户之见"的学术意识

晚明之后，王学末流之弊日显，自东林学派开始，就已对王学大加抨击，至明末清初诸儒，如顾炎武、王夫之等，王学更是背上了学术误国之恶名。这种对王学及其末流批判愈演愈烈之情势，已经到了"以深文锻成姚江莫须有之罪，而没其探本穷源不可掩之功，亦终无以服天下万世公是公非之心"⑯的程度。尤其到了二曲成学之初，学术氛围已由晚明王学的风靡天下转换至对阳明学的全盘抨击。有感于明末学风之空疏，当时代的问题或展现为反省理学乃至传统学术，或凸显为在此反省基础上的经世致用实学思潮，清初诸儒皆有一个崇实黜虚的倾向，经世致用思潮便是这一倾向的具体表现，有学者甚至将这一思潮称之为"实学"⑰，颜元之重实事实功的习行之学即为这一思潮的突出代表。二曲对颜元所痛诋的"无事袖手谈心性，临危一死报君王"的现象同样表示不满和悲叹，认为"士而以节义见，臣而以忠烈显，非有国者之幸也"⑱。然而，二曲不同于同时代诸学者，在置

---

⑯ 李颙：《新刻二曲先生集序》，《二曲集》，附录四，页712。

⑰ 关于实学的定义，在学界是有争议的。赵吉惠等认为，实学有狭义与广义之分，狭义实学是中国儒学发展到宋元明清时期，从理学分化出来的独特的理论形态，它有自己活动的时空范围，其上限自北宋张载的关学奠基，其下限至清末与"新学"接轨，明清之际是实学思潮的鼎盛时期。参见赵吉惠等：《论明清实学是儒学发展的特殊理论形态》，《齐鲁学刊》2004年第2期，页20。

⑱ 李颙：《四书反身录·论语上·子罕篇》，《二曲集》，卷35，页472。

身于此种学术氛围的境况下,他理性慎思,本着"明学术"以"醒人心"的责任使命意识,并未站在王学的立场诟詆朱学,反而不齿于当时的门户争持之风。二曲兼融程朱陆王,力图弥补程朱、陆王两大学派的理论缺失,特创"知体"一名⑲,提出"知体"论,倡"有用道学",认为学者如只作心性修养,是有体而无用,"理学、经济,原相表里……则有体无用,是有里而无表,非所以明体适用,内圣而外王也"⑳。二曲明确以"明体适用"说来囊括并接续传统儒家的内圣外王之学。

由此,二曲以"天下之大肯綮,莫过于提醒天下之人心"为务,认为"醒人心"才是匡时第一要务。当友人刘宗泗指出"顾近世学者争持门户,入主出奴,穿凿附会,僻固狭隘,而道学之旨愈晦"㉑时,二曲斥之为"辨朱辨陆,论同论异,皆是替古人担忧"㉒,甚至更提出这种行为是"往往讲之以口,而实未尝验之于身,逞臆见,争门户,只以增胜心,此亦通人之通患也"㉓,二曲主张在躬行实修的基础上取两家之长,并创造性地将程朱、陆王融铸一途而会归于原始孔孟之学。实践证明,二曲后来的确做到如此,在后面的道德价值转换中我们可以从他的"明体适用"思想中得到解读。于是,在当时"无朱陆,无王、薛,惟是之从"的学潮中,二曲其学"不畸重一偏,落近儒门户之见",他对朱熹与陆九渊的思想进行融汇吸收,"自今当去两短,集两长。某生也愚,然如区区素心,则窃愿去短集长"㉔。在其弟子张珥所录的《体用全学》书目中,我们可以看到二曲所列明体类著作,不仅包括程朱

---

⑲ 参阅林乐昌:《论李二曲对宋明理学的总结》,页100。林乐昌指出,二曲对"知体"的界定,有两方面的重要意涵。一方面,"知体"之"知"是"灵原"之"知"。二曲在《学髓》中提出"灵原"这一重要概念,认为"灵原"亦即灵妙的根源性知识,它是对象性知识的超越,这是"知体"之"知"的首要涵义;另一方面,"知体"之"知"是体用之"全知"。林乐昌的这一评论很有见地,关于这一点,二曲在《学髓》中亦有相应的阐述:"知体本全,不全不足以为知。"参见李颙:《学髓》,《二曲集》,卷2,页18。由此可见,二曲所谓"知体",不仅是就本体论而言,同时还就认识论或知识论而言。二曲"知体"论所要强调的知识不仅涵括本体知识,也包括实用知识,它能够将各个层面的知识凝铸为一个完整的系统。
⑳ 李颙:《书二·答许学彦》,《二曲集》,卷17,页176。
㉑ 李颙:《盩厔李征君二曲先生墓表》,《二曲集》,附录二,页608。
㉒ 李颙:《靖江语要》,《二曲集》,卷4,页36。
㉓ 同前注,页38。
㉔ 冯从吾撰,陈俊民、徐兴海点校:《关学续编·国朝·二曲李先生》,《关学编(附续编)》(北京:中华书局,1987)附录一,页87。

理学方面的许多著作,同时也涵括陆王心学方面的诸多著作。更有甚者,在当时代被士人所诟病的王门后学《龙溪集》《近溪集》等著作,不仅没有被"踢"出门外,还被二曲视为"发明良知之蕴"的宝藏予以珍视。二曲借诠释经典,推阐学术、醒人心、纠时弊,他以"日用平常"为宗,诠释《中庸》,将中庸、性命、慎独等全部建立在"人伦日常"之中,以张载关学注重躬行践履的学风去矫正王门后学空谈性命、高远玄虚的流弊㉕,以"本体工夫合一"对理学偏于支离烦琐、心学过于空疏流荡进行调和及开新,"不至偏废,下学上达,一以贯之"。可见,在李二曲这里,阳明学与朱子学是各有长短而不可偏废的,学问之道重在相资为用、互相弥补,而不是各执一方、互争门派。二曲此做法,"前无古往,后无今来",他将此理念贯彻于其学术思想中,在融合理学、心学的基础上进行了创造性的诠释,从而创建了其特色的思想理论体系。

## (三)"明体适用"以"康济群生"的经世意识

在二曲看来,"明学术"以"醒人心",是为了更好地"洞识真我",由此,"为学先要识本","本之既得",则"末自盛",也就是说,二曲是以"明体适用"的经世意识来吸纳事功以"康济群生"。

体用关系在实践上来讲,是体用合一、无分先后的,但是从逻辑关系上来说,必须有先体后用、先本后末的轻重关系,而且就个人为学而言,须先志于体、本,而后达于用、末,这也是孟子所说的"先立乎其大者,则其小者不能夺也"(《孟子·告子上》)。那么何为"本"?二曲指出,"本"即指"人生本原",是"各人心中知是知非一念之灵明",是"天下之大本"。他认为这种人生本原是"灵原",是本体,它"随感而见","生时一物不曾带来,惟是此来。死时一物不能带去,惟是此去"。"灵原"既是一种自然赋予人的"万善同涵"的德性,又是一种死去生随的灵魂或生命现象。有了这种"灵原",目赖此而明,耳赖此而聪,足赖此而重,手赖此而恭。天地万物,上下古今,"皆此灵原之实际有。非此灵原,无以见天地万物、上下古今。非天地万物、上

---

㉕ 参见李敬峰:《李二曲对〈中庸〉的诠释及其对理学、心学的调和》,《中州学刊》2016年第7期,页122。

下古今，亦无以见此灵原"，在二曲这里，"灵原"又指人能够知是知非的能力。二曲认为有了它，才可以通天地万物，通上下古今。由此，二曲说"志道""据德""依仁"，而后"游艺"，先体而后用、先本而后末，方能"体用兼赅"。正是在这种意义上，针对当时代之弊病，二曲说：

> 今人所志惟在于艺，据而依之，以毕生平，逐末迷本，骛外遗内，不但体无其体，抑且用不成用，华而不实，可耻孰甚。㉖

二曲指出，《论语》中"志于道，据于德，依于仁，游于艺"之说法，并不是孔子随意安排，而是有其内在的逻辑必然性，它阐明了先体后用的顺序。他强调个人为学必先"立本"，否则如果"所志惟在于艺"，那么必然会"逐末迷本，骛外遗内"，不但"体无其体"，同时还会"用不成用""华而不实"。如此下去，只会迷悟终身、混沌混世，甚至于导致社会风气日下而败坏，"徒灭裂于口耳伎俩之末"，士不为士，有辱"儒"之名称㉗。只有"先立乎其大"，体才能用、行。故而，二曲强调"大本立而达道行，以之经世宰物，犹水之有源，千流万派，自时出而无穷"㉘。也就是说，二曲是以道德本体作为前提条件。二曲把他的整个学术活动建立在他的心性本体基础之上，认为这一"至粹无瑕"的本体灵原在为学上有重要作用。

有了这些，二曲认为还需要由用返体，即在日用常行中来切身躬行践履。本体不仅有知而且有能，故而能溥博渊泉时出而无穷，否则即为"骨董积"。在二曲看来，"凡痰积、食积"，都可以"丸散易疗"，然而唯有"骨董积"，则非"药石可攻"。于此，二曲指出：

---

㉖ 李颙：《四书反身录·论语上·述而篇》，《二曲集》，卷34，页456。
㉗ 关于"儒"，二曲有非常明确的规定："德合三才之谓儒。天之德主于发育万物，地之德主于滋生万物，士顶天履地而为人，贵有以经纶万物。果能明体适用而经纶万物，则与天地生育之德合矣，命之曰儒，不亦宜乎！能经纶万物而参天地谓之儒，务经纶之业而欲与天地参谓之学。儒而不如此，便是俗儒；学而不如此，便是俗学。俗儒、俗学，君子深耻焉。"参见李颙：《盩厔答问》，《二曲集》，卷14，页120。
㉘ 李颙：《富平答问·授受纪要》，《二曲集》，卷15，页135。

> 诗文盖世,无关身心,声闻远播,甚妨静坐。二者之累,廓清未尽,即此便是积。广见闻,博记诵,淹贯古今,物而不化,即此便是积。尘情客气,意见才识,胸中一毫消融未尽,即此便是积。功业冠绝一世,而胸中功业之见,一毫消融未尽,即此便是积。道德冠绝一世,而胸中道德之见,一毫消融未尽,即此便是积。以上诸积虽浅深不同,其为心害则一,总之皆骨董积也。㉙

这段对话是蒲城王惺庵教人如何服药化解食积时所引发的讨论。在二曲看来,世人皆以博闻强记、功业等作为成功之标志而津津乐道,然而徒务于外而于身心无补,在此种情况下,外在功业只能成为身心之羁绊。这样的功业绝不是本于本体之发用所为,而是出于功利之目的。所以,二曲说:"若事功节义,一一出之至性,率自平常,而胸中绝无事功节义之见,方是真事功、真节义、真'中庸'……"㉚他认为事功之心越重,则越易为事功名利所诱惑而离其本体,如此则胸中成见益深,这样就不能"求其放心",然而当时人往往醉心于此,却不知复其"天赋本面"。因此,二曲主张,欲由用返体,则必须尽弃其长,不以意见情识害心,此之谓"空空"。只有令心中空空洞洞,才能复返心性本体,这才是体悟本体的真工夫之所在,而这正是二曲"明体适用"以"康济群生"的经世意识之呈现。

二曲意识到政治的凋敝以及文化的危机必须要从理学内部进行调试,而调试的途径就是由虚返实,返回先秦原始儒家真正意义上的经世致用之学。他批判秦汉以来儒学不明㉛,"醇厚者桎于章句,俊爽者流于浮词,独洛、闽诸大老,始慨然以明体适用为倡,于是遂有道学、俗学之别,其实道学即儒学,非于儒学之外别有所谓道学也"㉜,这正是其思维深处对儒学转型的重新反思。二曲此举表明,清代关中的"儒学"已经开始转型。

---

㉙ 李颙:《杂著》,《二曲集》,卷19,页230。
㉚ 李颙:《四书反身录·中庸》,《二曲集》,卷30,页419。
㉛ 参见李敬峰:《李二曲对〈中庸〉的诠释及其对理学、心学的调和》,页122。
㉜ 李颙:《盩厔答问》,《二曲集》,卷14,页120。

## 二、李二曲对儒家道德价值的重建

理学内部程朱理学与陆王心学之间的学理差异所导致的"学术分裂",尤其是王门后学废修言悟所导致的儒家道德危机与政治危机,引发了理学内部的批判与反思。关学学者在强化自身学派身份,道继横渠的同时,也出现一定程度的学术"分裂":尊朱辟王与融合朱、王。这种学术的"分裂"殊途同归,都试图通过辨明学术,指向经世之学,旨在挽救理学的颓势以应对社会所面临的各种危机。伴随对理学的批判与反思,以二曲为代表的关学学者基于对关学传统的认同意识与使命意识,对关学也同时进行总结与反思,在这个基础上提出"道学即儒学"的观点,他试图通过其"体用相即""明体适用"之学重新回归先秦孔孟儒学,从而还原原始儒学经世致用的本来面目,由此开启独具特色的清代关中儒学,再现关学"致知本于精思,力行本于守礼,精思故达天而不疑,守礼故知化而有渐"[33]的实学精神与通变精神。

二曲是通过对儒家道德本体的转换及其道德价值的调整,来反思儒家道德思想的。

### (一)"相资为用"与"相资相成"——道德本体与工夫之重建

儒家道德是由道德本体("天"或"良心")、道德价值表达方式(道德范畴如忠、孝、悌等)和道德实施途径(礼或诚)三者构成的一个有机系统,而这些特点到宋明理学被进一步强化,从而导致了儒家道德体系结构内部的松动与分化,适时而至的明清之际商业浪潮,则加速了儒家道德更新的进程。然而,需要注意的是,儒家道德本体本来是由外在之源("天")和内在之源("良心")构成的二元本体,发展到宋明理学,儒家道德本体由二元变成一元[34],"一元化倾向使宋明儒即

---

[33] 王廷相著,王孝鱼点校:《鲁两生篇》,《王廷相集》(北京:中华书局,1989),第3册,卷13,页821。王廷相在其学术思想中专门就张载关学的特质提出了个人之见解,文章此处引述,为了进一步论证李二曲在明清之际实现关中儒学转换的学术思想特质。王廷相对张载思想更多的是对其气论思想的传承,他吸收了荀子、王充、张载等人的气论思想,并肯定张载关学思想的实用性,此处之语即为王廷相对张载关学思想的点评。

[34] 李承贵:《王夫之与儒家道德的转型》,《地方文化研究》2013年第4期,页36。

体即用的圆融论偏离了恰当的理论位置,因而亦造成荡越。在宋明儒学中,一元化思想如恰当地理解是有其胜义的,此即充其极地发挥了即体即用的圆融义,所谓体用一源、显微无间。但由一元化思想发展为一元化倾向,圆融论已被扭曲成一特定的主张、陈述或概念的断定语(理即气成了 A = B),这将使得圆融论中所涵的工夫义极易丧失,而圆融化境遂沦为空描。此一荡越实类乎禅宗之流为野狐禅,其导致反宋明儒思想的出现岂非顺理成章"㉟。儒家道德本体的超验性、绝对性一概由"理"本体来体现,对儒家道德本体的改造,便转换为对"理"范畴的诠解,而其结果就是对"理"超验性和绝对性的消解。那么,心学甚至整个宋明理学被取消时,李二曲是如何维持其本体,并对体用关系予以诠释?

当然,值得注意的是,二曲并未于宋明理学外另标立任何新名,"天理""良知""本心""太极""太虚""理"等名目皆有,同时他也并不囿于一家之说。可以说,在明清之际的哲人中,二曲最重本体论,他对形上本体的切己体验和精深论述已超于同时代学人。然而,由于被明清之际的时代剧变所引发的迫切现实问题所掩盖,二曲本体论的重要哲理意义并未曾得到应有重视。二曲关于儒家道德本体与工夫的重建,主要通过程朱陆王的门户之争进行梳理。

一方面,以陆王"先立其大""致良知"为本体。二曲认为,"为学先要识本,诚识其本而本之。本既得,则末自盛"㊱,这个"本"就是二曲所说的"本体"(二曲又称之为"灵明本体")。要理解二曲关于道德本体如何转换的问题,就必须明确:二曲的道德本体是以实证工夫去求取真知,是以"尽性至命"的生命实践作为主要转换特色的㊲。

---

㉟ 郑宗义认为,一元化的倾向导致明清之际儒学转型,它大大加强了心学将一切收归本心的旨趣(卷之退藏于密)。若此旨趣亦由圆融论扭曲为概念的断定语,则心学将更易被误解为完全遗落了客观化的问题(即将一切问题如天下、国、家都化约为心的修养问题),而要求打破心学,便显得能将客观化的问题解放出来并予以独立正视。明清之际反宋明儒者对所谓"实"学的要求即是明证。参阅郑宗义:《论明清之际儒学的一元化倾向》,《中国文化研究所学报》2017 年 7 月第 65 期,页 198—199。

㊱ 李颙:《靖江语要》,《二曲集》,卷 4,页 34。

㊲ 王雪卿指出:"站在理学的角度看,二曲思想之精华,乃是以其个人的真修实证来融摄程朱陆王之学;以其生命实践来安身立命、活化儒学的真精神。"参见王雪卿:《作为"生命实践"的李二曲思想之研究》(上),《鹅湖月刊》2011 年卷 37 第 6 期,页 10。

"体用兼赅"以"开物成务"

当然,要理解二曲关于本体的性质,首先要区分"中国哲学和西方哲学本体论之不同。西方哲学家讨论本体问题,无论其为唯心、唯物的,乃至抱持主观的、客观的,或绝对的,种种观点,都在心、物、意识范围内,而他们所使用的哲学方法,则仰赖逻辑的思辨和推理。而中国人文思想,无论言道,或言本体,它必须有一特定工夫或方法在背后做支柱;如果摒弃了这样特定工夫或方法,则其思想即无凝铸完成之可能。此即是熊十力先生所言的:哲学,大别有两个路向。一个是知识的、一个是超知识的……西洋哲学大概属前者。中国与印度哲学,大概属于后者。故熊先生以为应当将中国哲学视之为'思修交尽之学'。因此,在中国哲学中对本体论的探讨,便不是独立于工夫论之外的文义、知识上的认识而已"[38]。在这个问题上,杜维明先生也指出:"浅显地说,德性之知与闻见之知最大的不同是闻见之知不必体之于身,而德性之知必须有所受用……这种体知预设了一个很奇特的东西,我称之为 knowing as a transformative act,了解同时又是转化行为。这就是受用。"[39]在中国哲学中,关于本体的探讨,不是独立于工夫之外的知识,二曲的看法也是如此。

二曲关于本体的称谓甚多,有"本面""本心""本性""灵明""灵原""天理""良知""大本""太极",以及"知体"等,易使人思想混乱,然而,当中实有程度、层次上的不同:

> 平日非无所谓知,然不过闻见择识、外来填塞之知,原非自性本有之良。夫子诲之以"是知"也,是就一念独觉之良,指出本面,令其自识家珍。[40]

> 岂知回之所以为回,非徒知解也。潜心性命,学敦大原,一彻尽彻,故明无不照。赐则惟事见闻,学昧大原,其"闻一知二",乃聪明用事,推测之知,与悟后之知,自不

---

[38] 王雪卿:《作为"生命实践"的李二曲思想之研究》(上),页13。
[39] 参见杜维明:《儒家"体知"传统的现代诠释》,《东亚价值与多元现代性》(北京:中国社会科学出版社,2001),页65。
[40] 李颙:《四书反身录·论语上·为政篇》,《二曲集》,卷31,页436。

可同日而语。㊶

二曲清楚区分"闻见择识之知"和"自性本有良知"之异同，认为闻见择识、外来填塞之知，并非"本面"，只有潜心于性命，并学敦大原才是"自识家珍"。二曲描述其初次见道时的情景："即此是景，更有何景。虚若太空，明若秋月，寂若夜半，定若山岳，则几矣，然亦就景言景耳。若著于景，则必认识神为本面，障缘益甚，本觉益昧。"㊷这个本体世界是一空灵而又光明的境界，他以"虚、明、寂、定"来标示本体之四大特征，认为该本体"灵机天趣，流盎满前"，"彻首彻尾，本自光明"，"彻首彻尾，焕然莹然"。从朱子的"虚灵不昧之本体"到象山的"此心至灵""此理至明"，乃至到阳明的"昭灵不昧之本体"，同样都是二曲描述本体"彻首彻尾，本自光明"的最好注脚。

值得注意的是，二曲所说的本体炯炯灵明，是"人生本面"，它无声无臭，具有虚而灵寂等特性：

> 大本立而达道行，以之经世宰物，犹水之有源，千流万派，自时出而无穷。然须化而又化，令胸中空空洞洞，无声无臭，夫是之谓尽性至命之实学。㊸

可以看出，其本体一切圆满具足，它既是道德之源泉，同时也是智慧之本根，是我们日常讲习讨论、涵养省察所依据之第一"要务"。为此，二曲强调，只有默坐澄心、以心观心，才能达到"虚、明、寂、定"之智慧境界，以还原人之真实本面。

二曲还认为此本体是灵原："通天地万物、上下古今，皆此灵原之实际也。非此灵原，无以见天地万物、上下古今；非天地万物、上下古今，亦无以见此灵原。是以语大语小，莫载莫破。"㊹二曲认为该灵原是天地万物之本原，它不仅是天地宇宙万物之本体，可以超越时空间

---

㊶ 李颙：《四书反身录·论语上·公冶篇》，《二曲集》，卷33，页447。
㊷ 李颙：《学髓》，《二曲集》，卷2，页21。
㊸ 李颙：《富平答问·授受纪要》，《二曲集》，卷15，页135。
㊹ 李颙：《学髓》，《二曲集》，卷2，页18。

之一切限制,同时它还依靠宇宙万物来展现。二曲所言之灵原,与理学家所言之心或太极甚为类似。

二曲更进一步指出,此本体也是明德,是体:"'明德'即心,心本至灵,不昧其灵,便是'明明德'。"㊺二曲将心提到了本体的高度,认为它是人之所以为人、人之所以能成圣的根据,此心是一种道德活动,而不单纯为知觉活动;明德是体,是心,故而心亦是体。正因为如此,二曲强调:"天之所以与我,而我之所以为我者,此心是也。"㊻二曲明德是体之说,实质是一种道德本体之说,由此,二曲认为只有明道存心,体方为真体。

可以看出,二曲关于本体的探寻,不仅有人生本面本体之意,同时有万物本原本体之意,更有仁义道德本体之意。这一本体主宰人之生命,亦涵括万物,且彻悟天道天命,这种本体实质上是一种道德本体,它涵心、性、理、良知于一体,二曲的人性说、修养论、道德教育论等皆构筑于这一本体观念上,"识得本体,好做工夫","做得工夫,方才不失本体",本体与工夫二者之互动,才是真正完整的"尽性至命"之过程。

由此,二曲指出,象山虽然在工夫上有所疏略,但却能够发明本体,专注于心性修养,远非今日之"尊朱"者所能相比,同时,他对阳明之学在救正朱子学末流之弊上的作用也予以肯定:

> 晦庵教不躐等,固深得洙泗家法,而其末流之弊:高者徇迹执象,比拟摹仿,畔援歆羡之私,已不胜其憧憧;卑者桎梏于文义,纠画于句读,疲精役虑,茫昧一生而已。阳明出而横发直指,一洗相沿之陋。士始知鞭辟著里,日用之间,炯然涣然,如静中雷霆,冥外朗日,无不爽然自以为得。㊼

> 孟子论学,言言痛切,而"良知"二字,尤为单传直指,作圣真脉。……后阳明先生以此明宗,当士习支离蔽锢之余,

---

㊺ 李颙:《四书反身录·大学》,《二曲集》,卷29,页402。
㊻ 李颙:《四书反身录·论语上·子罕篇》,《二曲集》,卷35,页473。
㊼ 李颙:《书一·答张敦庵》,《二曲集》,卷16,页139。

> 得此提唱，圣学真脉，复大明于世，人始知鞭辟著里，反之一念之隐，自识性灵，自见本面，日用之间，炯然焕然，无不快然自以为得。⑱

二曲大力肯定阳明的"良知"之学，认为它不仅对救正朱学末流的支离蔽锢有益，同时可以使学者"鞭辟著里"以把握自我心性本体，由此，他认为阳明之良知是孟子之传、"圣学真脉"。二曲还由朱子与阳明后学末流之得失，提出会通朱王的为学旨趣⑲：

> 人之所以为人，止是一心，七篇之书反覆开导，无非欲人求心。孟氏而后，学知求心，若象山之"先立乎其大"、阳明之"致良知"，简易直截，令人当下直得心要，可为千古一快。而末流承传不能无弊，往往略工夫而谈本体，舍下学而务上达，不失之空疏杜撰鲜实用，则失之恍忽虚寂杂于禅。程子言"涵养须用敬，进学在致知"，朱子约之为"主敬穷理"，以轨一学者，使人知行并进，深得孔门"博约"家法。而其末流之弊，高者做工夫而昧本体，事现在而忘源头；卑者没溺于文义，葛藤于论说，辨门户同异而已。⑳

二曲认为阳明之良知直指本体，使人当下"洞悟本性"，有益于世教，然而其后学却舍下学而希上达，这是对工夫的忽略，因而才流于空疏、虚寂而杂于禅。而朱子之"主敬穷理""涵养省察"之主张，使学者于涵养心性中知行并进，然而其后学或沉溺于辞章记诵，或论工夫而忘本体，有流弊之嫌。在二曲看来，学问的目的是要"洞本彻源，直透性灵"，只有对心灵本体有透彻的体认，才能至"尽性至命之圣学"。因而，学问要首在"识本体"，然后才能"做工夫"。

---

⑱ 李颙：《四书反身录·孟子下·尽心》，《二曲集》，卷42，页529页。
⑲ 米文科认为："李二曲虽然主张会通朱王，但其倾向性是很明显的，即以王学为主，以本体为先。"参见米文科：《论清初关学的"朱陆会通"——以李二曲与王心敬为中心的考察》，《宝鸡文理学院学报（社会科学版）》2015年第3期，页11。
⑳ 李颙：《四书反身录·孟子下·尽心》，《二曲集》，卷42，页532。

针对有学者提出“学问之要全在涵养省察”之说，二曲提出质疑：

> 也须先识头脑。否则，“涵养”是涵养个甚么？“省察”，是省察个甚么？若识头脑，“涵养”，涵养乎此也；“省察”，省察乎此也。时时操存，时时提撕，忙时自不至于逐物，闲时自不至于着空。(51)

又说：

> 识得“良知”，则主敬穷理、存养省察方有著落，调理脉息，保养元气，其与治病于标者，自不可同日而语。否则主敬是谁主敬？穷理是谁穷理？存甚，养甚？谁省，谁察？(52)

二曲认为并不是“识得本体”后，可以“一了百了”，反之，仍需要工夫来操持此心，以使之发用流行，否则便是“玩弄光景”。由此，二曲指出，“诚识本体，循下学之规，由阶级而进，则收摄保任，好做工夫；做得工夫，才算本体”(53)，他认为必须以“致良知明本体”，以“主敬穷理”“存养省察”为工夫，由“一念之微”处入手，从“视听言动”处立足，才能“内外兼尽”而“不至偏废”，“两相资则两相成，两相辟则两相病”。正因为如此，二曲强调“学术之有程朱，有陆王，犹车之有左轮，有右轮，缺一不可，尊一辟一皆偏也”(54)。

另一方面，以程朱“主敬穷理”“存养省察”为工夫。正是在这一敏锐认知下，二曲在道德本体上继承陆王“先立其大”“致良知”的思想，而在工夫论上则继承程朱“主敬穷理”“存养省察”的工夫。对于“辟王尊朱”，二曲认为，其实质不过是口舌之争，仅靠语言文字来争胜：

> 自孔子以“博文约礼”之训，上接虞廷“精一”之传，千载

---

(51) 李颙：《两庠汇语序》，《二曲集》，卷 3，页 26。
(52) 李颙：《四书反身录 · 孟子下 · 尽心》，《二曲集》，卷 42，页 530。
(53) 李颙：《书一 · 答张敦庵》，《二曲集》，卷 16，页 139。
(54) 李颙：《四书反身录 · 孟子下 · 尽心》，《二曲集》，卷 42，页 532。

而下,渊源相承,确守弗变,惟朱子为得其宗。生平自励励人,一以“居敬穷理”为主。“穷理”即孔门之“博文”,“居敬”即孔门之“约礼”。内外本末,一齐俱到,此正学也,故尊朱即所以尊孔。然今人亦知辟象山,尊朱子,及考其所谓“尊”,不过训诂而已矣,文义而已矣;其于朱子内外本末之兼诣,主敬禔躬之实修,吾不知其何如也,况下学循序之功。象山若疏于朱,而其为学,先立乎其大,峻义利之防,亦自有不可得而掩者。今之尊朱者能如是乎?不能如是,而徒以区区语言文字之末,辟陆尊朱,多见其不知量也!(55)

二曲指出,朱子之“居敬穷理”即为孔子“博文约礼”之旨,故而,尊朱即所以尊孔。然而,今天学者所谓“尊朱”,却只是以辞章训诂、口耳记诵为学,而无关于心性,这实际上早已背离朱子学之主旨。在二曲看来,象山和阳明之学,其本体简易直截而能得心要,然而,其末流却悬空高谈本体,忽略工夫之践行,以至于“恍惚近禅”而空疏无用。由此,二曲主张以程朱的“主敬穷理”“存养省察”工夫来补足。他主要是从鞭辟著里、静坐摄心的“主静”和日常省察的“主敬”两种工夫入手。需要留意的是,其“主静”与“主敬”两种功法总是相伴相随,“学固不外乎敬,然敬乃学中之事”(56)。“静”和“敬”皆是宋明理学家常用的工夫,二曲继承了这两种修养工夫来作为其涵养心性的基本方法,并强调,“进修之序,敬以为之本,静以为之基”(57)。

第一,“静以为之基”的主静工夫。二曲于病中静摄的机缘,由默坐澄心之功而作彻底的向内觅理的工夫,这一工夫促成了二曲治学方法的重大转变,更在这一改变中对“过”这一人生负面因素加以关注(58)。这种转向的内在原因不仅在于二曲父亡母苦的生活经历及不

(55) 李颙:《富平答问》,《二曲集》,卷15,页126。

(56) 李颙:《两庠汇语序》,《二曲集》,卷3,页29。

(57) 李颙:《东林书院会语》,《二曲集》,卷11,页96。

(58) 二曲“悔过自新”思想的独特性,首先表现于该学说重视人生负面因素——“人心之过”。二曲说“吾人所不得至于圣者,有过累之也”(《悔过自新说》,《二曲集》,卷1,页4),甚至认为圣人亦有过:“尧舜未尝自以为无过也。”(同前注,页6)这说明二曲已从宋明理学——尤其是王学——对人性理性层面的着眼与强调,转而重视“人心之过”。

能尽孝的心理使然⑲,同时在于对现实社会之病痛的回应。生活于易代之际的二曲,时代给他的最大隐痛莫过于明清政权的易手。

也正是本着这一机缘和对社会时代的隐痛,二曲首先对整个理学史上的各家思想进行了全面的考察和理性的择取。他列举了包括理学与心学两派的各家宗旨,如朱熹的"主敬穷理"说,陆九渊的"立乎其大"说,杨简的"心之精神为圣"说,陈白沙的"自然"说,王阳明的"致良知"说,薛瑄的"复性"说,以及湛甘泉的"随处体认天理"说,罗近溪的"明德"说等,认为虽然各家宗旨不同,要之总不出"悔过自新"四字,由此,二曲强调,"悔过自新"四字足以涵括整部理学史的核心内容,是贯通诸儒倡道救世之学的要义之所在。二曲认为只有通过主静之功才能穷理,主静是为了维"体",而穷理则是为了让"体"更好地发挥作用,这样一来,"悔过自新"便成为一个从程朱、陆王两派中提炼出来的更直截简易的入德成圣工夫路径。二曲通过"悔过自新"说,对宋明理学进行了综合与改造,同时怀着求"真是真非之所在"的精神为儒家道德的重新转换寻找依据,以回归孔孟真精神。

二曲以静为基的工夫与朱子不同,也与阳明有别。朱子不满程颐的"静坐",主张以"敬"代"静",阳明虽有龙场悟道二年静坐的经历,但终认为此非究竟教法。纵观二曲的为学历程,的确是以静坐为得力之要,其静观法中最有特色的"悔过自新说"思想便是由"静中有悟"得来⑳,该思想伴随并贯穿于二曲学术生命之始终,而二曲三十一岁病中悟道的经历更可以看出静坐对其成学的决定性影响。

> 夏秋之交,患病静摄,深有感于"默坐澄心"之说,于是一味切己自反,以心观心。久之,觉灵机天趣,流盎满前,彻首彻尾,本自光明。㉑

---

⑲ 关于二曲父亡母苦的生活经历及不能尽孝的内心苦痛挣扎,参阅拙文:《李颙的心路历程评析》,《江淮论坛》2009 年第 2 期,页 120—121。

⑳ 在《二曲集》卷 1《悔过自新说·小引》中,二曲有"有兹幸天诱厥衷,静中有悟"(页 2)之自白,这也同时说明二曲"悔过自新说"的形成与静的工夫密切相关。

㉑ 李颙:《二曲先生年谱》,《二曲集》,附录三,页 634。

那么,二曲默坐澄心的主静方法到底如何澄法?又是如何作法?通过早年"茫不知学,泛滥于群籍"的认识,二曲三十年以后"始悟其非",于是一味"鞭辟著里",与时人"返观默识"而互相切磋交流:

> 吾侪既留意此学,复悠悠忽忽,日复一日,与未学者同为驰逐,终不得力,故须静坐。静坐一着,乃古人下工之始基,是故程子见人静坐,便以为善学,何者?天地之理,不翕聚则不能发散;吾人之学,不静极则不能超悟……用功积久,静极明生,亦成了手……⑫

上述是二曲悟道之后对其工夫方法的简略阐述,也是二曲体悟本体的工夫。在宋明理学中,静的意义因语境有异而不同:有时特指静坐之功,有时却与动相对,静与静坐存在某种对应关系,而无欲则是本体的自然状态。在二曲,则主要是静坐。他说"进修之实,全贵静坐"⑬,认为个体自身的病痛虽显发于外,但病根却在人之意念,因此需要从个体意念上通过静坐来做工夫,从而时时切己自反。由此,二曲主张工夫须有头脑,"学问贵知头脑,自身要识主人"⑭,强调"学问要识本体,然后好做工夫"⑮,所谓"头脑""主人""本体"其实是对"悔过自新"之"自"的最好注脚,也就是说,"悔过自新"的工夫动力正是通过静坐的体悟自反之功来完成。能够看出,二曲这种学问贵知"头脑"的为学进路,强调的是一种简易直截的工夫论特点。由此特点,二曲又进一步指出,"君子小人、人类禽兽之分,只在一转念间耳"⑯,他认为"悔过"首先需要"转念",这种"一转念",正是人类与禽兽、君子与小人分途之所在,通过"转念",人"悔过自新"的工夫才正式开始。

可以说,二曲这种强调"头脑""转念"的思想在某种意义上,又反

---

⑫ 李颙:《悔过自新说》,《二曲集》,卷1,页6。
⑬ 李颙:《富平答问》,《二曲集》,卷15,页130。
⑭ 同前注,页136。
⑮ 李颙:《四书反身录·论语下·宪问篇》,《二曲集》,卷39,页492。
⑯ 李颙:《悔过自新说》,《二曲集》,卷1,页3。

过来为他确立鞭辟著里的为学路向提供了帮助。这种路向的下手之处，即在于自寻病根，二曲反复指出，"别无他法，各从自己病痛上着工夫。务令病去，则本体自全"[67]。二曲认为，"过"表现在人身上便显发为各种病痛：

> 人之病痛各别，或在声色，或在货利，或在名高，一切胜心、妒心、悭心、吝心、人我心、是非心，种种受病，不一而足。[68]

从上文可看出，二曲认为各种病痛之状会对"无过之体"造成障蔽，故而需要实落落地"自克自治""自复其元"，做"悔过自新"之工夫，否则便成了终日讲究、"画饼以充饥"，即便谈尽药方，却依旧是个病人。

当然，需要留意的是，尽管二曲强调静坐之功，但并非让人喜静而厌动而离弃人伦。他指出，"道理本是平常，此心惟贵平常。若厌平常而好高奇，即此便是胜心，便是心不得其平"[69]，此种平常心，与《中庸》的"素其位而行"所指一致："能素位而行，便是平常；一或愿外，心便失常；心一失常，平常安在？"[70]这里，二曲是让人临境之时依然保持廓然大公的平常心。这也就是他之所以倡导静坐工夫时又喜言"放下"的原因。

在有人问"得力之要"时，二曲说"其静乎"，有人对此种看法提出质疑，认为学须该动静，偏静则恐流于禅；二曲回应：

> 学固该动静，而动则必本于静。动之无妄，由于静之能纯；静而不纯，安保动而不妄。……今吾辈思虑纷拏，亦恐无静之可流。[71]

在二曲看来，真正的"静坐"只有通过扎扎实实的工夫才能做到。

---

[67] 李颙：《传心录》，《二曲集》，卷6，页45。
[68] 李颙：《两庠汇语序》，《二曲集》，卷3，页27。
[69] 李颙：《传心录》，《二曲集》，卷6，页45。
[70] 李颙：《四书反身录·中庸》，《二曲集》，卷30，页420—421。
[71] 李颙：《学髓》，《二曲集》，卷2，页19。

他在《学髓》中对静坐工夫与方法有精湛的描述:

> 每日鸡鸣平旦,须整衣危坐,无思无虑,澄心反观,令此心湛然莹然,了无一物,唯一念炯炯,清明广大;得此头绪,收摄继续,日间应事,庶不散乱。古人云"一日之计在于寅",此乃吾人用功最紧要处。但此绪凝之甚难,散之甚易,自朝至午,未免纷于应感,宜仍坐一番以凝之。迨晚,默坐返观:日间果内外莹彻、脱洒不扰否?务日日体验,时时收摄,久而自熟。[72]

由上述可见,二曲静坐的工夫,重在强调放下杂念、提起正念,摒去纷扰思虑,从而为本心之呈现准备一个良好的主体条件,而从澄明本体。由此,他强调"放下",同时重视"终日乾乾,收摄保任"之功,强调"惺惺不昧",这便涉及二曲特别重视的"敬"之工夫。

第二,"敬以为之本"的主敬工夫。一般来讲,宋明理学中,"静"与"敬"是两个相互涵养而不可截然分开的工夫。"静"偏重于摒去思虑以使本体澄明显现,而"敬"则是指心的一种自我提撮、不令放失,也即前述所讲的"惺惺不昧","终日乾乾,收摄保任"之义。在二曲这里,"主静"与"主敬"两种功法总是相伴相随。其实在二曲强调"危坐观未发气象"及焚香静坐的同时,"敬"的意识已贯穿其中。

| | 虚 明 寂 定 |
|---|---|
| 斋戒 | 此神明其德之要务也。 |
| 静坐 | **昧爽香**:鸡鸣平旦,与此相近。起而应事,易于散乱。先坐一炷以凝之。 |
| | **中午香**:自朝至午,未免纷于应感。急坐一炷,以续夜气。 |
| | **戌亥香**:日间语默动静,或清浊相乘。须坐一炷以验之,果内外莹彻脱洒不扰否。 |

从上表[73]可见,二曲悟道以后的基本工夫就是于静坐中而"敬"养。他病中摄道时所用的"默坐澄心""以心观心""返观默识"及"对

---

[72] 李颙:《四书反身录·中庸》,《二曲集》,卷30,页417。
[73] 李颙:《学髓》,《二曲集》,卷2,页20。

镜澄心"等,都不外静坐中的细密"敬"功。二曲要求,晨坐、午坐只为续夜气,只有"每日须黎明即起,整襟危坐少顷",才能"定夜气";而中午"焚香默坐,屏缘息虑"亦为了"续夜气",续夜气的目的即在于保持未发之中以应事;晚坐以省察为主。此时的省察对象并不在于当下,而在于白日之意念言行,所以,"收摄保任"之功不得稍懈。二曲认为,对本体的存养,须日日如此,时时如此,这样才有学成德立之效。也就是说,"敬"的目的在于保持人心高度警觉,专心一处而无旁逸,须用此心存不放之功,通过"敬"功来操存心志,照此用力下去,便可达"此神明""其神凝"的境界。

二曲还提到了曾子"战战兢兢,如临深渊,如履薄冰"的敬畏思想:

> 千古圣贤,皆从兢业中成。吾人不真实为己则已,苟真实为己,须终日乾乾,如涉春冰。如是则天理常存,而此心不死。故区区尝谓尧舜十六字心传,须济以"战战兢兢,如临深渊,如履薄冰"十二字,工夫方有下落。[74]

> 敬者,"乾乾惕厉"之谓也。一日十二时,时乾时惕,以至于念念不懈,刻刻常惺,则此心存而不放,然后可望善明而初复。是敬乃工夫,非本体也。做得工夫,方复本体。[75]

二曲认为尧舜十六字心传须济于"敬"功,工夫方有着落,"敬"乃千古圣贤成德之法宝,所以欲成德成贤,就必须从"终日乾乾"之"敬"功开始。二曲又引《论语》中孔子"修己以敬"之言,认为"敬"作为一种修己的内圣工夫,是尧舜以来所传心法,也是千圣不易之宗旨,若舍此而言修,则修非真修。由此,二曲在给关中书院立的《会约》中强调:"惟愿十二时中,念念切己自反,以改过为入门,自新为实际。"[76]又称:

---

[74] 李颙:《南行述》,《二曲集》,卷10,页75。
[75] 李颙:《东林书院会语》,《二曲集》,卷11,页96。
[76] 李颙:《关中书院会约》,《二曲集》,卷13,页114。

> 每晚初更……仍静坐，默检此日意念之邪正，言行之得失。苟一念稍差，一言一行之稍失，即焚香长跪，痛自责罚。如是，日消月汰，久自成德。⑦

可以看出，二曲之所以反复强调静坐，是为了"默检"意念之邪正，言行之得失，他认为这种潜伏于意念上的"过"不易察觉，"一念稍差"，则需要"痛自责罚"，对此，二曲又提出"慎独"的工夫：

> 众见之过，犹易惩艾；独处之过，最足障道。何者？过在隐伏，潜而未彰，人于此时最所易忽；且多容养爱护之意；以为鬼神不我觉也。岂知莫见乎隐，莫显乎微，舜跖人禽，于是乎判，故慎独要焉。⑱

"慎"的工夫也就是用时时畏敬的方法，保此本体不失。这一畏敬的方法就是二曲所言之"敬"功。二曲认为通过"慎独"之敬功，检点"潜而未彰"的"独处之过"，不可以"爱护"。他还强调，此畏敬之功应伴随于生活之始终。当然，二曲后期的学术经历也证明，随着年龄的增长及学思历程的深入，二曲在工夫上愈来愈强调鞭辟著里的静坐之功，并将慎独之功融纳于"悔过自新"思想中。

可以说，二曲一生坚持鞭辟著里的治学路径，并将之贯穿渗透于其作为修养己身并开导学人且最为得力的"悔过自新"工夫中。这同时也代表了二曲道德哲学的一大特色：重本体、工夫的学术性格与向里的学术方向，这一倾向是二曲对当时学风流弊的反思，也是他出入各家，对儒学道德本体的自觉转换和对儒学道德底蕴的一种切己体认和阐扬。这就是二曲在主静、主敬互进的工夫中对程朱陆王思想的继承，也正是在这一工夫论中才有了二曲切身体证的生命实践之功。在二曲看来，只有悟此才能谓之为"悟性"。明性见道才是成学的始基。

---

⑦ 李颙：《关中书院会约》，《二曲集》，卷13，页117。
⑱ 李颙：《悔过自新说》，《二曲集》，卷1，页5。

至此,二曲通过以"心"释"理",借陆王之心性本体,与程朱"主敬穷理"思想相融,对宋明儒中程朱陆王及其末流思想进行了一定的调整,为儒家道德本体与工夫的重整做出学术努力[79]。概言之,二曲的"明体适用"(又叫"明体达用")主张是明末清初以来对儒家道德价值进行反思的必然结果,也正是这一反思,促使二曲对儒家道德价值进行了新的调整。

**(二)"体用兼赅"以"开物成务"——道德价值之调整**

儒家道德价值的基本取向是鲜明的,即先义后利、先理后欲,心性本体引导利欲的攫取,这种价值取向在宋明儒手里被固化和强化,然而随着王学荡越之流弊滋生,儒家的道德价值此时出现了本体与工夫的严重不一致,儒家道德体系的践行出现了混乱之状:"理""欲"关系失衡,处于一个很不协调的状态,儒家一元化思想在明中叶以降逐步强化并呈现为一股思想潮流和倾向[80]。二曲顺应时代潮流,理智地提出"明体适用"之说,在其道德本体的转型基础上对上述宋明以来的一元论道德本体进行了独具特色的改造与调整,认为道德价值应是在体用兼赅、体用相融的基础上进行的,而"明体适用"就是二曲关于体用相融的思想理论成果,也是他关于原儒所言"下学"与"上达"的融汇贯通[81]。由此,二曲指出,要使"适用"在外王事业中展现出来,就必须先行心上"立体"之功,为为学指明方向。不仅如此,如何

---

⑲ 二曲的这一努力实际上是对阳明本体工夫论传统的传承,以此实现明清之际儒家道德价值本体的重新转换。荒木见悟认为,二曲分别对程朱、陆王两大学派的缺失有所弥补,既是对两派学说的批评和重铸,亦可以说,二曲之学的学术框架是对程朱、陆王两派学说的"合并归一"。参见荒木见悟:《李二曲》(东京:明德出版社,1989),页24页。因而,二曲学既有其不同于程朱学派,也有其不同于陆王学派的独特哲理特质。

⑳ 郑宗义认为,此一元化思想其实早在北宋儒者奠立宋明儒学的中心课题时即已出现(牟宗三综括此中心课题为"天道性命相贯通"),同时亦是宋代儒者以之来自别于释氏,并且在往后的发展中此思想的内涵更是。同时,他认为此思想倾向导致了明清儒学的转型。参阅郑宗义:《论明清之际儒学的一元化倾向》,页183。

㉑ "下学"与"上达"是原始儒学中的主要内容之一,在《论语·宪问》篇中,孔子在其弟子子贡质疑"何为其莫知子也"时,以"不怨天,不尤人,下学而上达,知我者其天乎"回应对方。可以说,儒家学说实践和努力的方向正在"下学而上达"处,后来的继承者孟子和荀子对"下学而上达"进行了深化,然而孟子对"下学"有所忽略,而荀子则阻隔了"上达"的方向。后世的理学家多主张"上达即在下学"中,这一治学路径尽管保留了"上达"的形上意蕴,却遮蔽了"上达"对超越、终极的追求。儒家的未来在于回到"下学上达"之真义,而此时二曲的努力正是试图往这一方向复归。

持循更是急待解决的问题,所以还需要进行矩上操存之功。体明且有了操存之功的保证,就可以"事与道凝,左右逢源"[82],从而实现开物成务的"王道"之治。二曲认为只有这样,才能实现儒家所倡导的为己之学,达到"体用兼赅"的极诣,真正实现向孔孟元典精神的回归,从而实现转型意义上的儒家道德价值的转向与调整。

第一,于心上用功的"立体"之功。在二曲这里,道德价值的转换和调整不是突兀的,而是经过二曲深思熟虑之后才进行的。正如前述所论,二曲认为必须要"明学术",才能"醒人心",所以,要使"适用"在经纶参赞的外王事业中展现出来,就必须在"随事磨练"中先"立体"。

二曲认为,欲要立体,就须先扫除、廓清生活杂染之"习""见",而"习"就是受到外部环境影响时形成于人身上的一些不尽人意的性格习气。对此,刘宗周的看法则是"余谓水心也,而清者其性也,有时而浊,未离乎清也,相近者也。其终锢于浊,则习之罪也"[83]。陈确亦响应此说法,认为"气之清浊,诚有不同,则何乖性善之义乎?……善恶之分,习使然也,于性何有哉"[84]。这些见解较二曲更为宽泛一些;而在二曲看来,"见"则是生活杂染而见物不化之识:

> 博识以养心,犹饮食以养身,多饮多食,物而不化,养身者反有以害身;多闻多识,物而不化,养心者反有以害心。[85]

二曲指出,正因为不化,故而造成心滞而致"骨董",所以,此"骨董"也须扫除廓清:

> 聪明博识,足以穷理,而不足以融理;足以明道,而非所以体道。若欲心与理融,打成片段,事与道凝,左右逢原,须

---

[82] 参见拙文:《事与道凝,左右逢源——李颙"明体适用"观探析》,《江淮论坛》2012年第1期,页148—149。

[83] 黄宗羲:《蕺山学案》,沈善洪主编:《黄宗羲全集》(杭州:浙江古籍出版社,2005),第8册,页921。

[84] 陈确:《气禀清浊说》,《陈确集》(北京:中华书局,1979),下册,页455。

[85] 李颙:《四书反身录·论语下·卫灵公》,《二曲集》,卷39,页496。

> 黜聪堕明,将平日种种闻见,种种记忆尽情舍却,尽情撇脱,
> 令中心空空洞洞,了无一翳。斯干干净净,方有入机,否则
> 憧憧往来,障道不浅。⑱

二曲指出,人的身心与其见闻本无多大关系,然而,若任其"憧憧往来",则会对人的感觉与思维造成影响,从而"障道不浅",而对心体的自然流行有所干扰。所以,须"遇境征心",将种种知识见闻"尽情舍却""尽情撇脱",从而令心中空空洞洞、"兢业本体"。

> 知识之"知"有四:或从意见生出,或靠才识得来,或以
> 客气用事,或因尘情染著。四者,皆非本来所固有,皆足以
> 为虚明之障。⑰

学者当知天道无言之妙,不耽于语言文字,以求无声无臭之本体为鹄的。所以二曲强调"知远器寂居,静体天良",而体天良(即"立体")则需此功,只有如此,学才有入机,也只有如此,学才能摆脱种种牵扰,从而达至象山"打叠田地干净"、阳明"学者欲为圣人,必须廓清心体,使纤翳不留,真性始见,方有操持涵养之地"的境界。然而,需要注意的是,二曲强调"立体"中要求读书与对见闻知识的搁置须同步进行,也就是说,在具体的阅读中应"沉潜涵泳",而不能仅颂记词义,否则便与被搁置的见闻知识并无两异。正如张敦庵所主张的:

> 儒者之学,明体适用之学也。欲为明体适用之学,须读
> 明体适用之书;未有不读明体适用之书,而可以明体适用
> 者也。⑱

在二曲看来,"立体"固然很重要,但读"立体"之书更重要,它需要在"沉潜涵泳"既久的情况下自然有得而至"至善",此"至善"即为

---

⑯ 李颙:《四书反身录·论语下·卫灵公》,《二曲集》,卷39,页496。
⑰ 李颙:《东林书院会语·梁溪应求录》,《二曲集》,卷11,页99。
⑱ 李颙:《体用全学·识言》,《二曲集》,卷7,页48。

"识体"。只有识得此体,才知为学之方向,从而为工夫之落实找到路径。在二曲口授的《体用全学》中亦有相关论述:

> 自象山至以慈湖之书,阐明心性,和盘倾出,熟读之则可以洞斯道之大源。夫然后日阅程朱诸《录》,及康斋、敬轩等《集》,以尽下学之功。收摄保任,由工夫以合本体,由现在以全源头,下学上达,内外本末,一以贯之,始成实际。[89]

这里,二曲清楚指出,须先有"识体"之功,才能"尽下学"之功。在"阐明心性"并"洞斯道大源"时便是识性,如此便可做收摄保任之功,从而"由工夫以合本体",也就是说,识体、立体与下学之功顺序井然。能够看出,在解决了工夫之源头之后,工夫既有着落,继而"内外本末,一以贯之"。二曲在《授受纪要》中更明确地指明了这一点:

> 学脉最怕夹杂,学术不可不醇。先觉之学脉正而学术醇者……若夫良知之说,虽与程朱少异,然得此提倡,人始知契大原,敦大本。自识性灵,自见本面,夫然后主敬穷理,存养省察,方有著落。调理脉息,保养元气,其与治病于标者,自不可同日而语。[90]

从上文可清楚地看出,二曲非常重视学术之"醇",他认为"规矩准绳"一日不可无,若无,则"不可以为人"。由此可见"契大原,敦大本"之重要。

第二,于"矩上操存"的用功之实。于心上用功的"立体"之功,只是为为学及工夫的"下达"指明并规定了方向,然而,有了心体之功,并不能解决工夫如何落实的问题。所以,如何进一步持循便提上了日程:

> 学问全在心上用功,矩上操存。学焉而不在心上用工,

---

[89] 李颙:《体用全学·识言》,《二曲集》,卷7,页52。
[90] 李颙:《富平答问·授受纪要》,《二曲集》,卷15,页135。

便失之浮泛；用工而不在矩上操存，便无所持循。"心不踰矩"，虽在力到功深之后，而其志期于"不踰矩"，实在命意发端之初。⑨

二曲所言之"矩"，主要是指具体的礼仪规范：如果不在矩上操存，就会"无所持循"。要想"心不踰矩"，必须落实用功之实。由此看来，如何进行操存，落实为具体的用功之实就显得非常重要。且看在有人问"养心之功"时，二曲的回应：

> 终日乾乾，收摄保任，屏缘息虑，一切放下，令此心湛然若止水，朗然若明镜，则几矣。⑫

在二曲看来，在静中"屏缘息虑，一切放下"，则此心便"湛然若止水""朗然若明镜"，从而从静中有所得，此得即为"证悟"，由此而忘言忘境，触处逢源，愈摇荡愈凝寂，此为彻悟。然而，在这样的彻悟过程中很容易被习染所污、所弊，故而须通过操存之功进行存养。于是，二曲提出进一步要求：

> 此事须尽脱声华，一味收敛。敛之又敛，如枯木寒灰。一念不生，则正念自现。故学问不大死一番，则必不能大彻。⑬

二曲指出，人若"真实为己"，则须"一味收敛""敛之又敛"，才能做到"战战兢兢，如临深渊，如履薄冰"之操存之功，如此便人心不放而"大彻"。在有人问如何"操存"时，二曲回答，"其敬乎？敬则中恒惺惺，即此便是心存"。二曲还指出：

> "居处恭，执事敬，与人忠"，此操存之要也。独居一有

---

⑨ 李颙：《四书反身录·论语上·为政篇》，《二曲集》，卷31，页432。
⑫ 李颙：《传心录》，《二曲集》，卷6，页45。
⑬ 李颙：《南行述》，《二曲集》，卷10，页75。

不恭,便是心之不存;遇事一有不敬,便是心之不存;与人一有不忠,便是心之不存。不论有事无事,恒端谨无欺,斯心无放逸。⑭

操存总不外"敬"功。敬作为工夫是兼内外而言,而操存之要则在于"居处恭,执事敬,与人忠",在于做彻上彻下之功,否则便是"心之不存"。由此,二曲强调,"只是要敬",敬则内外澄澈,自无"物欲之累"而高明广大。二曲很自信地指出,敬能使人至高明广大之域,甚至"不离日用常行",就能"直造先天未画前"。

在有人对"立体"以后仍要落实工夫表示疑惑时,二曲回应:

识得本体,若不继之以操存,则本体自本体;夫惟继之以学,斯缉熙无已。所谓识得本体,好做工夫;做得工夫,方才不失本体,夫是之谓"仁"。⑮

二曲认为,在"立体"之后对此继续进行操存,则此悟才能"缉熙无已",不会如闪电般转瞬即逝。然而在立体之后,此时的工夫则较以前又不甚相同,它有了更明确的为学方向,"工夫不离本体,识得本体,然后可言工夫"⑯,这样便可"终日钦凛,保守此'独',勿令放逸,使中常惺惺,湛然虚明,即此便是'慎独'"⑰。二曲又指出,此时的工夫更多的是处于本体的自觉发动,是由静中向动转化。正是静中有动,浑沦一贯,在工夫的不断进展中,才会出现真静体现于动中,静中有动,动中有静的"好做工夫"。

然而,二曲的最终鹄的是求得明体与适用、上学与下达的贯通,所以他强调:

学不上达,学非其至;舍学求达,学非其学。盖上达即

---

⑭ 李颙:《四书反身录·论语下·子路篇》,《二曲集》,卷38,页490。
⑮ 李颙:《四书反身录·论语上·述而篇》,《二曲集》,卷34,页455。
⑯ 李颙:《反身续录·孟子上·公孙丑》,《二曲集》,卷43,页542。
⑰ 李颙:《书一·答胡士侠》,《二曲集》,卷16,页147。

> 在下学之中,舍下学而求上达,此后世希高慕远,妄意神化,尚顿悟,堕野狐禅所为,自误误人,所关匪浅。⑱

对二曲而言,上达是下学的最终目标,而上达的工夫又只在下学之中,故学者既不能学不求上达,亦不能舍学求达。这就需要有使二者贯通的桥梁。心体之流行本无间断,但由于人受气质、见闻之蔽,私欲同时亦会产生,故而只要私欲产生,心体之流行便会受阻。所以需要时刻操存本心,如此才能任心自运、应感而发,也才能无不自然合乎"矩"。在操存之功下只能在其发用上一一用功,在意念思虑上一一用功,待心过、身过廓清之后,便时时保持而能"常惺惺"。

第三,"体用兼赅"以"开物成务"。通过上述论证,可以看出,在二曲这里,体明且有了操存之功的保证,此体便可在动静中发用。但是需要注意的是,二曲所谓的"明体"并不是为明体而明体,它是要用以指导人生、指导社会治理。由此,二曲主张通过"体用兼赅"以"开物成务",从而实现对儒家经世致用思想的重新思考,以向传统儒家的内圣外王之道复归。可以说,以"明体适用"作为经世的实质性意涵,从体、用关系的高度思考经世问题,是二曲阐释儒家经世观念的重要特质,这一特质在清初主张经世致用的诸多学者中相当突出⑲。

二曲指出,本体总是"随事磨练",才能使其在外王经纶中稳定呈现。二曲总是把内圣、外王与明体、适用及成己、成物,乃至道德、经济并提,并将前者看做后者实现的必要基础。在二曲看来,"识本"是为学的前提条件,道德功业的主体根基于心性本体。同时,二曲还主

---

⑱ 李颙:《四书反身录·论语下·宪问篇》,《二曲集》,卷39,页494。
⑲ 参阅林乐昌:《论李二曲对宋明理学的总结》,页101。该文指出,儒家的经世分为三个层面。第一为制度或政治的层面,包括典章法制的沿革,政治准则的厘定,对国家、社会事务的掌管和治理等。这一层面,直接关乎国家和社会的治乱。第二为物质或经济的层面,亦即"开物成务",诸如农工商贾、水利漕运、兵马钱粮一应有关国计民生的实际事务都包括在内。这一层面,直接关系着国家的强弱和社会的盛衰。第三为精神或文化的层面,其重心在于建构、完善和维护社会的精神文化价值系统,以范导和整合"世道人心",它关系着社会各阶层道德水准的高低、精神气质的优劣、社会风气的好坏等等。林乐昌认为这三个层面,体现了儒家重建社会秩序的全面要求。根据此分析,我们可以看出,二曲思想成熟期的经世观,主要指向第三个层面,亦即以"正人心"为重点的"倡道救世"事业,力图为社会重建精神文化价值系统,同时又对第二层面有所关照。

张应兼重体用,"明体而不适用,失之腐;适用而不明体,失之霸。腐与霸,非所以言学也"[100]。本既得则末自盛,体立则用自然行,有天德,自然会有王道。然而,此体只能在发见流行处"随事磨练"、随感而应,同时须经外物的接触感应,才能随感随应而显发为用。此心体之所以在与物感应后能从形上落実至形下,是因为它具有"万象森然于方寸之间"的特征,在澄然无事时,此体无所不贯,一旦发用流行,便向外随事感应。

二曲非常重视工夫修为,他引证经典,强调《大学》"物有本末,事有终始",其用功之先后次序"层次井然","物有始终,事有始终"表明随物而应时是有先后顺序的。由此,二曲主张首先要先读书,除四书五经外,再勿泛涉,惟取"《近思录》、《读书录》、高景逸《节要》、《王门宗旨》、《近溪语要》",学知所向后,由此而"沉潜涵泳,久自有得",方悟"知之所以为则者,止此至善",然后由内而外,递及于修齐之法以及治平之略。如《大学衍义》《大学衍义补》《文献通考》《经济类书》《吕氏实政录》及会典与律令等,凡经世、时务,一一深究细考,酌古准今,"务尽机宜"。二曲认为只有这样,才能"有体有用""天德王道一以贯之",这才是事与道凝的统一。

在《体用全学》中,二曲专门开列了"适用"类书目,包括社会政治、经济、文化、制度礼仪和科学技艺等各方面,由此展现出其"家事、国事、天下事,事事关心"的气魄和责任精神。我们不妨从二曲对所列适用类书目进行的相关注解,来进一步了解他所倡适用学的主张。在对《大学衍义》的注解中,二曲说:"真文忠公取经史要语,勒成斯编。诚吾人修己治人之菁蔡,治天下国家之律令格式也,本之则治,违之则乱。"[101]对《文献通考》的注:"上至天官舆地,以及礼、乐、兵、农、漕、屯、选举、历数、士卒、典籍,无不条晰。"[102]对《吕氏实证录》的注:"此老卓识谙练,经济实学也。在世儒中,最为适用。《实证录》皆其所经历者。学人无志于当世则已,苟有志于用世,则此书必不可一

---

[100] 李颙:《识言》,《二曲集》,卷7,页48。
[101] 李颙:《体用全学·适用类》,《二曲集》,页52。
[102] 同前注,页53。

"体用兼赅"以"开物成务"

日无。"⑬对《经世挈要》的注:"屯田、水利、盐政,以及国计、选将、练兵、车制、火攻,无不挈其要。"⑭对《武备志》的注:"经世之法,莫难于用兵。俄顷之间,胜败分焉,非可以漫尝试也。今学者无志于当世,固无论矣;即有志当世,往往于兵机多不致意,以为兵非儒者所事。然则武侯之伟略,阳明之武功,非耶?学者于此,苟能深讨细究而有得焉,则异日当机应变,作用必有可观。"⑮此类注解尚多,不及备列。除此以外,二曲还对"适用"类书目作了总的按语:

> ……自《衍义》以至《奏议》等书,皆适用之书也。噫!道不虚谈,学贵实效,学而不足以开物成务,康济时艰,真拥衾之妇女耳,亦可羞已!⑯

二曲对所开"适用类"书目所作的注,实际上是以"明体"作为指导,来探讨社会生产、社会治理等有关政治经济政策、物质生产、科学技术等方面的理论纲要。二曲除了对社会政治、社会治理等有相关的见解外,还颇了解农业生产、水利知识、地理知识等产业性、自然科学性方面的著作,亦有留意外域科学知识如泰西水利等,且强调"以上数种,咸经济所关,宜一一潜心"。⑰可以看出,二曲"明体适用"理论所融括的思想很有时代感、现实感。

在骆锺麟为二曲《匡时要务》所作的序中,骆氏介绍了二曲"悲天悯人""救世济时"的一些秘史:

> 先生甫弱冠,即以康济为心,尝著《帝学宏纲》、《经筵僭拟》、《经世蠡测》、《时务急着》诸书,其中天德王道,悲天悯人,凡政体所关,靡不规画。⑱

---

⑬ 李颙:《体用全学·适用类》,《二曲集》,页53。
⑭ 同前注。
⑮ 同前注。
⑯ 同前注,第54页。
⑰ 同前注。
⑱ 李颙:《匡时要务序》,《二曲集》,卷12,页103。

二曲早期就已"究心经济",然而,因始终不仕,故而在"雅意林泉,无复世念"的心态下,将"原稿尽付'祖龙',绝口不道"。二曲誓以学术来"匡正人心",并指出"大丈夫无心于斯世则已,苟有心斯世,须从大根本、大肯綮处下手,则事半而功倍,不劳而易举"[109],在二曲这里,道德之"心"并非产生于基础知识之上,心性德性是由内转换成一种向里的生命体证和感受。二曲将这一切全部纳入儒学的框架,认为儒者之学,定为"明体适用"之学,而欲为"明体适用"之学,则须读"明体适用"之书,否则不能达致"明体适用"之功用。

二曲倡经世济用,主张治平事业须"运用酬酢",然后才能"左右逢其源"。而这些都是只有在"体立"时才能"自然流行"。此"用"并非"滞于边见方所",而是为体所"统摄"。然而此体在与事感应时,难免为名所困、为事所扰、为物所羁,从而成为"着相"之物,这并非二曲所崇尚,亦为儒家圣人精神境界所不齿。在二曲看来,此"用"在"着相"之后需要由即体显用回复至即用摄体,这时才为"真用""大用",才是明体适用最终所欲实现的鹄的。他说:

> 才猷足以匡时定世,节义足以藐富贵、轻死生,此人所难也,然难者犹有其人……若事功节义,一一出之至性,率自平常,而胸中绝无事功节义之见,方是真事功、真节义、真"中庸",谁谓"中庸"必离事功节义而后见耶?有此事功节义,方足以维名教,振颓风。若误以迂腐为"中庸",则"中"为执一无权之"中","庸"为碌碌无能之"庸",人人皆可能,人人皆"中庸"矣,何云不可能也?能者虽多,何补于世?[110]

由此可见,真"事功"的实现应该是在不累于欲求、功业的情况下出现的,这就需要从当前的经济事功再重返"虚明寂定"之本原,以达致"道德即为事功","事不累心,心不累事,恒若太虚,毫无沾滞"之境。二曲认为,只有这样,才能实现儒家所倡导的为己之学,从而实现"内

---

[109] 李颙:《匡时要务序》,《二曲集》,卷12,页104。
[110] 李颙:《四书反身录·中庸》,《二曲集》,卷30,页419。

外合一"。只有达此境时,此事功才算是达到了"体用兼赅"的极诣,而二曲"明体适用"的鹄的即在于此。至此,则二曲所倡导的上学与下达之学融贯一通,体用相即而相融,"心与理融,打成片段","事与道凝,左右逢原"。

二曲从理学与经济关系的角度进行阐发,既批判了"明体而不适用的腐儒",又排斥了"适用而不明体"的霸儒,使儒学传统的精神在经世、经济的社会实务层面落实并开展,而恰恰是这样的落实,使传统儒学获得了新的生命力和成长点,由此,儒家道德价值在二曲这里得到了转换和调整,它不仅是关学实学精神与通变精神的弘扬,同时也真正实现了向传统儒家孔孟元典精神的回归。由此,二曲实现了儒家道德价值的基本转向,促成儒家道德的自觉与重建。

## 三、结　语

尽管二曲在朱陆异同上持有一己之看法,但他并不主张学者将精力耗费在这种门户之争上。在他看来,学者治学第一要务即在于自我身心道德之修养,"辨朱辨陆,论同论异,皆是替古人担忧。今且不必论异同于朱陆,须先论异同于自己,试反己自勘,平日起心动念,及所言所行与所读书中之言同耶,异耶? 同则便是学问路上人,尊朱抑陆亦可,取陆舍朱亦可;异则尊朱抑陆亦不是,取陆舍朱亦不是。只管自己,莫管别人"[111]。整体而言,二曲思想转型之特色处即在于,以其个人真修实证的生命体验来融摄程朱陆王之学,从而通过生命实践活化儒学的真精神[112]。二曲"明学术"以"醒人心"的为学宗旨非常明确,因此,在面对当时学术话语转型时,他能够旗帜鲜明,不为时局所困,果断提出自己独具特色的"明体适用"思想。

站在理学的角度看,二曲思想乃是"理学的总结者"[113],而站在明

---

[111] 李颙:《靖江语要》,《二曲集》,卷4,页36。
[112] 参见王雪卿:《作为"生命实践"的李二曲思想之研究》(下),《鹅湖月刊》2012年卷37第7期,页27。
[113] 刘涤凡:《李二曲体用思想发微》,《孔孟月刊》1994年第6期,页48。

末清初之际的变故来看,二曲中年后由于种种因素,他"绝口不提经济",甚至于晚年荆扉反锁,杜门不出。如果说二曲的思想理论向度有什么局限性和不足的话,也许可以说是"向内深沉,向外局促"[114]。然而,尽管如此,却并不能抹杀二曲对儒家道德统绪的重建所做出的努力。他既关注形上根据,又注重形下关照,强调不能离体而讲经世致用,通过其真实的生命体证,对传统儒家的道德统绪进行接续并开新,由此完成关学在清初的转型和对儒家道德的自觉重建,避免关学在后来的发展中走向单纯的"道问学"。

---

[114] 赵吉惠:《李二曲〈四书反身录〉对传统儒学的反省与阐释》,《中国哲学史》1998年第1期,页80。

# 圆满之知

## ——从德性知识论的角度看王阳明"知行合一"

陈 亮*

**内容提要**：王阳明为救程朱理学"先知后行"之弊而提出"知行合一"的主张，有学者提出其知行合一说其实不限于道德知识，亦适用于其他知识，故此阳明实乃对此两大类知识（其实即是所有知识）的结构作反省分析，并总结出当中的共通性，对知识论有不可抹杀的贡献。本文欲继承前辈学者的研究成果，进一步参考当代西方知识论中一个较著名的理论——索萨（Ernest Sosa）的"德性知识论"，与阳明的"知行合一"作比较分析。由此，本文尝试论证以下三点：（一）索萨的德性知识论结构能帮助理解阳明的知行合一，两个知识论在结构上有很多吻合处。德性知识论的洞见在于将能力的适切运用纳入知识的定义中，从而颠覆了传统知识论对知识的理解。知行合一对知识的理解和德性知识论有结构性相似，同样视能力（无论是道德能力抑或认识能力）之运用为知识不可或缺的部分。（二）德性知识论的理论优点，在于能很好地消除幸运因素对知识定义的干扰，而知行合一则能区别真知与粗知。两者虽然看似风马牛不相及，但细想之则能发现各自的理论优点有着相同的结构：即是将"知"与"行"有机地结合，以行为界定知识，从而将不相干的元素排除于知识的定义之外。在德性知识论，对知识定义不相干的元素是"幸运"；而在知行合一，其不相干的元素是"未经自知自觉之知"，如口耳谈说以为知者。（三）德性知识论的后来发展为进一步排除幸运因素于知识定义之外，更引入后设适切性（meta-aptness）与圆满适切性（full aptness）两个概念，来处理认识者对处境的风险评估问题，亦即认识者对自己认识能力之了解问题。只有满足"圆满适切性"才能视为"圆满之知"。而阳明的"知行合一"发展到"致良知"教，彰显"合"的工夫义时，最能符合"后设适切性"及"圆满适切性"两个概念，故此阳明的"知行合一"亦是"圆满之知"。

**关键词**：索萨，德性知识论，王阳明，知行合一，真知，致良知

---

\* 香港中文大学哲学系博士研究生。（电邮：1099718391@link.cuhk.edu.hk）

## 一、前　言

传统认为阳明学为圣人之学,此见固然不误,但圣人之学亦必涉及如何学做圣人,如何获得德性之知,此则亦不得不涉及知识问题,盖德性之知亦是知识的一种故。牟宗三先生不同意朱子以知识的进路讲道德①,而赞成陆王的心学进路。其主要理据在于:所谓"知识"须有严格意思,即纯从认知义,即无论其对象是经验的、形式的,还是超越的,吾人若要把握这些对象以使其成为知识,皆不得不运用认知能力。而德性之知所要求的,正不能是认知,而必须是直接发于心体性体,亦即超越的道德本心而有的道德实践②,所以朱子以知识的进路谈道德,根本未能把握德性之知。阳明学由朱子学转手出来,倡"知行合一",似乎最能把握德性之知的要义。近来学者对阳明知行合一的主张更有新创见,认为知行合一不只适用于道德知识,而且亦适用于其他知识,乃阳明对知识论的反省,提出道德的知与其他的知之共有知识结构,亦即共有的知识得以成立的条件③。若道德知识与其他知识有共同的知识结构,并且此道德知识就是阳明所主的德性之知,则我们似乎应当反省牟对知识的定义是否有过分狭窄之嫌,能否有稍作松动的空间。此即视德性之知和其他知识皆为知识,而是否涉及认知只是对不同知识进行分类的其中一个方法,但却不能说知识一定只能涉及纯粹认知,甚至可能不能说知识必须涉及认知。换句话说,是否以认知方式来把握对象并不是构成知识的关键,关键可能在其他地方。当代西方知识论中的德性知识论(virtue epistemology),即是其中一种最负盛名的对知识作重新反省之理论,当中又以索萨(Ernest Sosa)的理论最有代表性,他将能力的运用与知识挂钩,颠覆了传统西方对知识的理解,并较好地解决了长久以来传统知识定义的理论困难。本文尝试比较阳明的知行合一与索萨的德性知识论,以窥探两者的共同结构及精彩洞见,并论证知行合一符合

---

① 牟宗三:《从陆象山到刘蕺山》(台北:学生书局,2011),页37。
② 牟宗三:《心体与性体》(台北:学生书局,1968),第一册,页543—544。
③ 郑宗义:《再论王阳明的知行合一》,《学术月刊》2018年第8期,页6。

德性知识论的基本结构。

下文分三部分论述,首部分简论索萨的德性知识论及阳明的知行合一,并论述德性知识论结构能很好地帮助理解知行合一(或"知行本一"),指出两个知识论在结构上多有吻合处。次部分提出德性知识论的理论优点,在于能排除幸运因素对知识定义的干扰。阳明的"真知"概念虽然不是处理幸运因素问题,但其精神却与德性知识论有异曲同工之妙,皆是要排除一些不相干的因素于知识定义之外。第三部分论证"真知"亦体现了索萨后来进一步完善其德性知识论时提出的"后设适切性"(meta-aptness)、"圆满适切性"(full aptness)及"圆满之知"(knowing full well)等概念。阳明后来提出致良知教下的知行合一,更是圆满之知的一个典型例子。

## 二、简论德性知识论与知行合一的共同结构

阳明的知行合一有两义,第一义其实为知行本一,乃探讨知与行在知识论上的关系,基本上不是说工夫问题;第二义乃含工夫义的知行合一,属致良知教下的工夫之一,以劝勉学者把不善的念头去除于萌芽之间,将本来一体但却遭分离的知与行重新合一④。由于本文集中讨论知识论问题,故主要先处理第一义(纯知识论的知行合一),但亦非忽略第二义(含工夫论的知行合一)。关于成德工夫的第二义工夫论之知行合一,其实亦涉及知识论意义,到文章末部谈及致良知教下的知行合一时即会论及。无论如何,阳明的知行合一虽亦适用于一般不涉及道德的知识⑤,但更重要的是同时适用于儒家传统中学习如何成圣成贤的知识。而且后者才是圣人之学,阳明学的理论重点亦在此。本文的立场是,虽然本文只讨论知行合一的知识论结构,但透过相关讨论,更能透显圣人之学与知识不无关系。先解决与道德相关的知识论问题,能使学者更容易掌握学习成圣成贤的方法。

德性知识论认为,知识须与个人能力运用及表现挂钩。知识须

---

④ 郑宗义:《再论王阳明的知行合一》,页18。
⑤ 同前注,页6。

满足三个条件,即准确性(accuracy)、灵巧性(adroitness)及适切性(aptness)。例如一个箭手射出一支箭,他在这次射箭中如何才叫作掌握射箭的知识呢? 首先,他必须射中目标,这就是"准确性";同时,他必须的确运用了了得的射术,这就是"灵巧性";而且他之所以射中目标,必须是由于他运用了了得的射术而非靠运气,这就是"适切性"。换言之,适切性即由于灵巧性而非其他因素而获得准确性[6]。同理,对于一个信念来说,若抱持此信念的人是基于其有足够的认识能力,并且透过适切地运用此认识能力而非透过运气来获得这个真信念的话,我们便可说他拥有该项知识。这个对知识的重新定义,优于传统将知识理解成"有理据的真信念"(justified true belief)。传统对知识的定义不能排除幸运成份,以致有些真信念虽确有理据支持,但认识者之所以获得此真信念,仍只是由于幸运地猜中,而直接由理据推论而得的结论,也只是碰巧与实情相符,实不可称为知识。当中有许多例子可举,此处暂不赘。德性知识论将能力的适切运用纳入知识的定义中,试图将可能的幸运成份排除于知识之外。此尝试若果成功,会是知识论发展的一大突破。其理论关键在于:获取知识与适切运用能力以获得准确性实为同一事。两者不但不可分,而更是互相界定甚至等同。传统对知识的定义,并无考虑认识者如何运用其认识能力。只要有关信念是真确无误,并且有理据支持即视为知识,但忽略了理据与真信念之间其实可以并无关系,以致运气可以有机可乘。一旦引入认识者的认识能力,要求真信念必须是由于认识者适切地运用其认识能力而获得,则可以解决理据与真信念之间的关系问题。认识者之所以有这些理据并能推论出真信念,是因为他适切地运用了他的认识能力,而非其他不相干的因素,例如运气。严格言之,德性知识论的建构若果成功的话,知识就根本就不再需要"理据"(justification)这个概念。因为所谓"理据",亦只不过是由于认识者适切地运用其认识能力而获得。而如果这些"理据"的确能推论出真信念的话,那自然就构成知识。若这些所谓"理据"与真信念之间其实并

---

[6] 参看 Ernest Sosa, *Knowing Full Well* (Oxford; Princeton: Princeton University Press, 2010), p.4。

无关系，则不可谓认识者是适切地运用了他的认识能力。他只是不适切地运用了其认识能力，获得了一些资料，从而误以为这些资料与其真信念有关，但事实上两者并无关系，并且他之所以能获得该真信念，乃纯粹因为其他一些与他运用认识能力无关的因素，例如运气。

由以上的讨论再推进一步，知识其实并不一定限于纯认知性的知识或纯粹概念知识。德性知识论中所指的"能力"，亦不必限于认知能力。索萨自己常举的射箭例子，本身即不是纯粹认知性，而更多是实践性的。换言之，知识的定义不能过分狭窄，即不能只限于纯认知性的知识，而应扩大到所有涉及适当地运用能力而获得准确性的行为上。试想像现在有一位有多年经验、煮得一手好菜的厨师，他对所有烹饪理论都一窍不通。你要他一套一套地把自己的绝技叙述出来，他做不到，却的确每次都煮出天下美味。这位厨师对烹饪有知识乎？无知识乎？若说这位出色的厨师无烹饪的知识，相信很难具说服力。无烹饪知识如何能保证每次都煮出天下美味？可见知识并不限于纯粹认知。若凭多年经验煮得一手好菜的厨师拥有关于烹饪的知识，那为何凭超越的道德本心而有的道德行为不能算是有关于道德的知识呢？两者其实并无形式的区别，皆是适切地运用相关能力而达致准确的行为。前者是运用烹饪的能力煮出一手好菜，后者是运用道德能力而成道德实践，形式完全是一样的，皆符合德性知识论对知识的规定。知识不应只限于纯粹认知亦明矣。

现在我们转过来看阳明的知行合一。他早期提出的知行合一，更准确地说应是知行本一[7]，意即知与行是同一个心的同一种行为，只不过知与行的确是同一种行为的两个不同概念。以下举数条文字以说明知行属同一行为，同属一本体。

(1) 未有知而不行者。知而不行，只是未知。圣贤教人知行，正是要复那本体，不是着你只恁的便罢。[8]

---

[7] 郑宗义：《再论王阳明的知行合一》，页6。
[8] 王守仁撰，吴光、钱明、董平、姚延福编校：《传习录》上，《王阳明全集》(上海：上海古籍出版社，2011)，上册，页4。(注：本文所有引用王阳明之文献，皆参考此版本之《王阳明全集》。)

（2）故《大学》指个真知行与人看，说"如好好色，如恶恶臭"。见好色属知，好好色属行。只见那好色时已自好了，不是见了后又立个心去好。闻恶臭属知，恶恶臭属行。只闻那恶臭时已自恶了，不是闻了后别立个心去恶。如鼻塞人虽见恶臭在前，鼻中不曾闻得，便亦不甚恶，亦只是不曾知臭。⑨

（3）就如称某人知孝、某人知弟，必是其人已曾行孝行弟，方可称他知孝知弟，不成只是晓得说些孝弟的话，便可称为知孝弟？又如知痛，必已自痛了方知痛；知寒，必已自寒了；知饥，必已自饥了；知行如何分得开？此便是知行的本体，不曾有私意隔断的。圣人教人，必要是如此，方可谓之知。不然，只是不曾知。⑩

（4）某尝说知是行的主意，行是知的功夫；知是行之始，行是知之成。若会得时，只说一个知，已自有行在；只说一个行，已自有知在。古人所以既说一个知又说一个行者，只为世间有一种人，懵懵懂懂的任意去做，全不解思惟省察，也只是个冥行妄作，所以必说个知，方才行得是。又有一种人，茫茫荡荡悬空去思索。全不肯着实躬行，也只是个揣摸影响，所以必说一个行，方才知得真。此是古人不得已补偏救弊的说话，若见得这个意时，即一言而足，今人却就将知行分作两件去做，以为必先知了然后能行。⑪

分析以上四条文字，已能大概见出阳明知行本一的含义，今总结出以下几点。

（一）知与行是不可分割的两个概念，行为的性质决定知识的性质

第（1）条明言没有知而不行者，理由是凡是没有相关行为的即不能算是知。此乃阳明开宗明义之说。这个讲法如何能成立，本文稍

---

⑨ 《传习录》上，《王阳明全集》，上册，页4。
⑩ 同前注。
⑪ 同前注，页5。

后会尝试步步阐明。事实上德性知识论也是要说明这一点,此所以本文比较德性知识论与知行合一以见二者之相通处。阳明于第(2)条举例说明,如见好色必好之,闻恶臭必恶之。此其实是常识,只不过我们一般很少留意当中其实有丰富哲学意含。例如当吾人见到一美女,吾人之所以能断定她为一美女,当中必含有一价值判断,即此女子是美的。当然此不必含有非礼的意念。但无非礼之意念却不能改变我认为此女子是美的价值判断。断定她为美的即代表吾人在审美的角度上认定她相比不美的女子有一较高的价值,此即逻辑地涵蕴吾人好之,因为人都倾向喜好价值较高的东西多于价值较低的东西。反过来说,即使众人都说某一女子为美女,但吾人见之却毫无喜好之心,不因此而赋予她任何较高之价值,即说明吾人根本不认为此女子为美,亦即说吾人根本不知她是一美女,尽管客观地说她的确是一美女。鼻塞的例子亦是同理,可以类通,此处不赘。

或曰阳明以上的例子都涉及价值判断,会否表示:"知""行"为两个不可分割的概念,只适用于含价值判断的知识,而不适用于不涉及价值判断的知识呢? 第(3)条阳明举了知寒知饥的例子。饥饱寒暖纯属生理感觉,不必涉及价值判断。吾人的认识主体亲身感受饥与寒,即是行。此行即吾人适切地运用自己的感觉饥寒之能力,从而获得饥与寒的真信念。此并不能由别人代为告之吾人乃饥与寒。例如我正静坐冥想而长期无进食却不感饥饿,但客观来说我之消化道的确空无一物并且血糖水平极低,属医学定义中的饥饿状态。又假如我是一冬泳健将,在冰天雪地的环境下游泳却不感寒冷,但事实上气温已降到零度以下。以上两例,都代表吾人在该处境中并不知道饥饿与寒冷这个客观事实。其原因正是吾人认识饥饿与寒冷的能力,并无在以上两个处境得到适切的运用,以致并不知道饥饿与寒冷的客观事实。由此可见,即使不涉及价值判断,"知"与"行"仍是两个不可分割的概念。既然如此,即可谓"知而不行"其实是逻辑地不可能。在道德上讲,若无求知欲,例如被私意隔断,则根本不可能有行。若是真知,即深刻的知识,则更加不可能没有相应的行。"知而不行乃逻辑地不可能"亦可理解成不可能在没有适切地运用能力的情况下获得知识,如上述冥想及冬泳例子之不知饥与寒。由于知而不行为逻辑上不可能,所以阳明在第(4)条说"知中有行,行中有知",知行本来是一个。知行合一只是不得已救弊之说,救视知行为二之弊。由此即能明白,为何阳明能说"不行不足谓之知"。其言曰:

(5) 真知即所以为行,不行不足谓之知。⑫

反过来说行而不知却有可能。若然,则属于"冥行",是没有精察明觉之知的配合之胡乱行动,但始终仍是行动的一种。

(6) 若行而不能精察明觉,便是冥行,便是"学而不思则罔",所以必须说个知;知而不能真切笃实,便是妄想,便是"思而不学则殆",所以必须说个行;元来只是一个工夫。凡古人说知行,皆是就一个工夫上补偏救弊说,不似今人截然分作两件事做。⑬

由此可得出两个重要结论,其一为知与行乃同一件事,所以说"元来只是一个工夫",所以亦必是同一个心发出的同一种行为。但毕竟知与行虽是一事,却是不同的概念。并且由此可得出第二个结论,即知是完全由行来界定的。行动的性质完全决定了知的性质。无行动或无求知欲,则表示完全无知识,这是最差的情况。由此拾级而上,知识有深浅程度之分。

(7) 知行二字即是功夫,但有深浅难易之殊耳。良知原是精精明明的,如欲孝亲,生知安行的只是依此良知,实落尽孝而已;学知利行者只是时时省觉,务要依此良知尽孝而已;至于困知勉行者,蔽锢已深,虽要依此良知去孝,又为私欲所阻,是以不能,必须加人一己百、人十己千之功,方能依此良知以尽其孝。圣人虽是生知安行,然其心不敢自是,肯

---

⑫ 《答顾东桥书》,《传习录》中,《王阳明全集》,上册,页48。
⑬ 《答友人问》(丙戌),《文录三》,《王阳明全集》,上册,页232。

## 圆满之知

做困知勉行的功夫。困知勉行的,却要思量做生知安行的事,怎生成得?⑭

此中已涉及工夫问题,但本文焦点在于知识论结构,所以暂不详论工夫问题。"生知""学知"与"困知"可视之为知识深浅程度之分。如何分别这三种程度之知,则全视乎其行为的模式。安行者,同时亦必能利行及勉行,是为"生知",乃圣人境界,属知的最高层次。圣人虽不敢自是而亦愿去做勉行工夫,但毕竟当实践其良知时,多数仍是安行的,即如孔子所谓"从心所欲不踰矩"。学者无能力安行,实践时自多是利行,故属"学知"。私欲最重者无力于安行与利行,唯有努力于勉强而行,故只是"困知"。可见行为的性质决定了知识的性质,而行为的性质又与行为者的能力息息有关。一个人是否有知识和有怎么样的知识,全由他是否拥有相关行为能力,及如何运用相关能力以成就某个行为而定。没有能力,固然无知,此不用多说。有能力但却没有付诸行动,亦是不知,所以第(5)条说"不行不足谓之知"。凡能力与行动相称者,皆可谓知,当中知识有深浅程度之分,如安行者有生知,即最高级及深刻的真知;利行者有学知,为中等程度之知;勉行者有困知,乃最初级的知。虽然只是最粗浅的知识,困知亦始终是知识的一种,从知识论的角度看来,比有很高级能力但却无付诸实际行动者为佳,因为按第(5)条所说,此有能力但无行动者并无知识。知行是一事,并且知由行来界定。辩难者或会质疑:同样的行为,例如是箭手张弓射中目标,为何有时算是知识,有时不算是知识?例如只靠运气而射中目标即不算拥有射箭的知识。这是否代表"行为的性质决定了知识的性质"为假?答曰非是。靠真正技术射中目标,与只靠运气射中目标,是两种具不同性质的行为。前者适当地运用了射箭技术而后者没有,所以两个行为有质的分别,不能谓之"同样行为"。那只是行为的结果相同,即同样射中目标,而并非两个行为本质相同。须知不同的行为可以导致相同的结果,就像走不同的路可以到达同一个目的地一样。我们不能因为最终去到同一个目的地,就说

---

⑭ 《传习录》下,《王阳明全集》,上册,页126—127。

分别所走的两条路是同一条路。所以此辩难并未能反对"行为的性质决定了知识的性质"之判断。

（二）"知行本一"结构，适用于德性之知与闻见之知

第（3）条提及知孝悌必是曾行孝悌，知行本一适用于德性之知，固无可疑。若再问以上所讨论皆涉及自知自觉，那知与行是两个不可分割的概念，是否亦适用于不涉及自知自觉的知识，例如纯粹客观的闻见之知或概念知识？阳明以下讨论学问思辨的性质或能有所启示。

>（8）凡谓之行者，只是着实去做这件事。若着实做学问思辨的工夫，则学问思辨亦便是行矣。学是学做这件事，问是问做这件事，思辨是思辨做这件事，则行亦便是学问思辨矣。若谓学问思辨之，然后去行，却如何悬空先去学问思辨得？行时又如何去得个学问思辨的事？行之明觉精察处，便是知；知之真切笃实处，便是行。⑮

阳明此答问其实是承《传习录》中《答顾东桥书》一语而进一步发挥⑯。首先，阳明所指的学问思辨行，当然包括圣人之学，但却并不只限于圣人之学。

>（9）夫"学问思辨行"皆所以为学，未有学而不行者也。如言学孝，则必服劳奉养，躬行孝道，然后谓之学，岂徒悬空口耳讲说，而遂可以谓之学孝乎？学射则必张弓挟矢，引满中的；学书则必伸纸执笔，操觚染翰；尽天下之学无有不行而可以言学者，则学之始固已即是行矣。⑰

从第（9）条显然易见，学问思辨行包括天下间一切学问，所以理所当

---

⑮ 《答友人问》（丙戌），《文录三》，《王阳明全集》，上册，页232。
⑯ 其言曰："知之真切笃实处，即是行；行之明觉精察处，即是知：知行工夫本不可离。"见《答顾东桥书》，《传习录》中，《王阳明全集》，上册，页47。
⑰ 同前注，页51。

然包括所有闻见之知与概念知识而不应只限于自知自觉。此点前辈学者早有见及。郑宗义谓之学习意欲不为别的意欲隔断,学者真切主动探究,亲身履历,使知识更加深刻真实,便是求学中知行合一的整个过程⑱。不被私意隔断求知属行,故可谓之真切笃实;亲身履历能深化知识,故可谓之明觉精察⑲。故此,知行合一或知行本一结构既适用于纯粹认知的知识,如概念知识及经验知识,也适用于非纯粹认知的知识,如道德知识(如孝悌)及实践知识(如射箭与烹饪)。用儒家的话说,即是无论闻见之知抑或德性之知,皆不能违反知行合一或知行本一结构。无论是索萨的德性知识论还是阳明的知行合一或知行本一,皆是对天下间所有知识作一通盘的知识论反省,思考其中构成知识的一般条件⑳。两者由出发点而言已是不谋而合。以下再转至讨论阳明"被私意隔断"的真正含意。

**(三)所谓"被私意隔断"并不是指私意将知与行隔开,而是指知行本体之发用被整个隔断,使其不再发用,成为不知**

知行本一既已确立,则知并无知而不行的可能。阳明所谓被"私意隔断"的意思亦呼之欲出,此是指知行本体之发用被私意整个隔断,令其变成无知,而不是指私意将知与行隔开,变成知而不行。此与上述由行来界定知亦一脉相承。

> (10)爱曰:"如今人尽有知得父当孝、兄当弟者,却不能孝、不能弟,便是知与行分明是两件。"先生曰:"此已被私欲隔断,不是知行的本体了。未有知而不行者。知而不行,

---

⑱ 郑宗义:《再论王阳明的知行合一》,页12。
⑲ 同前注,页11。
⑳ 索萨在其 *Judgment and Agency* 一书的序言中,即开宗明义说明德性知识论要处理的不只是涉及判断和信念的知识(即不只是传统知识论所指的命题知识[propositional knowledge],命题知识是纯粹认知性的),而更涉及行为及一般知识的规范性。其言曰:"The epistemology presented in what follows concerns knowledge of a basic 'animal' form, along with higher levels of 'reflective' knowledge, all within a framework of performance normativity encompassing, not only judgments and beliefs, but performances more generally, those constitutively aimed at a certain outcome." 参看 Ernest Sosa, *Judgment and Agency* (Oxford: Oxford University Press, 2015), p.1。

只是未知。"㉑

（11）惟乾问："知如何是心之本体？"先生曰："知是理之灵处。就其主宰处说，便谓之心；就其禀赋处说，便谓之性。孩提之童，无不知爱其亲，无不知敬其兄，只是这个灵能不为私欲遮隔，充拓得尽，便完；完是他本体，便与天地合德。自圣人以下，不能无蔽，故须格物以致其知。"㉒

（12）天下之人心，其始亦非有异于圣人也，特其间于有我之私，隔于物欲之蔽，大者以小，通者以塞，人各有心，至有视其父子兄弟如仇雠者。圣人有忧之，是以推其天地万物一体之仁以教天下，使之皆有以克其私，去其蔽，以复其心体之同然。㉓

（13）"舜察迩言而询蒭荛"，非是以迩言当察、蒭荛当询而后如此。乃良知之发见流行，光明圆莹，更无罣碍遮隔处，此所以谓之大知；才有执着意必，其知便小矣。讲学中自有去取分辨，然就心地上着实用工夫，却须如此方是。㉔

第(10)条说被私欲隔断的话即失知行本体，变成未知。所以一旦被私意私欲隔断，知行本体不发用，知与行俱失，仍是没有知而不行的可能性。可见知与行有则俱有，无则俱无。所以被私意隔断的是知行本体，使其不发用；而不是私意将知与行隔开，成为知而不行。第(11)条言心的灵明是主宰。心的灵明即是知的能力，孩童皆有知爱其亲、敬其兄的能力，关键是不为私欲遮隔。若无私欲遮隔，知爱其亲、敬其兄的能力就能充拓尽，亦即把心之本体充分发用，爱亲敬兄的行为贯彻到底，此便是与天地合德。圣人以下不能无私欲之蔽，心

---

㉑ 《传习录》上，《王阳明全集》，上册，页4。
㉒ 同前注，页39。
㉓ 《答顾东桥书》，《传习录》中，《王阳明全集》，上册，页61。
㉔ 《答聂文蔚》，《传习录》中，《王阳明全集》，上册，页97。

之本体的主宰能力受削弱,则须有格物致知的诚意工夫,恢复知行本体的主宰,令其重新充拓得尽。知行本体,不行不谓之知;谓之知即必定有相应的行,知由行来界定,故亦可谓"知是心之本体"。格物致知是诚意工夫,即是去其私欲,拨开云雾,恢复知行本体、心之本体的工夫。由此即可通至第(12)条言所有人的心之本体之本然状态皆与圣人无异,分别只在私欲之多寡。私欲多者,虽在认知上亦知道应该敬爱其父子兄弟,但事实上却视之为仇敌,知行本体完全被遮蔽,无敬爱之行为,亦即不知敬爱也。圣人不忍于此,于是教之以克私去蔽之诚意工夫,使其恢复本与圣人同然之心体,亦即恢复其知行本体与心之主宰。知行是同一个心发出的同一种行为无可疑也。第(13)条专就良知来说,知行本体的发用若全无遮隔,谓之大知;若稍有私意掺杂,虽未至于完全遮蔽而不发用的无知,亦只是小知而已。唯有切实就心上做诚意工夫,方能复其知行本体与心之主宰,重拾大知。所以诚意工夫即等同致知工夫,并无二致也。

(四)小结:德性知识论与知行合一的共同结构

阳明的知行合一虽无当代德性知识论的准确性(accuracy)、灵巧性(adroitness)及适切性(aptness)等概念,但细想之这些概念亦全适用于知行合一。究其原由,乃因两个理论皆是由行为界定知识,有共同结构故。以下用阳明向徐爱讲解事父母以温清定省的例子及其他一些阳明的教诲,展示两个理论的共同结构。"准确性"最易理解,在德性知识论是指行为的结果准确无误,如箭手命中目标。落在认识上说则是获得真信念。所以:

(14)冬时自然思量父母的寒,便自要去求个温的道理;
夏时自然思量父母的热,便自要去求个清的道理。[25]

自不会冬时思量父母的热,求个清的道理;夏时思量父母的寒,求个温的道理。此自然要求行动的准确性。这是纯从客观行为的准确性上言之,乃最浅明的意思。但阳明对准确性要求不只停留在此层面,

---

[25]《传习录》上,《王阳明全集》,上册,页3。

试看以下阳明对陆澄的两段教诲。

(15) 澄在鸿胪寺仓居,忽家信至,言儿病危,澄心甚忧闷不能堪。先生曰:"此时正宜用功。若此时放过,闲时讲学何用?人正要在此等时磨炼。父之爱子,自是至情,然天理亦自有个中和处,过即是私意。人于此处多认做天理当忧,则一向忧苦,不知已是'有所忧患,不得其正'。大抵七情所感,多只是过,少不及者。才过便非心之本体,必须调停适中始得。就如父母之丧,人子岂不欲一哭便死,方快于心?然却曰'毁不灭性',非圣人强制之也,天理本体自有分限,不可过也。人但要识得心体,自然增减分毫不得。"㉖

(16) 曰:"天理何以谓之中?"曰:"无所偏倚。"曰:"无所偏倚是何等气象?"曰:"如明镜然,全体莹彻,略无纤尘染着。"曰:"偏倚是有所染着。如着在好色、好利、好名等项上,方见得偏倚;若未发时,美色名利皆未相着,何以便知其有所偏倚?"曰:"虽未相着,然平日好色、好利、好名之心,原未尝无;既未尝无,即谓之有;既谓之有,则亦不可谓无偏倚。譬之病疟之人,虽有时不发,而病根原不曾除,则亦不得谓之无病之人矣。须是平日好色、好利、好名等项一应私心,扫除荡涤,无复纤毫留滞,而此心全体廓然,纯是天理,方可谓之喜怒哀乐'未发之中',方是天下之'大本'。"㉗

第(15)条言人的情感有辗转相生之特性,一不留神很容易表现过度。就如陆澄爱子心切,本无问题,属天理之表现。但闻其病危,却忧闷过度,失其中和,此即是情感不够准确的表现。阳明说"七情所感,多只是过,少不及者",证明情感之抒发有准确性可言,过与不及皆是不适中不准确,其标准在天理。进而言"天理本体自有分限,不可过

---

㉖ 《传习录》上,《王阳明全集》,上册,页19—20。
㉗ 同前注,页27。

也",即是说对天理的把握也有准确性可言。把握不够准确即是第(16)条所说的"偏倚"。导致情感表达不适中至少有两种原因,一是第(15)条所言情感辗转相生表达过度,二是如第(16)条所说的着了私意,情感中夹杂了好色好利好名等私心,所以表达出来的不是纯乎天理的情感。无论如何,阳明要求人透过工夫修养达至纯乎天理而无所偏倚,此即知行合一对准确性的清晰要求。

"灵巧性"是指运用了其能力与技巧,就如箭手运用其了得的射术,在阳明事父母以温清定省的例子中,就是尽此心之孝,不让有一毫人欲间杂。

> (17)就如讲求冬温,也只是要尽此心之孝,恐怕有一毫人欲间杂;讲求夏清,也只是要尽此心之孝,恐怕有一毫人欲间杂:只是讲求得此心。㉘

若有人欲间杂其中,便是未能尽孝心,未有充分运用心之本体的能力,自然不能算是有灵巧性。纵使本有孝的能力,但若未有充分运用,即丧失其灵巧性。须知孝心本于心性本体,而心性本体在面对种种不同处境时泛应曲当地表现出各种合适的道德行为,发挥即性即理心体之作用至极致,此即阳明的"尽心"或"尽性"。

> (18)性是心之体,天是性之原,尽心即是尽性。㉙

> (19)心之体性也,性即理也。穷仁之理,真要仁极仁,穷义之理,真要义极义:仁义只是吾性,故穷理即是尽性。如孟子说"充其恻隐之心,至仁不可胜用",这便是穷理工夫。㉚

> (20)只要此心纯乎天理处同,便同谓之圣。若是力量气魄,如何尽同得!后儒只在分两上较量,所以流入功利。若除

---

㉘ 《传习录》上,《王阳明全集》,上册,页3。
㉙ 同前注,页6。
㉚ 同前注,页38—39。

> 去了此较分两的心,各人尽着自己力量精神,只在此心纯天理上用功,即人人自有,个个圆成,便能大以成大,小以成小,不假外慕,无不具足。此便是实实落落明善诚身的事。㉛

第(18)条先明心体性体内容全同,皆本乎天理,故心即理,性亦即理,所以尽心即是尽性。心体性体应如何发用,关键即在"尽"。第(19)条即解释如何能尽。既然心即是理,性即是理,心性的内容自然是仁义之理。所谓"尽心"或"尽性"等于充分体现落实孟子所说的恻隐之心,将仁义的道理发挥到一个自己所能达到的最大极限,此中的工夫即谓之"穷理"。当然每人的力量气魄不同,能体现天理的分两也不同,但这并不影响每人能体现之天理的纯粹性,故无须有比较对待之心。只要无任何私意夹杂,虽分两有别,但成色相同,同为精金㉜,所以第(20)条说皆能"大以成大,小以成小,不假外慕,无不具足"。只要能把纯乎天理的心体性体尽量表现,无论力量大小,只要是完全不被私意夹杂,就是明善诚身。此与德性知识论中的灵巧性有相同的形式特性,盖灵巧性亦是要求把拥有的能力充分地展现出来,但同时承认能力有程度高低之分㉝。

在德性知识论,适切性是指之所以获得准确性是由于具灵巧性,亦即适当地运用能力而非其他因素,例如运气。在阳明事父母以温清定省的例子中,即有以下一条:

> (21)惟于温清时,也只要此心纯乎天理之极;奉养时,也只要此心纯乎天理之极。此则非有学问思辨之功,将不免于毫厘千里之谬,所以虽在圣人,犹加"精一"之训。若只是那些仪节求得是当,便谓至善,即如今扮戏子,扮得许多

---

㉛ 《传习录》上,《王阳明全集》,上册,页35—36。
㉜ 其言曰:"犹分两虽不同,而足色则同。皆可谓之精金。"见同前注,页31。
㉝ "Competence does come in degrees, within a dimension reflecting one's probability of success, in relevant conditions of shape and situation. One has a degree of 'competence' proportionally to how likely one would be to succeed if one tried when so shaped and situated." 参看 Sosa, *Judgment and Agency*, p.157。

温凊奉养的仪节是当,亦可谓之至善矣。㉞

此即规定了,温凊奉养得仪节是当,必须只能是由于纯乎天理之心的发用,而非任何其他缘故。例如若只是伪善而非出于真挚的孝心,即使表现了得当的温凊奉养的仪节,亦只是谬之千里,如何能谓是知孝?如此即相当于德性知识论中的适切性,要求之所以获得准确性,是由于运用了相关能力而绝非任何其他原因,才算是拥有知识。阳明的知行合一亦如是,只有是心之主宰发用而有相关合乎仪节的行为,才算是知,否则不得谓知。两个理论可谓有异曲同工之妙。到后来阳明致良知教,更将理论高度再推进一步,以良知来规定节目时变之恰当与否。换言之,严格来说,行为是否准确并不由外在的标准而定,而必须由良知良能本身来规定。即是说,由良知良能的发用来保证行为的准确性。由于阳明将能力运用与准确性直接挂钩,故此可知,其知行合一肯定要求必须有德性知识论的适切性。其言曰:

(22) 夫良知之于节目时变,犹规矩尺度之于方圆长短也。节目时变之不可预定,犹方圆长短之不可胜穷也。故规矩诚立,则不可欺以方圆,而天下之方圆不可胜用矣;尺度诚陈,则不可欺以长短,而天下之长短不可胜用矣;良知诚致,则不可欺以节目时变,而天下之节目时变不可胜应矣。毫厘千里之谬,不于吾心良知一念之微而察之,亦将何所用其学乎?是不以规矩而欲天下之方圆,不以尺度而欲尽天下之长短。吾见其乖张谬戾,日劳而无成也已。㉟

良知即是规矩,以之规定节目时变之适当与否。外在的节目时变,不应凌驾于良知之上,而应一一接受良知的审视。否则看似合理,其实差之毫厘,谬之千里。故此,阳明要求严格的适切性无可疑也,凡一切非由良知驱使的行为,皆是乖张谬戾。由此可见,阳明的知行合一

---

㉞ 《传习录》上,《王阳明全集》,上册,页4。
㉟ 《答顾东桥书》,《传习录》中,《王阳明全集》,上册,页56。

除了完全符合德性知识论的准确性、灵巧性与适切性三个构成知识的条件外,更是在儒家的理论框架下对"准确性"概念作进一步的规定,将不是由道德本心驱使的行为,完全排除于准确性的定义以外。德性知识论的准确性,以客观及外在标准决定,例如箭手是否射中目标。此标准就一般所指的知识来说,乃恰当之论。但若就心性论而言,就德性之知而言,则必须如阳明的知行合一般重新定义"准确性",只有富灵巧性及适切性的行为才可谓有准确性。亦即从道德实践的角度来说,只有由良知良能驱使的恰当行为,方是准确无误的道德行为。细想之,当知此实是的当之论,因道德行为必须纯由道德本心驱使,否则不属于道德行为。纯就道德标准来看,不属于道德的行为自然全无准确性可言。夹杂有私意的行为,外在地看,即使合乎规范标准,实仍是缺乏准确性,因为行为者不能准确地把握道德本心故。此所以第(21)条不视"温清奉养的仪节是当"为至善也。由此可知,德性之知必须符合德性知识论的知识结构。实质德性之知的准确性标准,乃兼主观及客观两面。谓其主观,是因为必须本乎内在的道德本心,亦即阳明所谓"心体""良知"或"良能";谓其亦是客观,是因为心体即性体,心即理,性即理,皆本乎客观之天理。阳明的知行合一完全符合德性知识论对构成知识的三个条件亦明矣。

## 三、德性知识论及知行合一的共同之美

德性知识论的最精彩处,在于能很好地解决传统知识论的理论困难,把幸运因素排除于知识之外。传统对知识的定义为"有理据的真信念",这个定义有重大缺憾,即是即使吾人有理据相信某个信念,并且此信念为真,亦不能保证理据与信念之间必有关系。我之所以能有此真信念,可能只是因为我幸运地猜中而已。这就是著名的葛梯尔难题(Gettier Problem)。这个难题困扰哲学家多时,一直无法圆满解决,直到德性知识论的提出,才获得较大突破。德性知识论将知识与能力运用直接挂钩,要求知识必须是由于认识者适切地运用了其能力而获得。如此规定知识,则其他不相干因素,包括运气,都被排除在知识的定义以外。即使是"有理据的真信念",只要真信念并

非由适切运用认识能力而获得,尽管有多么具说服力的理据亦于事无补,皆不构成知识。若用索萨射箭的例子㊱,则更能清楚明白个中妙处。受其启发并引申发挥,以下略举几例帮助说明。一个箭手张弓引箭并且射中目标,可以有很多个不同的可能性。他可能根本不是一位射术了得的箭手而只是一位初学者,所以他射中目标只是纯粹出于运气。他也可能的确是一位射术了得的箭手,不过他这次张弓引箭并且射中目标亦只是无心插柳,他本来不打算射中的,但却错手射中了。另一个可能性,是索萨举的例子:他的确是一位射术了得的箭手,并且他运用了射箭技术,但是那支箭在飞行的前半段遭一阵风吹离了原本的飞行轨迹,在飞行的后半段又遭另一阵风从相反方向吹回原本的飞行轨迹,最后射中目标㊲。还有一个可能性就是,他的确是一位射术了得的箭手,并且他运用了射箭技术,箭的飞行过程中没有受到预期以外的外来干扰,最后射中目标。在以上几个情景中,只有最后一个情景才算是真正把握射箭的知识,因为其他例子中,箭之所以射中目标,都有运气的成份在内而并不是因为箭手适切地运用了其射术。最后一个情景因为无受预期以外的外界干扰,所以能射中目标纯粹是由于箭手适切地运用了其射术,故只有在此例中箭手才算是掌握了射箭的知识。射箭的例子虽然是关于一项运动,但其理论建构却适用于整个知识论,因为其理论核心是以能力的适切运用来规定知识,亦即将行为与知识直接挂钩。细想之,不难发现不论什么知识,知识的获得都总要求认识主体有效地运用其认识能力,否则便无知识可言。所谓"有效"其实亦即是德性知识论中的"适切性",若不适切即等于无效。适切性的理论优点,在于能很好地把与知识无关的外在因素排除,使因幸运而获得准确性不再视为拥有知识。此的确是对解决葛梯尔难题的一大突破。能力的适切运用明显已属于"行"的范畴,就如箭手适切地运用射术一样。只有把箭射出去才有可能射中目标,所以知识是由行为来界定。

阳明的知行合一虽然主要是讨论圣人之学,也没有谈及知识和

---

㊱ 参看 Sosa, *Judgment and Agency*, pp.13–14。
㊲ 同前注。索萨于 2017 年 3 月 13 日在香港中文大学唐君毅访问学人的公开讲座中亦有提及此例。

运气的关系,但其理论结构却与德性知识论有许多异曲同工之妙,以上第二部分已略有论及。现在再就其排除与知识不相干的因素一项加以论述,以展示其与德性知识论的共同之美。阳明的知行合一有"真知"概念,与"粗知"区别开来。

(23)先生曰:"哑子喫苦瓜,与你说不得。你要知此苦,还须你自喫。"时曰仁在傍,曰:"如此才是真知即是行矣。"一时在座诸友皆有省。㊳

(24)若谓粗知温清定省之仪节,而遂谓之能致其知,则凡知君之当仁者皆可谓之能致其仁之知,知臣之当忠者皆可谓之能致其忠之知,则天下孰非致知者邪?以是而言,可以知"致知"之必在于行,而不行之不可以为"致知"也明矣。知行合一之体,不益较然矣乎?㊴

(25)道心者,良知之谓也。君子之学,何尝离去事为而废论说?但其从事于事为论说者,要皆知行合一之功,正所以致其本心之良知;而非若世之徒事口耳谈说以为知者,分知行为两事,而果有节目先后之可言也。㊵

首先,第(23)条言真知必须是自知,由行而有知,除此之外别无他途。就像哑子吃苦瓜,必须亲自吃过方是真知苦瓜之苦。换言之,无论在认知上或概念上如何清楚明白苦瓜是苦的,若未曾亲自尝过,非自知自觉者亦不可谓之真知。此与伊川谈闻虎色变的例子所言"常知"与"真知"之分的精神全同㊶。阳明更有进者,于第(24)条以致良知工

---

㊳ 《传习录》上,《王阳明全集》,上册,页42。
㊴ 《答顾东桥书》,《传习录》中,《王阳明全集》,上册,页56。此条所谓"致知"即"致良知",因其是紧随上文所引第(22)条言良知即规矩,致良知则不可以欺以节目时变之后而言。
㊵ 同前注,页58。
㊶ 其言曰:"真知与常知异。常一田夫,曾被虎伤,有人说虎伤人,众莫不惊,独田夫色动异于众。若虎能伤人,虽三尺童子莫不知之,然未尝真知。真知须如田夫乃是。故人知不善而犹为不善,是亦未尝真知。若真知,决不为矣。"见《河南程氏遗书》,卷第二上,收入程颢、程颐著,王孝鱼点校:《二程集》(北京:中华书局,1981),第一册,页16。

夫来规定真知,而未经致良知工夫者,即使有知,亦只是粗知。如何能致良知,阳明有一提纲挈领的说明:

> (26)若鄙人所谓致知格物者,致吾心之良知于事事物物也。吾心之良知,即所谓天理也。致吾心良知之天理于事事物物,则事事物物皆得其理矣。致吾心之良知者,致知也。事事物物皆得其理者,格物也。是合心与理而为一者也。㊷

吾心即天理,致良知乃求诸吾心一念之良知,泛应曲当地处理万事万物,让事事物物皆得其理,物各付物。此乃阳明所谓"格物"。如何"求诸吾心"又"让事事物物皆得其理",牟宗三有一精辟的解读。牟说阳明致良知的"致"有两义。其一是孟子的扩充义,即直接地"向前推致",乃不让良知之天理或良知所觉之是非善恶为私欲所间隔,而充分地将之呈现于行事之中,成就道德行为。其二,"致"亦有"复"的意思,即复其本有,并且是在向前推致的过程中复返其本有的道德本心㊸。经此分析,粗知与真知之别即昭然若揭。粗知无经过致知工夫,一来非是呈现于行事之中,二来未经复返道德本心的过程。第(25)条所讲的"口耳谈说以为知",即是一典型粗知的例子。在道德范畴中,致良知中"致"之两义可谓真知的充分及必要条件。凡是未呈现于行事之中,或未经复返道德本心者皆是粗知。所以第(24)条提到"知温凊定省之仪节""知君之当仁"及"知臣之当忠",皆只是粗知。只要复返吾人之道德本心,并且没有被私欲间隔而充分呈现于行事之中者,即是真知。经此析论,第(5)条所说"真知即所以为行,不行不足谓之知"之义自然朗现。真知是所以能行的根据,不行不能谓之有真知。实质真知与行乃一体两面,在道德领域中可视之为同一件事中互相界定的两个概念,从知识论的角度看,则是上文提到的以行为界定知识。无论如何,真知必符合知行合一或知行本一的结构。阳明"真知"概念将"粗知"概念区别开来,其理论优点有如德性

---

㊷ 《答顾东桥书》,《传习录》中,《王阳明全集》,上册,页51。
㊸ 牟宗三:《从陆象山到刘蕺山》,页229。

知识论将与知识不相干的因素,如运气等,排除于知识定义以外。两者的论证策略与思路可谓相当一致,皆是将能力的适当运用与知识挂钩,而摒弃以外在的、脱离主体的标准来定义知识。无论是德性知识论的"适切性"概念,还是致良知教的"致吾心良知之天理于事事物物",其精神皆是以主体能力之适当运用来界定知识,将一切不符合此条件的情景排除于知识或真知以外。除此之外,由于致良知乃致吾心之良知,从而有真知,则自知自觉必是真知的形式特性。事实上除德性之知,如知孝知悌的真知,必须有此形式特性外,其他如阳明在第(3)及第(23)条所举的知痛、知寒、知饥、知苦瓜之苦等其他知识的真知,亦须符合此形式特性。故此,本文可就此综合论之而不必只限于德性之知。凡自知自觉者必对自己所知具备自信,此即涉及对知识的信心问题。在德性知识论,此即索萨后来进一步发挥其理论而提出的"后设适切性"及"圆满适切性"概念。以下即转入讨论此二概念,以衡定何谓"圆满之知"。

## 四、圆满之知与知行合一

### (一) 后设适切性

德性知识论提出"后设适切性"(meta-aptness)的概念,是要处理风险评估的问题。索萨再举射箭的例子说明,即使箭手的确拥有非凡的射术,但在射箭前他其实还要做一系列的风险评估工作,例如衡量一下他自己当时的精神状态如何(如有没有受酒精影响以致增加射失的机会),及当时风速风向如何(如估计一下会不会可能有突如其来的阵风,导致箭的飞行轨迹被改变)等。如果这位箭手有运用自己对射箭相关的风险评估能力作出适当的风险评估,他就算拥有后设适切性[44]。当然,在作风险评估后,箭手可以选择瞄准那一个目标射击(如果有一个以上目标的话),也可以选择进行或不进行射击。一切决定皆取决于风险评估的结果而有。如果经适当的风险评估后认为风险太高,箭手最后决定因此不射击的话,他自然不会有任何适

---

[44] 参看 Sosa, *Knowing Full Well*, pp.7–9。

切性（aptness），因为他根本没有将箭射出，没有射中过目标，更不可能因适切地运用了射术而射中目标。尽管如此，这位箭手仍然进行了出色的风险评估工作，所以即使他没有射过箭，他仍有后设适切性。由此可知，适切性与后设适切性是两个独立的概念。箭手可以拥有后设适切性而没有适切性，如上述例子。他也可以拥有适切性但没有后设适切性。例如他在明知自己喝醉了的情况下，或在明知阵风非常不稳定的情况下，仍决定放手一搏进行射击，结果亦十分幸运地射中目标。此并非是箭手根本没有射术而幸运射中目标的那种幸运，他能射中目标的其中一个重要原因，仍然是他的确运用了自己了得的射术㊺。但这并非是他能射中目标的全部原因。他决定放手一搏，结果在这次射击的过程中，幸运地并无受其喝醉的影响，或幸运地在箭飞行的短暂过程中并无受阵风影响（虽然在当时的大环境中，阵风的确非常不稳定）。在这个情况，运气是另一个他能射中目标的重要原因。他并没有适切地运用自己的风险评估能力作出评估，而轻率地决定放手一搏，结果仍幸运地凭自己了得的射术射中目标。可见在此情况，箭手有适切性但并无后设适切性。所以适切性和后设适切性是两个独立的概念㊻。此射箭例子只是帮助说明"后设适切性"概念，此概念当然不只适用于射箭，而是适用于整个知识论。例如认识者是否拥有良好的风险评估能力，及在适切地运用此能力

---

㊺ 两种幸运的区别，在于有否涉及行动者能力的适切运用。亦可谓德性知识论的AAA 结构（Accuracy, Adroitness, Aptness 结构）要排除的，是根本没有适切地运用过能力而获得准确性的情景（如葛梯尔难题中的情景）中的幸运，而不是连获得知识所必须的基本外在条件配合所需的幸运也排除掉。须知任何知识的获得皆须基本外在条件的配合，此中即无可避免涉及幸运成份。例如身处一房间的我，之所以能适切地运用自己的视觉能力看到眼前有一个苹果，因而获得"在我眼前有一个苹果"这项知识，亦需要很多基本外在条件的配合才可能，例如：在此环境中必须有足够光线，视线并无受阻及我必须有足够视力等。这些基本条件之所以存在，当中必已涉及幸运因素。举例说，如果不幸我身处的房间停电以致电灯不能开启，令光线不足的话，我即无法获得此项知识。德性知识论要排除的幸运，并非这种基本外在条件配合所需的幸运。但须注意：不是所有外在条件都是基本的，例如之前的例子所说，箭在短暂飞行过程中，前半段遭一阵风吹离原本的飞行轨迹，然后在后半段遭另一阵风从相反方向吹回原本的飞行轨迹。这是非常特殊的情况，不属于基本外在条件，所以是德性知识论要排除的、与知识无关的幸运因素之一。相反，如果在大体无风的情况下射箭，则箭在飞行过程中不受突如其来的阵风影响就属于基本的外在条件，此基本条件之存在亦需要运气，但就不是德性知识论要排除的运气。

㊻ 参考 Sosa, *Knowing Full Well*, pp.7-9。

作风险评估后,再适切地运用其认识能力去相信一个真信念,或选择干脆不相信某些陈述,都决定了认识者是否拥有后设适切性。所以"后设适切性"概念适用于整个知识论。

(二) 圆满之知

"后设适切性"概念的提出,目的在于进一步将幸运因素排除于知识定义之外。风险评估能力也是获得知识的重要因素之一。只有在适切地运用了认识者的风险评估能力后,再决定运用其认识能力而适切地获得准确性,才算是知得圆满(knowing full well)。德性知识论称此为"圆满适切性"(full aptness)。换句话说,圆满的知识是由圆满适切性而有,而所谓圆满适切性就是:之所以能适切,是因为后设地适切㊼。索萨举了篮球的例子尝试说明何谓圆满适切性。假如有一位篮球运动员,虽然她有一定的投篮技术,但她在一次起手投篮前,并不知道自己的确拥有技术因而当刻很有机会将球投进。反而场外那位对她非常熟悉的教练却很清楚这个事实。虽然如此,她最后还是决定起手投篮并且将球投进篮筐。在此情景,球手的确适当地运用了自己技术将球投进,所以她拥有准确性、灵巧性及适切性。但由于她事前并不知道自己有很大机会将球投进,所以她完全无法衡量射失的机会率。换言之,她之所以决定起手投篮,并非由于她在做了适当的风险评估后,对投进篮筐充满信心,所以决定起手。她之所以能把球投进,虽然亦是由于她适切地运用了自己的投篮技术,但毕竟当中仍有幸运因素尚未排除。此幸运因素即是:她只是幸运地在未经适当的风险评估后,决定起手投篮并且将球投进。她根本不清楚自己的技术水平如何。这一次很可能是由于距离适中,所以她的技术足以使她把球投进。如果情景稍为改变,例如射球距离增加,由于她不清楚自己的技术水平,无法进行适当的风险评估,她的技术就很可能未足以将球投进。如果这情况下她仍是鲁莽地决定起手投篮,她就很可能射失。她所缺乏的正是风险评估的能力,以致其无法进行适当的风险评估工作,最后令她这次投篮虽然仍有适切性,但却

---

㊼ "… fully apt; that is, apt because meta-apt…. In such a case the belief is fully apt, and the subject knows full well." Sosa, *Knowing Full Well*, pp.9–13。

没有后设适切性及圆满适切性[48]。索萨把这两个层次的能力区分开来。在知识论的角度说,第一序的能力纯粹是认识能力;第二序的能力是风险评估的能力,也即是评估其认识能力可靠性的能力,故为较高层次的能力。只有同时适切地运用其第一序及第二序能力而获得的知识,才是圆满的知识[49]。从索萨这个篮球的例子,除了能明白"后设适切性"和"圆满适切性"两个概念的含义外,亦能明白此两概念的发明目的,是进一步将幸运的因素排除。若要拥有圆满的知识,则不能在没有经适当风险评估的情况下,靠运气令认识者成功地运用认识能力获得准确性。当中的关键,在于认识者对自己认识能力了解之深浅。以下我们再举一个例子,帮助进一步说明后设适切性和圆满适切性的特性。

假设一位奥运乒乓选手在决赛的冠军决胜分(championship point)中,遇到一个有一定风险的机会球,他运用自己适切的风险评估能力进行风险评估,评估的结果认为,如果他选择主动进攻,有百分之五十机会失误而输掉这一分,但有百分之五十机会能打出精彩一球而赢得此关键分。同样的风险在不同处境,选手会有截然不同的决定。假如选手领先对手很多,如果赢下这一分就能夺冠,则他很可能会冒险进攻。但如果选手当时落后,而输掉这一分就会把冠军拱手让给对手的话,他极可能不会冒险进攻,而选择较安全的打法,尝试先把比分追平。这个例子旨在说明两点:一是风险评估不一定是为了完全消除风险;二是即使冒险而行,也不一定代表没有后设适切性及圆满适切性,只要吾人根据当时处境作出适当的选择,仍然可有这两种适切性。就如以上奥运乒乓选手的例子,假定他最后决定冒险进攻,结果真的凭其了得的球技打出精彩一分而赢得冠军。若单独只看这一分的话,他的确承受颇大风险,风险并没有因为他的评估而降低,除非他最后选择不冒险进攻。但他仍然具有适切性或圆满适切性,是真正懂得打乒乓球的顶尖高手,对这项运动的理解与认

---

[48] 参看 Sosa, *Judgment and Agency*, pp.71–72。
[49] "For a shot to be fully apt it must succeed aptly, and, in addition, it must aptly succeed aptly. It must be aptly apt, with its aptness manifesting second-order competence." (Sosa, *Judgment and Agency*, p.72.)

识高出一般人许多。

　　经过以上讨论,不难发现,"后设适切性"和"圆满适切性"两个概念其实涉及认识者对知识的自信问题,也就是之前提到的认识者对自己认识能力了解深浅之关键。此自信并非盲目的自信,而是对认识者自己的认识能力有理有据的自信。所谓盲目的自信是指认识者没有足够的风险评估能力,例如若果上述例子中的箭手不能对当时的外在环境,如风向、风力及自己的精神状态等,作准确的评估,但依然深信自己一定能射中目标;又或者是上述篮球的例子中,投篮者根本不清楚自己的技术水平,但仍深信自己能把球投进,则这样的自信只是盲目的自信,是没有理据支持的,因为没有经过适当的风险评估,没有后设适切性。亦可以说,在如此设定的两个例子中的箭手或篮球手,其实并不清楚知道在当时环境下自己的能力水平,而真正的自信必须源于非常清楚自己的能力水平,索萨称之为"有根据的第二序自信"[50]。有此自信并且适切地运用能力达致准确性就是拥有圆满的知识。这与后设适切性及圆满适切性其实是相通的,根本就是说相同的东西。上述例子中的奥运乒乓选手就拥有这种自信,有圆满之知。以下转入分析阳明的知识论是否也能证成这种真正的自信及圆满之知。

　　　　(27)君子学以为己,未尝虞人之欺己也,恒不自欺其良
　　　知而已;未尝虞人之不信己也,恒自信其良知而已;未尝求
　　　先觉人之诈与不信也,恒务自觉其良知而已。是故不欺则
　　　良知无所伪而诚,诚则明矣;自信则良知无所惑而明,明则

---

[50] 索萨的原文是"well-founded confidence on the second order"。他用了一个视力检查表的例子帮助说明。当一个人接受视力检查的时候,他能很有信心地讲出视力检查表上方字体较大的字母,但当不断往下,字体逐渐变小时,他就慢慢不肯定到底是什么字母,越往下则信心越动摇。虽然如此,他却不是完全看不见,也的确能凭视力,隐约地看见字母的大体外型,从而成功猜中字母。在此情景,虽不能谓他没有相关知识,因为他仍是凭适当运用视力来获得准确性而不是全靠运气,但当他越来越不肯定自己能否说得出字母的时候,他其实并不能准确地知道,自己的视力到底是否足以让他准确地说出字母。索萨称这个清楚知道自己能力水平的能力为"第二序的能力"(second-order competence),亦谓之曰"反省式能力"(reflective competence)。(Sosa, *Judgment and Agency*, pp.68, 74–76.)

诚矣。明诚相生,是故良知常觉常照。(51)

(28)“远虑”不是茫茫荡荡去思虑,只是要存这天理。天理在人心,亘古亘今,无有终始;天理即是良知,千思万虑,只是要致良知。良知愈思愈精明,若不精思,漫然随事应去,良知便粗了。若只着在事上茫茫荡荡去思教做“远虑”,便不免有毁誉、得丧、人欲搀入其中,就是“将迎”了。(52)

第(27)条可从两方面来理解。首先是良知的形式特性为不自欺、自信及自觉。“毋自欺”即无所伪,意诚而无伪。“自信”即无所惑,无惑即无疑,对吾人良知之存在与力量深信不疑。“自觉”即自知,良知自知自觉,不假外求(53)。因良知自知自觉,故必能自信私意不足以蔽之或隔断之,所以良知必是诚而无伪,亦是如第(7)条所说的精精明明。其次从工夫角度看,人在俗情世间,原本精精明明的良知难免有时为私意所蔽,故阳明特别对之以“致良知”工夫,以恢复良知的本来面目。故不自欺、务自觉其良知及自信于良知亦皆是工夫义。如何致良知上文已略述其要,但此毕竟是阳明致良知教的重点所在,义理深远,因篇幅所限,难以于本文彻底梳理,须另文处理。但阳明于致良知教下仍坚持知行合一的原则,并谓是其立言宗旨:

(29)问“知行合一”。先生曰:“此须识我立言宗旨。今人学问,只因知行分作两件,故有一念发动,虽是不善,然却未曾行,便不去禁止。我今说个‘知行合一’,正要人晓得一念发动处,便即是行了。发动处有不善,就将这不善的念克倒了。须要彻根彻底,不使那一念不善潜伏在胸中。此是我立言宗旨。”(54)

---

(51) 《答欧阳崇一》,《传习录》中,《王阳明全集》,上册,页84。

(52) 《传习录》下,《王阳明全集》,上册,页124—125。

(53) 其言曰:“良知自知,原是容易的。只是不能致那良知,便是‘知之匪艰,行之惟艰’。”见《传习录》下;《王阳明全集》,上册,页137。

(54) 《传习录》下,《王阳明全集》,上册,页109—110。

此第(29)条乃致良知教下的知行合一,含深刻的工夫义。“一念发动”已是行,若自知意念发动有任何不善,马上将之克服而复归正途,此亦正是道德行为的开始,故仍是知行合一。但此中的“合”即含工夫义,已有进于等同“知行本一”那个意义的“知行合一”中,那个工夫义不显的“合”(55)。无论如何,如第(28)条说,致良知工夫使良知愈思愈精明,越来越接近其纯乎天理的本来面目。综合以上分析,可知良知必是自知自觉自信而不自欺;一旦能致其良知,必能无私不克,知行合一。此说明阳明致良知教下的知行合一,完全符合德性知识论的“后设适切性”和“圆满适切性”两个概念,盖其能使吾人非常清楚自己的能力水平而有自信故。并且此自信乃必然之自信,意即致良知后,必能确定无任何私意可将良知隔断,尽除所有风险,最后必有合乎天理的道德实践,此乃知行合一的究竟义。此阳明致良知教能将所有风险尽除,又有进于德性知识论之风险评估未能尽除一切风险,乃因阳明特重德性工夫,而德性知识论则只言知识论而未言工夫之故也。无论如何,阳明“知行合一”理论,由“知行本一”发展至致良知教下的“知行合一”,能展现德性知识论所指的“圆满知识”亦无疑。谓知行合一乃圆满之知,未为过也。

## 五、结　语

阳明的知行合一,主旨当然在圣人之学,但若善解之亦不必限于圣人之学。本文分析及比对了索萨的德性知识论及阳明知行合一的知识论,尝试展示出两个知识论的共享结构与共同之美,论证阳明的知行合一亦是圆满之知。比较中西两位相距数百年的哲人对知识结构的反省,其意义不只在于纯知识论的探讨,而可能更在于指出知识与道德非但不一定是截然二分而毫无关系,二者更可能有千丝万缕之关联。若不善解知识的本质,可能亦无法善解道德,关键在于应如何恰当地理解何谓知识。“以知识的进路讲道德”是否真为不合法而一无所得,或须重新审慎衡量。事实上,康德在《实践理性批判》中亦

(55) 郑宗义:《再论王阳明的知行合一》,页6,15。

说,虽然理性分为“实践理性”和“知解理性”两种,但两种理性却都建基在同一个“认识能力”的基础上(56)。明显地,康德绝不认为上述作为两种理性之共同基础的“认识能力”乃纯粹认知的能力,否则他何须区别两种理性。无论如何,非纯粹认知的“认识能力”是道德实践的必要基础,似乎乃古今中外哲人共许之义。职是之故,在重新厘定“知识”的恰当定义之前,似不可马上断言“以知识的进路讲道德”为非法。事实上,牟宗三亦非不知康德此义,他在翻译康德《实践理性批判》时云:“实践理性与思辨理性,当它们两者皆是纯粹理性时,它们即基于同一机能。”(57)后来加案语时又说:“依康德,这两种理性皆基于同一知识机能,因皆是纯粹理性故。”(58)此足证牟清楚知道康德此立场,并认为康德实是要“由实践理性底原则作一最高的原则,由之而引申出其他一切”,包括知解理性。此即是说此一最高原则绝不能是知解概念或感触直觉之事;但按牟自己对中国哲学的理解,则认为此未尝不可以是由智的直觉而有的道德实践之事(59)。此中涉及许多更复杂的问题,包括康德的道德哲学与牟对康德的理解,特别是人是否有康德所谓“智的直觉”等,非本文可以处理而需另文专论。但由以上分析已足可知,道德实践亦须以认识能力为基础,乃阳明之洞见,

(56) “Now, practical reason has as its basis one and the same cognitive power as does speculative reason insofar as both are pure reason.” (Immanuel Kant, *Critique of Practical Reason*, trans. by Werner S. Pluhar [Indianapolis: Hackett Publishing Company, Inc., 2002], p.114.)康德德文原文为“Nun hat praktische Vernunft mit der spekulativen so fern einerlei Erkenntnisvermögen zum Grunde, als beide reine Vernunft sind.” 其中的 Erkenntnisvermögen 就是“认识能力”。英文译本将之翻成“cognitive power”。但不能将之理解为狭义的知解机能,盖狭义的知解机能乃康德《纯粹理性批判》所分析,当属知解理性范畴,与《实践理性批判》所分析的实践理性严格区分。今康德说两种理性皆建基于同一种认识能力之上,可知 Erkenntnisvermögen 所指的认识能力绝非指狭义的知解机能,不能一见英文翻译成 cognitive power,便望文生义以为是指纯粹认知的知解机能。这个德文字可略作以下分析:名词 Erkenntnis 是从动词 erkennen 而来,erkennen 是“认识”的意思,但绝不限于纯粹认知,更有“认得”“察觉”“分辨”“弄清”“知道”“掌握”“理解”等更广泛的含意。所以 Erkenntnis 泛指知识,却不是专指概念知识;而名词 Vermögen 就是指“能力”。两个字根合起来,便是“认识能力”的意思,可以理解成是一个人对各种事物(包括对自己)的理解及掌握能力。康德此话之德文原文参见 Immanuel Kant, *Kritik der praktischen Vernunft* (Hamburg: Felix Meiner Verlag, 2003), p.121。

(57) 牟宗三:《康德的道德哲学》(台北:学生书局,2011),页 286。

(58) 同前注,页 290。

(59) 同前注,页 290—291。

亦为康德所许,及为牟宗三所知,关键在于不能以纯粹认知来理解此作为道德实践基础的认识能力。而牟因认定朱子格物穷理为泛认知主义而反对"以知识的进路讲道德"[60],吾人应对牟此一哲学立场予以最强义之解读,即他只是反对以认知的进路讲道德。如果此中"知识"的定义能稍为松动,不再专指概念知识或纯粹认知,而以阳明或索萨的角度来理解,则牟宗三也未必反对"以知识的进路讲道德"。当然,朱子是否真是以纯粹认知来规定格物穷理,又是另一个大问题,值得再深思。

---

[60] 牟宗三:《心体与性体》(台北:学生书局,1969),第三册,页391。

# "风"与"麻风"：
# 试论《庄子》会如何思考生活本身的不确定性

李志桓*

**内容提要**：本文借助学界对"麻风"这个疾病现象的研究成果，反过来参照诠释《庄子》哲学在当代的可能阅读方式。在医疗史的文化研究中，"疾病"被视为表征变动与不确定性的隐喻。遭遇疾病意味着：个体必须从失序的处境中，重新将"事物"与"自我"对象化，借以形成稳定的管理图像，但这个图像也往往被实体化，成为不容置疑的生命管理方式。桑塔格（Susan Sontag）遂指出，生活在变动性里，我们必须理解言说接合事物的隐喻本质，方能既使用语言，又开脱于语言之外。在《庄子》中，以"风"吹拂事物的扰动形象，来说明生活本身充满着不确定性的事实。与此相关的概念像是"天刑""天之戮民""生物之以息相吹"等等，这些概念将万物看作是：身在鼓风炉中，饱受锻造的产物。此外，《庄子》也透过"八德"与"玄德"这组概念，来说明一方面我们必须寓居在词语所表征的对象性当中，另一方面又要保有能够与周遭气氛感通的敏锐知觉。最后，文章区分两种身体经验的形成（历史的与感知的），并认为《庄子》对两者有一综合性的掌握，因此它也有能力介入当代语境进行发言。继而，文章设想如果庄周生活在当代，他会如何思考麻风、疾病、公民运动等议题。

**关键词**：新主体范式，气，身体感，气氛，共通感觉

> 起风的时候，唯有努力试着生存。（The wind rises ... We must try to live!）——梵乐希（Paul Valéry），《海滨墓园》。
> "风"之积也不厚，则其负大翼也无力。故九万里则"风"斯在下矣，而后乃今"培风"。——庄周，《逍遥游》。

## 一、道家与疾病、麻风、乐生如何发生关系？

本文企图借由乐生疗养院事件所蕴含的"疾病"思考，转相注释

---

\* 台湾中山大学中文系博士后研究。（电邮：riverjustlikeriver@gmail.com）

以证成《庄子》在当代社会可以被阅读出来的哲学面貌。首先必须交代的问题是：《庄子》与疾病要如何连结起来思考？道家和乐生两者要怎么发生关系？

"乐生疗养院保留运动"是发生在2002年至2009年期间，台湾新庄回龙地区一处自日治时期便已存在的麻风病疗养院，面对捷运厂房的选址征收所展开的公民诉求运动。大抵而言，早期麻风病（leprosy，又称为"癞病"）因为缺乏有效药物，又被误认为是具高传染力的疾病，所以对麻风病人采取终身隔离的强力管制措施。而后随着医学的进步与政策的松绑，患者在病愈之后，仍因自身背负着染病的罪疚感，且社会大众对癞病的恐惧想象早已根深蒂固，多数难以重返现代社会，必须依居于疗养院终老一生。在这样的情实下，捷运的选址与动工，牵动起多方力量的汇聚与抗拒（如对经济开发的进步想象、对疾病的害怕恐惧……），使之浮诸台面①。时至今日，整个运动过程因为汇流了来自不同社群团体（法律、建筑、公卫医疗、文史工作、音乐创作、媒体改革、影像纪录片、当代艺术等）的发言与行动，甚至使运动本身成为被观察与发明试验的对象，期冀从中探索社会走向下一阶段民主参与的宝贵经验②。

而道家，一个属于中国古典的学问，它如何与乐生发生联系？一般而言，我们对道家的政治印象，大抵不脱《秋水》篇所描述的鹓鶵与田龟形象，因为洞彻政治场域的纠结与复杂，会招来对自身性灵的伤斫，所以多数时候，道家人物视政治如腐鼠，宁可悠游于田园山水之间，也不愿让那些麻烦的事情来伤害自己的性情，甚至一个不小心，就沦为庙堂里的枯骨、祭祀用的牺牲，表面上神气，暗地里却有苦难言③。再加上一

---

① 关于乐生保留运动的始末以及它所摊展结集的各种运动论述，可以参见丘毓斌：《另一种转型正义：乐生疗养院保存运动》，《思想》6期（2007年9月），页1—18；吴介祯：《被消灭的历史：写在乐生事件两周年》，《建筑师》35卷8期（2009年8月），页118—120；潘佩君、范燕秋：《"乐生疗养院保留运动"的影像纪要》，《台湾社会研究季刊》59期（2005年9月），页295—314。

② 将乐生保留运动视为民众学习社会参与的实验与经验累积，参见丘毓斌：《另一种转型正义：乐生疗养院保存运动》，页9—16。

③ 《秋水》记载两则故事，分别描述楚王派遣使者邀请庄子出仕，以及惠施发起全国性的搜索要抢在国君之前找到庄子。前者庄子以悠游于泥泞的田龟自喻"往矣！吾将曳尾于涂中"，后者庄子则嘲笑惠施的举动有如得了腐鼠的鹓鸟，竟害怕那"非练实（转下页注）

## "风"与"麻风":试论《庄子》会如何思考生活本身的不确定性

些朗朗上口的话头"大隐隐于市","结庐在人境,而无车马喧,问君何能尔,心远地自偏",我们大致会认为一个具有道家性情的人物,即便不需要离群索居,但作为一个居住在现代都市里的公民,为了适性之故,他即使不冷漠也很难具备参与社会议题的批判能力。

然而,上述的宽泛印象,即使是站在文献精神上,也未必能成立。诚如学者所言,如果庄周只是一个方外的逍遥人物,身处在环境日趋恶劣的战国时代,专心避祸远害都快来不及了,庄周为什么还要进行大量的写作发言④?检阅《庄子》,我们发现这些发言经常能够细致描写人情的幽微曲折,比如《人间世》记载颜渊欲前往卫国救苦,临行前面告孔子(这里的孔子当然是庄周的代言人),孔子却以"德荡乎名,知出乎争"相责,原来很多时候我们对正义公理(德、知)的急切反应,很可能出于自我肯认的焦虑。而即使能够确定自己有着"德厚信矼"的初心、"名闻不争"的修养,孔子进一步警告颜渊,真切的发言在不适当的听者耳中往往只是"以别人的不堪来饲育自己的美德"(以人恶育其美也)⑤。在这种情况下,他人往往恼羞成怒、忿言相辩,颜渊也就只能被迫词语相斗⑥,然

---

(接上页注)不食,非醴泉不饮"的鹓鶵会去抢食。另《史记·老庄申韩列传》记庄子面对楚王使者答以"子亟去,无污我。我宁游戏污渎之中自快,无为有国者所羁,终身不仕,以快吾志焉";《列御寇》则把进入庙堂比作一去不返的牺牲之牛,把送往迎来的政治掮客比作舐痔者。类似这样的描述,都加深我们对道家远离政治的印象。参见郭庆藩:《庄子集释》(台北:河洛,1974),页603—606、1049—1050、1062—1063。

④ 参见赖锡三:《庄子的生存美学与政治批判》,《道家型知识分子论:〈庄子〉的权力批判与文化更新》(台北:台大出版中心,2013),页17—18。

⑤ 《山木》篇正借此阐释孔子被围于陈蔡的原因:"饰知以惊愚,修身以明污,昭昭乎若揭日月而行,故不免也。"表达见解(饰知)、彰显德行(修身)即或有破邪显正的作用,但在另一些时候,言者所自任的日月形象常常使听者感到不适,成玄英案语"修莹身心,显'他'污染"。这种窘迫处境的招致,已无关乎实践者本身的用志纯粹与否,庄子对这类人情现场深有观察,于是他对伦理行为的想法相形细腻。见《庄子集释》,页679—684。

⑥ 对于身处在言语风波中的情态与失态,《人间世》有着生动的描绘:"夫言者,风波也;行者,实丧也。风波易以动,实丧易以危。故忿设无由,巧言偏辞。兽死不择音,气息茀然,于是并生心厉。克核太至,则必有不肖之心应之,而不知其然也。"在语言被勘破、困窘、恼羞之际,有时人会像是被逼入绝境的野兽,拿起语言就攀附丢掷,以回护自己的面子("兽死不择音""并生心厉")。那么,就算言者所言果真是千金不换的道理,这咄咄逼人的姿态("克核太至"),也只显出这位理想主义者的单纯和愚昧,其招来虎视眈眈的关注与反扑,常常还自以为无辜。参见《庄子集释》,页160。若以何乏笔的批判来说,此即伦理修身趋向内心化所招致的麻烦,当修养的焦点被集中在心识上头,外在的处境随之被忽略,便会减杀我们对于行动和实践问题的想象。何乏笔指出境与识、人与空间、自我与周遭他人应把握为共构的动态斡旋关系。参见杨儒宾、何乏笔编:《身体与社会》(台北:唐山,2004),页141—145。

而一旦有了缝隙失言,只得前后营救,那么言语争论到了最后,往往焦点尽失,只是"以火救火,以水救水,名之曰益多,顺始无穷"。面对孔子的质问,颜渊提出"内直外曲"的应对之法,让内心的信念保持正直,外在的作为却尽可能不去违逆、挑战他人的好恶成见,且在表达意见之际,巧妙引经据典,整合他人见解,将其比配为典范国家施行已久的理想愿景("其言虽教,谪之实也,古之有也,非吾有也")。只是这样一来,因为要常常配合他人的不同意见,再从中偷渡自己的想法,不免多劳少功、事倍功半("大多政法而不谍"),顶多只是让自己免罪,至于原先想要改变现状的理想,却也被迫大打折扣。类似这样层层推进的描述与分析,若非一个兴味盎然、曾贴身观察,甚至亲身经验的书写者,岂能为之?一个一心一意把生存焦点放在方外的人,为什么还要花心思,在层层布置之后,于故事末尾托出"入游其樊而无感其名","绝迹易,无行地难"⑦的方内道理?

《山木》篇还记载着一则颇富理趣的呼应故事。面对弟子困惑于"材"与"不材"之间的提问:材者因为符合社会标准,将一再被塞入到分等别类的用途之中,当其耗损为不甚好用的容器,一样得遭受边缘化的对待;可是,一开始就作为不材者也未必能够安享天年,天生喑哑的雁正因其残缺,被当作优先宰杀来宴客的牺牲。对此,庄子答道:他所谓"材"与"不材"不是一个静态不动、仅企求借此免祸的现成位置,与此相反,游走于各种价值脉络,斡旋在不同处境之间,深入搅和借以获取自由,这才是他所构想的应世之道,故也无从形诸任何一种定态的行动建议("无誉无訾,一龙一蛇,与时俱化,而无肯专为;一上一下,以和为量")⑧。而既要深入搅和也就必须进入肢解牛体的具体过程,其中流畅感的出现也即是批判性所在:不让牛体中的复杂经络伤害于我,却又能完成解牛任务,庄子极其形象化地描述在任务

---

⑦ 钱穆引马其昶《庄子故》注解此句:"不行而绝迹,此出世法。行而不践地,则入世而不为世搅者。"意思是说不走在方内的绝迹容易,走在方内又要无碍则是不容易的。参见钱穆:《庄子纂笺》(台北:东大,1993),页31。

⑧ 参见《山木》,《庄子集释》,页667—670。

## "风"与"麻风":试论《庄子》会如何思考生活本身的不确定性

完成之际,"謋然已解,牛不知其死也"⑨。

以上种种文本线索,都指向《庄子》并未简单地把世俗世界视作一个可离弃或是敬而远之的生存场所,而似乎庄周正在思考着另一种迂回却深入的基进性。然而,将《庄子》视为不沾身的方外哲学,这样的印象也并非毫无根据。在文献中,我们也看到了这类表达:

> 天地有官,阴阳有藏,慎守汝身,物将自壮。我守其一,以处其和,故我修身千二百岁矣,吾形未尝衰……余将去女,入无穷之门,以游无极之野。吾与日月参光,吾与天地为常。当我,缗乎!远我,昏乎!人其尽死,而我独存乎!⑩

类似这样的文字,若不拐弯视作隐喻,最直接的理解是将其解读为身体修炼的步骤与精神出游的描述("入无穷之门,以游无极之野。吾与日月参光,吾与天地为常……人其尽死,而我独存乎!")。在《庄子》文本的阅读传统中,的确存在着道教式的解读脉络,一般而言,这种宗教式的阅读大抵会将《庄子》视为"不驻世间"的教义文本⑪。

那么,本文尝试将老庄与乐生事件所蕴含的疾病议题相互对读,其目的正是要借以阐述:除了典型宗教修炼式的阅读外,《庄子》还有没有另一种能够对当代生活进行发言的解读方式。具体接合处,可以从底下步骤进行:(一)我将指出在医疗史和文化研究者眼中,"麻风"所意味的疾病现象,被解读作生活本身之不确定性的隐喻。(二)在古典时代(无论东、西方),这种不确定性是以各种"风"(气)

---

⑨ 参见《养生主》,《庄子集释》,页 117—124。原文据王叔岷、陈鼓应注译,可补上"牛不知其死也"六字。参见王叔岷:《庄子校诠》(北京:中华书局,2007),页 109;陈鼓应:《庄子今注今译》(台北:台湾商务印书馆,2000),页 108。王夫之将牛体的经络解释为现实世界中的名言网络,其案语"非彼有必触之险阻也,其中必有闲矣",整个生活世界必须被看作一个不可回避的文本,名言虽已写就,却仍充满空隙,得以行走其间。见王夫之:《庄子解》,《庄子通·庄子解(合刊)》(台北:里仁,1984),页 32。

⑩ 《在宥》,《庄子集释》,页 381。

⑪ 老庄同时作为哲学性与宗教性的文本,两种解读方式相互交涉,而道教式的阅读(修仙、长生术与炼丹)倾向引导修炼者从时空变化的折磨里彻底抽身。参见伊利亚德(Mircea Eliade)著,晏可佳等译:《宗教思想史》(上海:上海社会科学院,2005),页 476—487。

的吹拂皱合来说明的,比如《黄帝内经》将"风"被视为百病的源头;而"风"与"自我"的交错构成这个命题,也充斥在《齐物论》《逍遥游》《大宗师》等核心篇章当中。(三)桑塔格(Susan Sontag)将人类借以处置不确定性的"语言隐喻"描述为一种无可逃脱的两难,这种叠合处境可以对应于《庄子》对"八德"与"玄德"的思考。(四)文章最后区分两种身体经验(文化规训的身体和知觉感知的身体),并认为《庄子》对两种经验有一辩证性的掌握,借此它便可以介入当代文化批判的论述场域。甚至,对过分激情的公民运动保持冷静的省思。

## 二、"疾病"作为生存之不确定性的隐喻

论述可以从底下这段引言说起:

> 半个小时前,我在湖畔悠然地散步,大雨骤然而至,于是我惊慌地逃回家中。我的房子就是我的避难所,这是我精心建造的温暖小世界,它可以为我遮挡雨,庇护我,使我免受自然的威胁与打击。沿着这个思路一路想下去,我马上产生了疑问:从房子到宗教,其中存在着什么样的文化?这样的文化是不是也是一种逃避?⑫

根据段义孚的敏锐观察:文化可以看作是人类抵御外部力量的回应过程。大自然不受控制的破坏性力量,迫使身在其中的个体,不断发展出更为有效的理解图像,使自身得以持续居住在相对可受控制的稳定空间之中⑬。

---

⑫ 段义孚著,周尚意、张春梅译:《逃避主义》(台北:立绪,2006),章节引言,页3。
⑬ "孩童的故事和成年人的传说、宇宙论的神话、哲学的系统,全都是思想建造的庇护所,使人能从经验和怀疑的围困下获得暂时的休息。同样地,房子、田野和城市等物质景观也包含了混沌,每个住处都是人类占有者所建造来防卫混沌元素的城堡;是人类受创的永久提示。"见段义孚著,潘桂成等译:《恐惧》(台北:立绪,2008),页18—19。段氏的说法相契于和辻哲郎的风土哲学,文明的基础可以追溯至人类遭遇环境阻力的原初情状,风土现象是发明自我的动态过程,同时也是共同体之思维习惯、生活方式、语言表达的存有论基础。见和辻哲郎著,陈力卫译:《风土》(北京:商务印书馆,2005),页4—13。

## "风"与"麻风":试论《庄子》会如何思考生活本身的不确定性

人类面对"疾病"的过程就具有上述的动态特征。在中文语境里,leprosy 常被对译作"大风""厉""癞""天刑病""麻风""汉生病"等不同名称,学者梁其姿指出这一连串的译名反映着:生活在不同时期里,我们与一个"含混病类"的反复交手过程[14]。

严格说来,我们无法确证古典文献中的大风、厉、癞、天刑病与麻风,究竟是不是今天所说的汉生病?在今天,一般习惯将 leprosy 界定为杆菌入侵人体所造成的疾病,但这个观点要迟至病菌学典范建立之后,才广为大众所接受[15]。也就是说,医疗史写作者因为无法回到过往的时空当中,进行细菌病理学的比对,在他的写作意识底下,实是抓取了特定的"病症"作为可辨识的连接记号,借以建构关于 leprosy 的历史。阅读麻风的历史,我们发现这些可辨识的记号,大抵就设定在皮肤溃烂、须眉脱落、不良于行等特征上。然而,无论东西方医学,在 16 世纪以前,都无法将由其他疾病所引起的相似病症(如梅毒同样也会造成皮肤、肢体、颜面的受损),从这个"含混病类"里简别出来。此外,从字源学的考察来说,出现在《利未记》13、14 章的 lepra 也不专指汉生病,而是一种明显可见外观受损,让人不敢靠近的外貌[16]。

大抵而言,在病菌学典范确立之前,leprosy 常与罪咎、试炼等观念挂钩在一起。原始宗教时期,厉病被视为来自鬼神降祸的处罚,患者可能会遭受仪式性的杀害,借以集体赎罪、止息瘟疫[17]。而在古代中国,佛教惯以业报、天刑等观念,来说明患者今生罹病的原因;在道教的脉络里,厉病则带有通过仪式(rites of passage)的意味,修道者必

---

[14] 参见梁其姿:《从癞病史看中国史的特色》,《面对疾病:传统中国社会的医疗观念与组织》(北京:中国人民大学,2012),页 308—310。

[15] 西元 1862 年,法国生物学家巴斯德(Louis Pasteur)发现微生物的存在,此后对于病菌入侵的防范与消灭,才成为疾病治疗的主要观点。而汉生病的确立,始自 1874 年,挪威医学家汉生(Armauer Hansen)在显微镜底下对病原杆菌的发现。相关介绍参见范燕秋:《近代台湾的癞病疗养与疫病隔离空间》,《疾病、医学与殖民现代性》(台北:稻乡,2010),页 187—188;李尚仁:《十九世纪后期英国医学界对中国麻疯病情的调查研究》,《中研院历史语言所集刊》74 卷 3 期(2003 年 9 月),页 468—469。

[16] 相关讨论参见李尚仁:《十九世纪后期英国医学界对中国麻疯病情的调查研究》,页 446—447;梁其姿:《从癞病史看中国史的特色》,页 313—314。

[17] 参见林富士:《试释睡虎地秦简中的"疠"与"定杀"》,《史原》15 期(1986 年 4 月),页 1—38。

须通过疾病考验方能登仙;在世俗道德的场景中,厉病是维系家庭伦理的有力故事(浮浪的公子哥遭遇疾病的处罚,贞女照料病夫,使患者获得奇迹式的复原)[18]。而在病菌学典范建立之后,癞病患者的处境同样离不开"被诠释"的位置。学者指出,终身隔离措施的确立源自近代医学将 leprosy 确诊为传染性疾病,在找到消灭病菌的有效方式之前,现代国家被鼓励以隔离的方式对待患者[19]。乐生疗养院首任院长上川丰的发言,便透露出这样的讯息:

> 明治以降,我国文化有长足的进步,无论是在教育上、军事上、产业上、政治上,确实都有百分之百的进展……在此处竟还有万病中最非文化病的癞病,就好像在我身后有十万多的悲惨癞病患,依靠着我,拉着我的衣袖,不愿意离开。……欧洲有许多实例证明,厉行隔离法,可以达到此目的。因此,把现在在台湾生存的许多悲惨病患,收容隔离的话,不但救济其肉体,也救济其精神,使疗养院成为他们唯一安住的地方,让他们在那里安心快乐地度过一生。[20]

恰是这种乐观且带着善意的想法与做法,致使麻风患者成为与现代社会隔阂的陌生存在,然若查检文献,我们将发现:上川氏的主张在当时被誉为是符合国际潮流的进步与人道做法[21]。也就是说,在今天回头观看一个旧的处置典范,并指摘其中的瑕疵是相对容易的,上川氏的热切发言无疑警醒我们:一个时代的人群大抵就居住在特定的

---

[18] 不同的文化系统对 leprosy 发展出符合系统内部的因应之道,梁其姿将这个现象称为"被诅咒却可救赎的身体"。见梁其姿:《麻风:一种疾病的医疗社会史》(北京:商务印书馆,2013),页80—97。

[19] 范燕秋:《癞病疗养所与患者身分的建构:日治时代台湾的癞病社会史》,《台湾史研究》15卷4期(2008年12月),页91—94。

[20] 上川丰著,余尚儒译:《乐生院的使命》,转引自《乐生——顶坡角一四五号的人们》(台北:乐生疗养院口述历史小组,2011),页150。对东方国家而言,麻风病还挟带着落后、不文明的暗示,"东亚病夫""强种强国"这类语汇就是当时的产物。尤其我们可以留意,孙文的西医老师康德黎(James Cantlie)就是彼时活跃于中国境内的麻风病专家。参见梁其姿:《麻风》,页7—11,148—156。

[21] 范燕秋:《癞病疗养所与患者身分的建构》,页99—107。

"风"与"麻风":试论《庄子》会如何思考生活本身的不确定性

世界图像之中,学习着整个世代处置事物与对待自身的方式。

最后,在治愈药物已经发明,麻风病似乎消失殆尽的今天,面对疾病我们是否取得了更多的自由?医学批评者伊里奇(Ivan Illich)将当代生活称作"药贩"的时代:现代医学以中性的超然姿态介入日常生活的方方面面,对于身体健康与抗拒衰老的夸大期待,使现代人吞下比以往更多的保健药丸,同时也乐于接受各种美容手术。与此相反,对现代医学的质疑,在当代也兴起了所谓的"替代医学",这类非正规医疗的支持者通常回到草药传统,宣称有一种更为温和、更接近自然的饮食方式,并且结合新兴宗教理念推出各种养生方法。只是对于正规医学的敌意,也常常使他们陷入非黑即白的简化逻辑,低估现代医学处理问题的能力,从而延误就医的恰当时间[22]。换言之,即使在医学发达的今天,面对疾病的到来,我们依然徘徊在选择与被选择之间,此一情状恰如文化研究者桑塔格所言,"疾病"不只是病菌学眼光下的感染,而是一个关于生存处境的隐喻,没有什么东西比它的突如其来、不可理喻更让人感到束手无策,它表征着生活本身所具有的不稳定性质[23]。再者,人类社会对"疾病"的解释不会停止,解释将继续勾连当下的生存语境,我们能够做的仅是透过语言结构的阐明,不断从现成的理解样貌中开脱出来[24]。

## 三、疾病经验的原型:《庄子》中的
风、自我与"天刑"

将疾病视作生存的变动性隐喻,这个读法正可以让我们找到接合至《庄子》的线索。栗山茂久指出,疾病现象还可以再还原至"风与

---

[22] 关于伊里奇和替代医学的讨论,参见波特(Roy Porter)著,张大庆译:《剑桥插图医学史》(台北:如果,2008),页90—96。
[23] 以疾病作为生活现场的隐喻,也体现在小说家的敏锐观察之中。林耀德诠释卡缪的小说《瘟疫》,引用小说末节的话语"可是'瘟疫'又是什么意思呢?那就是生活,如此而已"。瘟疫将永无止境地来袭,它就是眼前这个悬而未定、而我们又不得不身在其中的生活本身。参见林耀德:《反叛、自由与激情》,收入卡缪(Albert Camus)著,孟森祥译:《瘟疫》(台北:桂冠,2003),页ix—xiv。
[24] 参见桑塔格著,刁筱华译:《疾病的隐喻》(台北:大田,2008),页9—97。

自我"的交错经验。无论是古希腊或古中国,吹拂着身体的风被看作是能够影响一切生命活动的外部力量:在卜辞里,商代君王必须对风向抱持警戒,才能掌握狩猎行程的吉凶;在希腊神话里,航海是不断出现的母题,我是自身思想的掌舵者,然而攸关命运的航程,还必须依待着变化无形的风向;在《黄帝内经》和古希腊医学之父希波克拉底(Hippocrates)的著作里,风与体内气息的不能协调是造成疾病的原因㉕。

为什么"风"具有这种突出的表征作用?对此,我们可以回溯到一种根源的经验情状:首先,风无所不在,它包围且不断触碰身体,带来全身性的感受;与此同时,表面上无形不可见的风,在景观上却造成相当明显的变化,随着知觉感受里来风的干湿、强弱、冷热变化,不同的物貌(雨水、干旱、风暴)也跟着呈现在我们周遭。这个不可见、却能够明显被感受,且造成外在变化的效果,使得"风"在一开始的时候,便被经验为活生生的扰动力量,此所以在神话和宗教的世界里,它被具体地表征为形象化的鬼神,而在哲学家或医者的传统里,它则被进一步提炼为"阴阳"或"六气"等力量的综合作用㉖。

在《庄子》文献中,便以"风"或"气息的交错吹拂"来描述一切存在样貌的变化过程。比如《齐物论》描述一种看待事物生灭的眼光:如若我们能从天空向下俯视,在某个意义上,便可以把地面上的一切遇合离散,看作是诸多事物之间彼我力量的相合互渗,甚而相刃相靡。"大块噫气,其名为风"一段以"风"和"孔窍"碰撞所造成的声色差异来解释:物貌变化来自众窍自身提供的条件,再加上外在遭遇不同风势的两端和合。当子游问道,这里头还有一个神秘的推动力量

---

㉕ 栗山氏指出古希腊医学中的 pneuma 类似中国的"气",兼指体内的气息与外在流动的风,将前者独立作内在化的精神实体,是基督教文化传入之后才确立下来的解读。在《黄帝内经》里,风被视为百病的源头:"疠者,有荣气热胕,其气不清,故使其鼻柱坏而色败,皮肤疡溃。风寒客于脉而不去,名曰疠风"(《素问・风论》),"病大风,骨节重,须眉堕,名曰大风"(《素问・长刺节论》)。依据这种解释,麻风病(疠、大风)起因于恶风的侵扰,因其积蕴在骨节之中无法排除,遂使得体表出现恶疮、眉发脱落、容貌毁坏乃至造成四肢麻木。相关讨论参见栗山茂久著,陈信宏译:《身体的语言:从中西文化看身体之谜》(台北:究竟,2001),页267—277;梁其姿:《中国麻疯病概念演变的历史》,《面对疾病》,页252—287。

㉖ 参见栗山茂久:《身体的语言》,页249—277。

"风"与"麻风":试论《庄子》会如何思考生活本身的不确定性

(天籁),在主导着眼前世界的变化遇合吗?南郭子綦说,并非还独立存在一个更大的怒者,而是要将个别事物各自迎风自取、对抗周遭力量,所形成的差异面目就看作是天籁本身("夫吹万不同,而使其自己也,咸其自取,怒者其谁邪!")[27]。

值得注意的是,为避免这类阐述沦为抽象的形上学叙事,话语一转,庄周便改以境、识缘构的个体视角,来说明他的这番见解[28]:将事物的差异面貌,解释为诸般力量之间的相迎相抗,若换成意识活动的情状来说明,即是个体与周遭事物相互接遇时,乍生幻起又随之乍灭的心理变化。对此,《齐物论》是这样说的:

> 与"接"为构,日以心斗。缦者,窖者,密者……喜怒哀乐,虑叹变慹,姚佚启态。乐出虚,蒸成菌。日夜相代乎前,而莫知其所萌。

> 非"彼"无我,非我无所取。是亦近矣,而不知其所为使。若有真宰,而特不得其眹。可行已信,而不见其形,有情而无形。[29]

我们的种种心理情绪、行为样态,会随着场所际遇的流转、与物的不

---

[27] 与此呼应,在《逍遥游》里,大鹏鸟眼底下的交换世界正是"野马也,尘埃也,生物之以息相吹也。天之苍苍,其正色邪?"野马、尘埃、生物泛言天地间彼此冲撞、持续构成中的各种存在,其动状被形象化地描述为"以息相吹"。另外《则阳》篇,少知询问万物的起源,大公调答以"阴阳相照,相盖相治;四时相代,相生相杀。欲恶去就,于是桥起;雌雄片合,于是庸有。……此物之所有,言之所尽,知之所至,极物而已。睹道之人,不随其所废,不原其所起,此议之所止。"阴阳、四时、雌雄所喻正是分殊力量的交错和合,而关于造物者的追溯兴趣当止于此。《庄子集释》,页4、45—50、914。

[28] 在此我们触及当代庄子学研究的转向,恰如毕来德(Jean-François Billeter)所言,将道家的"道"视为某个高于自身的中介调停者,这种观点的代价是个体性的消失,因为"物"隶属于事先存在的秩序,在政治上便容易走向集权体制的拥护。在法语庄子学的挑战下,晚近以来的道家研究者(如赖锡三、钟振宇、刘沧龙、宋灏、宋刚、林明照等人)皆尝试解消"道"的第三中介者身份。参见毕来德著,宋刚译:《庄子九札》,《中国文哲研究通讯》22卷3期(2012年9月),页19。赖锡三尝试从"天籁"意涵着手,重新解释《庄子》对"一""多"问题的思考。参见赖锡三:《论先秦道家的自然观》,收入杨儒宾编:《自然概念史论》(台北:台大出版中心,2014),页31—55。

[29] 《庄子集释》,页51、55。引号所标示的语意重点,为笔者所添加,底下相同。

同因缘碰撞而生发形构("喜怒哀乐,虑叹变慹,姚佚启态")㉚,其性质正如俯瞰视野下的"乐"(随风与孔窍而变奏)与"菌"(随气息与气息的交会变形),没有不变的本质性,整个力量的图像自古以来便日夜运作,无从探寻开始的原点("莫知其所萌")。

继而,"彼"指的就是境识遇合的流转情态。在任一个实存处境里,"自我"的形象是依于"此境"而缘起("非'彼'无我"),并跟着采取相应行动("非我无所'取'")。在这种情况下,貌似有一个可以称作"我"的真君、真宰,在回应着情势,实则如果没有外力向我迎来的推势,"我"要如何事先皴起("是亦近矣,而不知其所为使")㉛?那么,恰如栗山茂久所言,"庄子认为自我的确存在。不过这个自我,并非禁锢于黑暗物质当中之奥费(Orphic)主义式的光辉灵魂,也并非对比于物质身体之非物质的心。这个自我并不奠基于理智或意志之上、也没有本质,而是来源不可知的情绪与冲动的汇集之处,同时想法与感受也从此处自行发生,就像风吹过陆地上的孔窍一般"㉜。在内外力量的推挤绉折之间,看似有一个自我存在,只是在表述与理解这个"自我"的时候,不能以特定的形迹("朕")来掌握,而毋如说:这个自我是一个有情实、有作用的流变现象,却无固定形迹的存在。

"自我"与"风"具有不可切割的依存关系,这层意涵也可以在《逍遥游》得到印证。前贤多已指出在"鲲化鹏徙"的寓言里,鹏鸟所指涉的就是修养者的主体状态。若进一步检视文献,我们可能发现逍遥

---

㉚ "与接为构,日以心斗"可以解释为"境"与"识"的相属关系。憨山《庄子内篇注》云:"接,谓心与境接。心境内外交构,发生种种好恶取舍,不能暂止,则境与心交相斗构。"转引自陈鼓应:《庄子今注今译》,页48。

㉛ 此处依陈鼓应断句,可将"彼"解作如缦者、窖者、密者等种种被皴成的情态。参见陈鼓应:《庄子今注今译》,页52。在不同语义的裁定下,另一种的读法是将"彼"解作下文所提及的"真宰",并依"夫道,有情有信,无为无形"(《大宗师》)一语,将"真宰"解作"道"或"造物者"。但吴怡指出,如果考虑到《齐物论》后面会继续提出"彼是方说","彼亦一是非,此亦一是非"等命题,则此处"非彼无我"之"彼"未必要解成"真宰"与"道",反而解作"彼我依存"之"彼"更能扣合文气。参见吴怡:《新义庄子内篇解义》(台北:三民,2014),页72—73。

㉜ 栗山氏认为《齐物论》风吹孔窍所引起的诸般样貌("激者,謞者,叱者,吸者,叫者")与下段所描述的心理情状变化("缦者,窖者,密者")是对于同一件事情所采取的不同视角的描写。故而《庄子》的自我是一个在回应处境变化的过程中,同时不断转化自身的主体。引文参见栗山茂久:《身体的语言》,页262。

"风"与"麻风":试论《庄子》会如何思考生活本身的不确定性

主体的证成,必须伴随着周遭阻力的抗衡:

> 是鸟也,"海运"则将徙于南冥。

> 鹏之徙于南冥也,水击三千里,抟"扶摇"而上者九万里,去以"六月息者"也。

> "风"之积也不厚,则其负大翼也无力。故九万里则"风"斯在下矣,而后乃今"培风"。㉝

"海运""扶摇""六月息者"都是风的吹送,观察自然界的鸟类或人类的飞行器(飞机、风筝),乘风飞行所以可能,必须资借风的逆向阻力,让风把自己举起来。换言之,自由或具有创造力的主体从未离开环境阻力的牵缠㉞。

"风"作为包揽着生存结构的扰动隐喻,也可以在《大宗师》起首文字找到理论式的说明:

> 知天之所为,知人之所为者,至矣。……知人之所为者,以其知之所知,以养其知之所不知……夫"知"有所待而后当,其所待者特未定也。㉟

依据成玄英的疏解,"天之所为"就是我们生活于其中的天地("三景晦明,四时生杀,风云舒卷,雷雨寒温也"),"人之所为"则是顶着上述自然变化而来的施为造作。"天""人"之间构成一种动态的斡旋关

---

㉝ 《庄子集释》,页2、4、7。林希逸《庄子口义》:"海运者,海动也。今海濒之俚歌,尤有'六月海动'之语。海动必有大风,其水涌沸,自海底而起,声闻数里。"陆德明《经典释文》:"上行风谓之扶摇。"转引自陈鼓应:《庄子今注今译》,页5、7。

㉞ 在此我们跟随王夫之的解释,《逍遥游》的主旨:"寓形于两间,游而已矣。无小无大,无不自得而止。其行也无所图,其反也无所息,无待也。"王氏的读法,取消了对藐姑射之山的神人想象,逍遥的修养不再指向某个一劳永逸、物莫能伤的无何有之乡:"游"必须游于小大(有用、无用)两间,"无待"则是没有依止、不断变化下去。参见王夫之:《庄子解》,《庄子通·庄子解(合刊)》,页1。

㉟ 《庄子集释》,页224。

系：人文世界的成立与再转化依待于特未定者的变化扰动㊱。也正是在这个语意下，引申出"风"所具有的生成变化的暴力形象，这个意思尤见于底下的文字：

> 阴、阳于人，不翅于父母，彼近吾死而我不听，我则悍矣，彼何罪焉！

> 夫大块载我以形，劳我以生，佚我以老，息我以死。……今之大冶铸金，金踊跃曰"我且必为镆铘"，大冶必以为不祥之金。今一犯人之形，而曰"人耳人耳"，夫造化者必以为不祥之人。今一以天地为大炉，以造化为大冶，恶乎往而不可哉！

> 齑万物而不为义，泽及万世而不为仁，长于上古而不为老，覆载天地、刻雕众形而不为巧。此所"游"已。㊲

"阴阳"对应于六气变化（《逍遥游》），"大块"相应"大块噫气"（《齐物论》），"大冶铸金"则沿袭自《老子》的橐籥意象，"天地之间，其犹橐籥乎？虚而不屈，动而愈出"（5章），"万物负阴而抱阳，冲气以为和"（42章），"道冲而用之或不盈。渊兮似万物之宗"（4章）㊳。在这一连串与风（气）相关的比喻中，天地被设想成一个最大的鼓风锻造炉，万物的生成变化就浸润在各种气息的张虚吹拂之中（"冲气以为和"）。作为身在其中的"天之戮民"㊴，生存本身被看作是一个镶嵌在天地之中的被动性结构，各别主体的差异内容是在与外部力量打

---

㊱ 晚近以来，道家学者刘笑敢喜欢讲述"人文自然"：没有人文之外的自然，也没有独立于自然之外的人文。此概念正可与《大宗师》旨意相互发明。见刘笑敢：《诠释与定向》（北京：商务印书馆，2009），页283—314。
㊲ 《大宗师》，《庄子集释》，页262, 281。
㊳ 引《老子》王弼注本，底下相同。参见《老子四种》（台北：大安，2014），页4, 37。
㊴ 面对子贡游于方内、方外的提问，孔子答以自己也是"天戮之民"，无所逃于炉捶之间。前后文脉跟着引出"与天为徒""天人不相胜""县解""安排而去化"等修养概念。参见《庄子集释》，《大宗师》，页271。

交道过程中,被捶打敲击出来的产物。在《大宗师》《德充符》《天道》《天地》《天运》等篇章,经常出现这样的主题:以死亡、老化、形变、淘空等遭遇来说明不可抗拒的力量变化,而人则被描述为居处其中、身受刑戮却无从逃脱的受刑者——就此而言,与前文所描述的疾病情状相呼应,尤其"天刑(病)"在古典时期即是"麻风"的另一个称名㊵。

然则,《庄子》会怎么思考吾人面对变化来袭的态度,相关的思考也可以引生出类似文化研究者在医疗史的书写中所吐露的伦理关怀吗?

## 四、玄德与八德:《庄子》从语言结构来思考伦理议题

《庄子》可能会说,麻风病患与西施是不同物化历程中的形色容貌("厉与西施,恑恑憰怪,道通为一"),畸零人仅是突兀于"人"的感

---

㊵ 感谢审查人提醒,底下补上:如何透过"天刑"这个概念,联系疾病与《庄子》的相关思考。医疗史的研究者告诉我们,在古典时代,麻风病又称作"天刑病","天刑"取意,既然药石枉效,疾病只能视为来自上天的惩罚。上天为何降罚?显然有着道德或试炼的理由,这是佛、道、世俗伦理从其系统内部为麻风病患所提供的释解之道。(参见梁其姿:《麻风》,"被诅咒却可救赎的身体"一章,页72—101。)在《庄子》,"天刑"一词出自《德充符》:"天刑之,安可解?"此语历来有两种解释方向,一种是将故事里的主角(孔夫子)视为天生根器已成之人,难语解方,憨山《庄子内篇注》、陆西星《南华真经副墨》大抵采取这类解释。另一种解释可以郭象、成玄英、方以智为代表,他们认为生活本身总是形影相待的,没有什么无疵、无累的另外去处,自然之刑戮、名言之桎梏,本不可彻底解决,自甘于天之戮民,忘怀(甚至善用)桎梏,才是此处"安可解"的深层语意。本文跟随后一种读法,其说正与《人间世》所标举的在世性格相应:"一宅而寓于不得已""入游其樊而无感其名""托不得已以养中"。(相关注解参见《庄子集释》,页205—206;蔡振丰、魏千钧、李忠达校注:《药地炮庄校注》[台北:台大出版中心,2017],页421。)现在联系两条线索,本文主张,在生活无可避免地与种种事故打交道一事上,《庄子》看得更聪明,他不将自身命运的解释权,轻易交付给任一宗教系统,因为这种诉诸"罪咎"的处置方式,往往要求我们先认罪,再救赎,它事先打造了分类型录,将"异常者"看成不祥物,如"牛之白颡者,与豚之亢鼻者,与人有痔病者,不可以适河。此皆巫祝以知之矣,所以为不祥也,此乃神人之所以为大祥也"(《人间世》),便可以诠释为对相关现象的反省。因此,在《庄子》手上,"天刑"的语意有了转折,其语"遁天倍情,忘其所受,古者谓之遁天之刑"(《养生主》),"无怛化"(《大宗师》),"吾身非吾有也……是天地之委形也"(《知北游》),"安排而去化"(《大宗师》)等段落,是对于变化这一无所逃离之事实的接纳与重新思考。亦即,《庄子》同样可以思考疾病与变化,而他对于"天刑"的讲法,更显哲学养生的智慧。

受,而非遭受"天"的惩罚("畸人者,畸于人而侔于天")㊶。阐述道家对伦理的特殊思考,首先可以从底下两段文字说起㊷:

> "道"行之而成,"物"谓之而然。恶乎然? 然于然。恶乎不然? 不然于不然。物固有所然,物固有所可。无物不然,无物不可。故为是举莛与楹,厉与西施,恢恑憰怪,道通为一。

> 夫"言"非"吹"也。言者有言,其所言者特未定也。㊸

承上文所述,我们身处在诸多力量不断交会缘构的过程当中("道行之而成"),"事物"也是在表述、交谈的过程中,才暂时取得它的表象("物谓之而然")㊹。然则就其情实而言,事物与自我不具有固定不变的形态("固有所然、固有所可、无物不然、无物不可"),从无所逃于力量交错、变化流转的眼光来看,小草与大树、丑陋与美貌等等千形万状都浸润在这相互吹送的力量当中。而名以定形的固定作用究竟不能等同外在流变的生动世界("言非吹也"),外部世界("所言者")虽不必是无名、不可见的一片浑沌,在诸般纷然可见的图像之间,必定也是悬而未定、充满偶发事件,甚至反复无常,必得与其他差异生命体互相碰撞,无从尽如己意("所言者特未定也")。

---

㊶ 《齐物论》,《庄子集释》,页 70;《大宗师》,《庄子集释》,页 273。

㊷ 相关研究可参见赖锡三:《他者暴力与自然无名——论道家的原始伦理学如何治疗罪恶与卑污》,收入李丰楙、廖肇亨主编:《沉沦、忏悔与救度:中国文化的忏悔书写论集》(台北:中研院,2013),页 1—78;赖锡三:《〈老子〉的浑沌思维与伦理关怀》,《台大中文学报》49 期(2015 年 6 月),页 1—42;林明照:《〈庄子〉"两行"的思维模式及伦理意涵》,《文与哲》28 期(2016 年 6 月),页 269—292。

㊸ 《齐物论》,《庄子集释》,页 63、69—70。

㊹ "道行之而成"依成玄英疏解作诠释,成氏云:"大道旷荡,亭毒含灵,周行万物,无不成就。故在可成于可,而不当于可;在不可成不可,亦不当于不可。"参见《庄子集释》,页 70。另外,可以参考学者吴怡的讨论:"'道行之而成,物谓之而然。'前一句虽可解作'路是人走出来的',但这样的解释会把意义说浅了。此处的'道'对应前面的'道枢',和后文的'道通为一',所以是指天道,或自然之道。这个'道'是它自己运行而成的,不是靠人们的意识观念所构成的。其实'道'字也是个空名,道所指的是天地万物的自体存在和变化。由于它们的自然形成,就称为道,如山高水低,或山明水秀,这就是道。"参见吴怡:《新译庄子内篇解义》,页 88。

## "风"与"麻风":试论《庄子》会如何思考生活本身的不确定性

在这样的动态存有观底下,《庄子》阐释它对日常生活之伦理遭遇与文化中之道德观念的起源观察:

> 古之人,其知有所至矣。恶乎至?有以为"未始有物者",至矣尽矣,不可以加矣。其次"以为有物"矣,而未始有封也。其次"以为有封"焉,而未始有是非也。"是非之彰"也,道之所以亏也。道之所以亏,爱之所以成。

> 夫"道"未始有封,"言"未始有常,为是而有畛也。请言其畛:有左,有右,有伦,有义,有分,有辩,有竞,有争,此之谓"八德"。㊺

若干学者已经指出,"古之人"可以和《应帝王》浑沌凿七窍的寓言联系解读。浑沌作为神话主题,也是前哲学的主体状态。从"未始有物"到"是非之彰",类似卡西勒(Ernst Cassirer)所述,先民从身体知觉与外境互渗的交织状态(浑沌),坎陷至仰赖概念思维的过程,原先"物"与"我"皆被看作是非定态的流体之物,随着言语分类活动日益严密加深,意识遂习惯将"物"与"我"看作是先天差异有别的定然之物㊻。需要解释的是,概念化的思维与主体为什么会带来伦理纷争?对此,我们可以取径人类学家道格拉斯(Mary Douglas)的观察作说明。

---

㊺ 《齐物论》,《庄子集释》,页 74、83。
㊻ 参见卡西勒对神话思维的考察,于晓译:《语言与神话》(台北:桂冠,2002),页 18—71。卡西勒指出,初民的身体知觉与环境气氛常处在互渗交织力量状态里,彼时概念性思维尚未凝固,任何的风吹草动都可能带来惊异感受。正是在反身性的表达活动中,原本一瞬即逝的各种主观经验才取得它的客观形式。这个取得客观形式的过程即是语言概念、神话叙事、宗教神祇、形上学实体的共同来源。相关讨论亦参见赖锡三:《〈庄子〉"天人不相胜"的自然观——神话与启蒙之间的跨文化对话》,台湾《清华学报》46 卷 3 期(2016 年 9 月),页 405—456;杨儒宾:《浑沌与创造》,收入张伟保编:《传统儒学、现代儒学与中国现代化》(香港:新亚研究所,2002),页 251—278;池田知久著,陈少峰译:《中国古代哲学中的混沌》,《道家文化研究》第八辑(上海:上海古籍出版社,1995),页 122—136。尤其池田氏指出,浑沌可以解作"万物错纷的状态"或"宇宙论生成论的本体"("道生一、一生二、二生三"),前者万物错纷意即境识的原初敞开状态,后者属于形上学解释,要到汉代才取得明显的主导地位。"流体之物"可以参考黄冠云:《"流体"、"流形"与早期儒家思想的一个转折》,《简帛》第六辑(2011 年 11 月),页 387—398。将"物"看作是事先独立存在的定然之物,恐怕是近代思维之后的产物。

道格拉斯指出，认识事物的过程就是在个我意识内部建立起分类体系的过程。随着经验的累积，我们对自己所投资的"假设"具有更充足的信心，一个事前的过滤机制就此被建立起来。此后，在认识过程中不合适的细节会被忽略，我们所能注意到的事物往往都是符合既定模型所组织起来的图像[47]。这种认知习惯能使自身的处境坚固化，获得稳定的安全感，却也常是纷争的来源。对应于《庄子》所言："物无非'彼'，物无非'是'。自'彼'则不见，自'是'则知之。""夫随其成心而师之，谁独且无师乎？""孰知天下之正色哉？自我观之，仁义之端，是非之涂，樊然殽乱，吾恶能知其辩！"外部世界从来不是稳定的空间，挑战着概念体系的风险无处不在，且分类的体系也不只有单一一种，但正是这种欲使分类习惯统合为一的思维调性，让自我不得不身陷在与环境交战的持续矛盾里。严重者因为想要伸张眼底下的"正义"，出师于"道德"之名而光耀威力如十日并出，致使寸草不生，轻者也常迷惑于野心家的手法，在名实未亏的修辞策动下，跟着喜怒为用[48]。

"八德"意指主体从原初流动性的知觉状态，分化、搁浅为层次井然的秩序状态（"有左，有右，有伦，有义"），但也因此造就惰性化的认知与生存习惯，进而极欲捍卫和延伸自我同一性的想望，在与外部世界的摩擦过程中，造成各种辩难与冲突的出现（"有分，有辩，有竞，有

---

[47] "作为感知者，我们从落入感知范围内的所有刺激物中挑选出那些我们感兴趣的。……在不断变换印象的混沌中，我们每一个人都建造了一个稳定的世界，在那里事物都具有可辨认的形状，这个世界位于深处并且具有永久性。……随着时间的推进和经验的增长，我们越来越大的投资在自己的名称体系中。这样，一个保守的偏见得以建立起来。它赋予我们以信心。在任何时候我们或许都不得不修正我们的假设结构以便吸收新的经验，但是我们对自己的假设越有信心，那些有关过去的经验就越发一致。我们发现自己故意忽视或者歪曲那些拒绝融入的不合适的事实，使它们无法干扰已经建立起来的假设。"见道格拉斯著，黄剑波等译：《洁净与危险》（北京：民族出版社，2008），页46。在此，道格拉斯提出她的著名判断：关于危险、污秽、不洁等恐惧感受并不来自事物本身，而毋宁说是意识内部的分类系统受到了冒犯。换言之，"罪恶"是境识冲突的产物，而非事物身上单方面的现成物性。

[48] 引文参见《齐物论》，《庄子集释》，页56、66、93。两则寓言的原文是："夫三子者，犹存乎蓬艾之间。若不释然，何哉？昔者十日并出，万物皆照，而况德之进乎日者乎！""劳神明为一，而不知其同也，谓之朝三。何谓朝三？曰狙公赋芧，曰：'朝三而莫四。'众狙皆怒。曰：'然则朝四而莫三。'众狙皆悦。名实未亏，而喜怒为用，亦因是也。"页89、页70。"劳神明为一"对比于上文的"唯达者知通为一"，前者是概念分类体系的统一，后者是流变错综相通为一。

## "风"与"麻风"：试论《庄子》会如何思考生活本身的不确定性

争")。与此相应,《老子》则把这前后的原初与派生状态区分为"玄德（上德）"与"下德"："长之育之,亭之毒之,养之覆之。生而不有,为而不恃,长而不宰,是谓'玄德'。"（51章）"'下德'不失德,是以无德……失道而后德,失德而后仁,失仁而后义,失义而后礼。夫礼者,忠信之薄,而乱之首。"（38章）最后,也在这个理路底下,道家提出它对伦理现象的独特观察：罪恶并不具有本质性,我们对于畸形、反常事物的厌恶与恐惧,甚至无端遭受暴力事件的波及,就其成因往往可以追溯自分类系统的相互整并与征伐（"畸人者,畸于人而侔于天","克核太至,则必有不肖之心应之,而不知其然也"）[49]。

然则,伦理的出路在于复苏与周遭声息相通的"玄德"吗？这个"复苏"要如何理解？作为现成认知习惯的"八德",是否只有消极的意涵？它阻碍我们更好地感受来自环境的风吹草动,从而延误自我调整与理解他人的机会？段义孚的细腻观察,可以协助我们把思路推得更远：

> 为了随时能够帮助他人,我必须懂得怎样保存和分配自己的精力,将其用在最合适的地方。在我去学校的路上经常会有一些无家可归的人,如果我过分热心地帮助他们,那么我将会因疲劳过度而无法给学生好好地上课,因此,我只是投了一些小面值的零钱就匆匆走开了。
>
> 伦理学者或许会要求我们"不分彼此",但说句良心话,这会直接导致我们发疯。……要保持心智健全的状态,我们就必须建立一层坚实的保护层,监控各种刺激的袭击,因为许多刺激让人感到不愉快,甚至于一些刺激还是相当可怕的。不只这些,一个人对另一个是否有用,取决于一定的冷静和距离。[50]

---

[49] 原文参见《大宗师》,《庄子集释》,页273;《人间世》,《庄子集释》,页160。其中"兽死不择音,气息茀然,于是并生心厉。克核太至,则必有不肖之心应之,而不知其然也"可以诠释为：被文明所驱逐的个体,就像走投无路的野兽,在发出哀戚的悲鸣后,随之而来的便是孤注一掷的反扑。现代社会层出不穷的孤狼现象,可以就此索解。

[50] 段义孚：《逃避主义》,页201、210—211。在这里,我把段氏所说的"不分彼此"视为冥契伦理学者所喜言的、能够消弭个体性的同情共感。但段义孚更强调从"物我相泯"回到日常意识的必要性。关于冥契经验与伦理的关系,参见史泰司（Walter Terence Stace）的讨论,杨儒宾译：《冥契主义与哲学》（台北：正中,1998）,页443—472。

段氏指出，常驻于知觉向外暴露的被扰动状态是不可想象的，它将使我们疲于奔命、陷入疯狂，在日常生活中的多数时候，个体仍需居处在对象化的认知当中，才能形成社会生活。毋宁这么说，关于日常生活的实情是：个体一方面居处在既成的认知与生存形态里，与此同时，外境也不断干扰着主体当下的认知活动，有时这类笼罩着全身的环境气氛会成功干扰认知，促使意识重新调整观看事物的位置，有时自我只专注在意识的焦点活动里，对于外在的扰动丝毫无察，焦点之外的环境只被预认为均质的工整存在[51]。

进而言之，主体既需回到日常生活中，以对象化为表征的语言概念便无法真正被取消。一旦我们开始反身思考、尝试从物我相泯中拉开距离，即便只是对事物进行最低程度的辨认，言说立即现身，形成物我关系中的有效轮廓。正是在这个"名以定形"的过程里，自我获得保护性的轮廓，得以过滤不必要的外部刺激，但也可能就此坎定在独断的对象化认知里头。此外，词语虽诞生于境识分离的表达活动，个体在寻找恰当表述形态的过程中，却不免要袭取来自文化传统的表达习惯，因为只有与既有的意义形式挂钩，个体才能在社会生活中取得被辨识的身分与沟通交换意见的渠道。但对于既成意义的参与也未必是单向的，在此过程中，个体所发明的生动措词，若被社会中其他成员广泛引用，就可能在日后积累成为文化传统的一部分[52]。

最终，思考道家对伦理接遇关系的完整把握，得从底下的文献着手。《天地》篇描述汉阴丈人担忧文明勾引主体跳入被塑形的层层圈套，为之喜怒为用、心神无宁。孔子则批评其忧虑"识其一，不知其二，

---

[51] 中村雄二郎将流动性的原初知觉状态称作"共通感觉"，并指出日常生活状态是以共通感觉作为基础的认知活动，两者是基础和派生的同一关系。相关讨论，参见中村雄二郎著，吴树添译：《哲学的现代观》（台北：群策会，2004），页41—72。

[52] 因为词语诞生于境识分离的表述活动，中村雄二郎遂将言说称为思考的血肉之躯，同时中村氏又透过对既有语言的学习与改造，阐述个体如何进入社会、堆叠出新的文化传统。参见中村雄二郎：《哲学的现代观》，页73—106、147—159。另外可以参考钟振宇：《庄子的语言存有论——由晚期海德格尔哲学切入之探讨》，《中国哲学与文化》第十二辑（桂林：漓江出版社，2015），页93—115。钟氏指出符应式的语言观背后预设着精神（识）与物质（境）事先分离的主体范式，而《庄子》的语言观则以境识的牵缠关系作为生存、言说和文化传统的存有论基础。

治其内,而不治其外",并提示出另一种浑沌与文明兼处的理想关系:"明白入素,无为复朴,体性抱神,以游世俗之间者。"这个故事可以解作道家对居处在文明社会中的正面肯定(53)。本文认为《庄子》此处所描绘的理境(既识其一,又知其二)也可以在《老子》文献找到相关线索:

> 知其白,守其黑,为天下式。……朴散则为器,圣人用之,则为官长,故大制不割。(28章)

> 以智治国,国之贼;不以智治国,国之福。知此两者亦稽式。常知稽式,是谓"玄德"。玄德深矣,远矣,与物反矣,然后乃至大顺。(65章)

依据学者张祥龙的研究,海德格晚年在思考如何安处于技术和语言时,便援引"知其白,守其黑"一语作解:真正能够了解知识和技术作为有用之光的人,同时也会明白在其可见性背后还依存着潜在未明的势态(黑、未知之幽玄)(54)。依照这个理路,"天下式""稽式"所欲表达的就是能够兼取"黑白""非智与智"的居存方式。"玄德"也不必排斥"八德",在稽式作为修养工夫的前提下,语言可以获得恰当的使用,物、我都不会受其戕害("朴散则为器,圣人用之")。阐述这种修养的可能面貌,便可以带出道家对当代生活的批判性发言。

## 五、两种身体经验:道家如何参与当代文化批判

在检视身体研究的历史之后,医疗史学者费侠莉(Charlotte Furth)

(53) 原文参见《天地》,《庄子集释》,页438。对比于坚守纯白,拒绝历史皱折的素朴道家,杨儒宾将此寓言解作《庄子》对文明的正面肯定,另称作"具体的浑沌"。参见杨儒宾:《浑沌与创造》,页268—272。赖锡三则引用海德格对技术问题的两面思考作解,参见赖锡三:《"当代新道家"与"深层生态学"的存有论基础》,《庄子灵光的当代诠释》(新竹:清华大学出版社,2012),页306—311。

(54) 参见张祥龙:《海德格》(台北:康德,2005),页324—327。

尝试区分两种掌握身体经验的方式：再现与感知[55]。前者是被文化符号所调动的身体经验，这种观点（如女性主义、文化研究）认为生存活动是文化逻辑的再现，我们的感受、思维、情感表达的方式、行动、人与人之间的往来对待无不受到语言逻辑的暗示。这种身体经验也即是上文所述，在人类遭遇"疾病"的过程里，无论对"疾病"采取什么样的理解，这些理解方式既协助我们处置变动性，同时也形成各种让人无暇反思的生命管理机制[56]。凡此，正可以联系至上文所析道家对"有用""无用"与"器物"的思考：我们所身处其中的事物关系，是一种"名以定形"的非实体性处境，它一方面带来器物的利用方式，另一方面也可能在层层坎陷中，招来对事物与自身的戕害。对此，除《山木》篇诉诸"材与不材""有用与无用"的两端辩证，《胠箧》篇的寓意也可以诠释作相应的批判：那些用以衡量事物的尺度，常常也提供一种便利，让野心家得以窃取、控制事物的走向（"为之斗斛以量之，则并与斗斛而窃之……故曰'鱼不可脱于渊，国之利器不可以示人'"）[57]。

除了被文化所规训的身体，还有一种身体经验是发生在词语诞生之际、表达活动定型之前的源初知觉状态，这类身体经验的存在，可以借由"病识感"的差异现象来说明，比如西方妇女并没有坐月子的文化和月子病的身体经验，然则华人的"月子病"是不存在的吗？对人类学

---

[55] 参见费侠莉著，蒋竹山译：《再现与感知——身体史研究的两种取向》，《新史学》10卷4期（1999年12月），页129—144。

[56] 在此可以引入"生命政治"（bio-politics）这个概念，其实不只有医疗体会会塑造我们对生命管理的想象，其中更为关键者是我们生活于其中的语言概念：透过对既有词语的引用，言说者处在不断形构人我面貌的过程中。在今天，消费文化同样迫我们发展各种新奇的主体经验，在不断推陈出新的商品与美感形式里，我们很少有机会主动拒绝或省视成为特定主体的必要性。现象学者张志扬便批评道，如果从前是一个为政治和理想献身，从而被绑架的激情年代，当代则是以发展欲望作为个体自由，结果却迷失在各种消费与刺激模式当中的贫瘠年代，两者同样缺乏真正的个体性。对此，如果把"庖丁解牛"的牛体解作文化符码的社会，《养生主》倒可以协助我们重新思考"养生"的批判性意涵。相关讨论参见何乏笔、龚卓军等：《养生与自我管理》，收入周桂田、王瓅玲编：《身体与自然》（台北：台大国发所，2011），页45—96。

[57] 《胠箧》篇首云："将为胠箧、探囊、发匮之盗而为守备，则必摄缄縢、固扃鐍，此世俗之所谓知也。然而巨盗至，则负匮、揭箧、担囊而趋，唯恐缄縢、扃鐍之不固也。然则乡之所谓知者，不乃为大盗积者也？"联系至下文"盗亦有道"，"为之斗斛以量之，则并与斗斛而窃之……国之利器不可以示人"，我们将此诠释为名以定形的两面作用：斗斛、权衡、符玺、仁义这些将事物分类装箱的方式，正好也是方便盗贼将其一并打包带走的方式。引文参见《庄子集释》，页342、350—353。

者而言,这个现象正足以说明"病痛"在一个层次上属于文化反应:日常生活中身体可能不时出现各种细微的异样感受,但如果我们身处其中的文化,没有针对这些感受发展出相应的表达形式,这些异样经验就只能停留在个体知觉的层次,无从被表达出来。有着身体感受的当事人,在缺乏足够词汇进行思考、表达与交流的情况下,异质的经验即便能够被察觉,也只是很短暂地被注意到,随后便消逝殆尽、不复记忆了㊾。这种发生在表达活动底层的身体经验,若对应于《庄子》文献即是:

> 孔子见老聃,老聃新沐,方将被发而干,慹然似非人。……老聃曰:"吾游心于物之初。"孔子曰:"何谓邪?"曰:"心困焉而不能知,口辟焉而不能言,尝为汝议乎其将。至阴肃肃,至阳赫赫;肃肃出乎天,赫赫发乎地;两者交通成和而物生焉,或为之纪而莫见其形。消息满虚,一晦一明,日改月化,日有所为,而莫见其功。生有所乎萌,死有所乎归,始终相反乎无端,而莫知其所穷。非是也,且孰为之宗!"㊿

依据前文对《齐物论》"未始有物者"一段的分析:我们的生存状态首先处在一个知觉与环境相互交织渲染的情状里,此后才借由反身性的表达活动,在自我与外物之间取出距离,形成可见性的轮廓。检视《田子方》所描述的"物之初"状态:它不容言语介入、进行分割式的分类表达("心困焉而不能知,口辟焉而不能言"),却也不是静态无染的纯白意识,相反地,从"至阴肃肃,至阳赫赫"以下的热闹描述可知,"物之初"所指就是知觉与外境处在"未始有封"的流体情状。那么,"老聃新沐"可以解作老聃在沐浴过后,意识从早先轮廓分明、概念清晰的对象化状态获得舒缓,此时知觉返回到一个较为敏锐的感受性状态,在与外境接遇、触发的过程里,也就比较容易溢出过往的经验

---

㊾ 人类学家透过"身体感"来阐释这类"名以定形"之前的知觉经验,譬如尽管文化中的词语已经提供我们辨识与交换经验的渠道,但知觉的感受相对细致,在许多时候,我们仅能以含糊的词汇(例如:烦、闷、郁……)来指涉某些复杂、各自不同却难以名状的身体感受。相关讨论参见余舜德:《身体感:一个理论取向的探索》《从日常生活的身体感到人类学文化的定义》,收入余舜德编:《身体感的转向》(台北:台大出版中心,2015),页1—36、103—128。

㊿ 《田子方》,《庄子集释》,页711—712。

习惯,察觉到那些先前未曾留意的可能面貌。

在日常生活中,除了那种能让我们安稳置身其中,诉诸概念化的对象性意识之外,在我们的身体周遭还包围着各种不确定性的缠卷扰动,它以隐默、不被明显留意的方式持续与我们的知觉交接作用。这种被称作"物之初"的原始情状,可以进一步透过《人间世》的"心斋""听之以气"来阐明其发展出文化批判与自我修养的可能线索:

> 回曰:"敢问心斋。"仲尼曰:"若一志,无听之以耳,而听之以心,无听之以心,而听之以气。听止于耳,心止于符。气也者,虚而待物者也。唯道集虚。虚者,心斋也。"⑥

"气"("气也者,虚而待物者也")可以解作扰动着身体、作用在原初知觉维度上的环境气氛,彼时因为概念化的自我意识尚未稳固成形,境识离合之间的物、我轮廓尚未分明,所以称作"虚而待物"(物、我处在形而未形的流体状态)。"集"字作"会合""聚集"解释,"唯道集虚"意思是《齐物论》所言"道行之而成"的力量交会状态(境、识的相互摩擦),就此出现在意识虚化的主体面前㊶。"一"可以解作"虚一"或"专一",指的是收摄的动作,从分殊化的感官职能("听止于耳")与对象化的认知范畴("心止于符"),返回到能够向周遭环境开放的全身性知觉感受("听之以气")㊷。以上,串讲整段文意,恰如学者何

---

⑥ 《庄子集释》,页147。

㊶ 为了避免将"道"读作形上实体,本文将《齐物论》"道行之而成"联系至"唯道集虚"作解:虚化的主体意在回到境识缘构的感受性状态。参考吴怡对此段文字的疏解:"这即是道的流行,所以说'唯道集虚','集'是聚合的意思,一般的注都引用《淮南子》'虚无者,道之所居也'(《精神》),'虚者,道之舍也'(《诠言》),把'集'字解作居住,或存在。但这样一来把'道'看作一'有',存于虚中,那么'虚'也就变成了'有',而非真虚。所以这个'集'字解作聚合,并非居住之意,而是道与虚的相聚相合,也就是说虚能生道。"见吴怡:《新译庄子内篇解义》,页165—166。

㊷ 从"耳听"返回"神听""气听"的连通关系,可以从中村雄二郎所描述的"共通感觉"(或根本感觉)索解:一般我们习惯按认知范畴的分类将知觉区分为五种不同的活动,实则人类的知觉遍布全身,不限于五感。身体更像是一团朝外界探索的全身性突触,浑身都是感受,日常的生活中的各种认知形态及其所引导的感官活动,反而是立基在这个感受性基础上的产物。相关讨论参见中村雄二郎:《哲学的现代观》,《感觉与知觉所明示者》《视觉、听觉、触觉》两节,页41—62。

"风"与"麻风":试论《庄子》会如何思考生活本身的不确定性

乏笔(Fabian Heubel)所言,"心斋""听之以气"其所描述者是"身"与"境"交涉的关系,在此隐含着一种对于新主体范式的构想,"自我"被看作是处在"虚"与"物"之间的来回往复运动:"放下意识主体的目的性和意向性(心斋),以返回到(或说逆觉到)意识主体定形之前的虚在状态,所谓创造性源头","气化乃是连接不可见性(虚、一)与可见性(物、多),即是在虚与物之间来回往复,而不偏重任何一边。"㊿

"可见"与"不可见"(也可以说是"意义"与"低度意义"㊽)此说并不神秘,受现象学启发的美国实用主义哲学家伊德(Don Ihde)便从格式塔转换(gestalt switches)的身境实验来说明此一现象:日常生活中可被看见的事物是知觉与环境共同作用的成果,观看者自己就卷身在被构造出来的世界(视界)里,随着视点的改变,事物的不同面貌才会随之现身,然而吊诡的是不同的视界之间是相互排斥的,在 A 视界里的可见物于 B 视界中被隐藏起来了㊾。而所谓的虚在状态作为创造性源头,便涉及了文化批判与自我修养的可能性,因为"自我"是从向外界敞开的知觉活动中,借由词语表达形式所抟构、整理起来的经验主体。然则,"文明"提供了各种现成的语意形式,教导我们如何发展出自身的可见性,同时它也作为共同体成员得以互动交往的可

---

㊿ 参见何乏笔:《气化主体与民主政治:关于〈庄子〉跨文化潜力的思想实验》,《中国文哲研究通讯》22 卷 4 期(2012 年 12 月),页 63、65。

㊽ "低度意义"引自蔡怡佳的说法,身体知觉的隐默维度不是空白或静止的,它常突入、闪现于意识之中,只是若缺乏言说的表达形式,它便无法累积成为日后可被理解掌握的经验。人类的生存活动可说是游走在"意义"与"低度意义"之间的身体运动。参见蔡怡佳:《恩典的滋味:由"芭比的盛宴"谈食物与体悟》,收入余舜德编:《体物入微:物与身体感的研究》(新竹:清华大学出版社,2008),页 256—257。另外蔡氏亦论及,用以分别群我关系的"封闭性道德"以及能够打开身体感的"开放性道德",此说可与上文所言"八德"和"玄德"的关系参照。

㊾ 参见伊德(Don Ihde)著,韩连庆译:《让事物"说话":后现象学与技术哲学》(北京:北京大学出版社,2008),页 11—25。就此而言,《天地》篇汉阴丈人拒绝使用"槔"的原因,可以这样译解:一旦使用了这个便利的工具,自我和眼前的事物就被安置在"槔"所带来的可见性底下,不再容易察觉自身与环境阻力的其他可能形式。另一个可见与不可见的案例可以这样说明,栗山茂久曾指出面对"同一个的身体",近代西方医学把它看成客体般的容器,古代东方医学则把它看成气与经络的流动体,两种典范相互遮蔽,不能共容。现在则可以反过来说,对于深受西方医学影响的现代人而言,我们对"气"与"脉"所指涉的身体经验同样感到看不见的陌生,只有在遭遇现代医学也束手无策的边界时(如罹患癌症),才会尝试去找寻那些身体经验的古典形式。参见栗山茂久:《身体的语言》,页 291—292。

信基础⑯。只是这样的封闭道德并不具有恒常的普世性：在古典时代，它排斥那些不能符合型录的成员，借以打造共同的一致特征，且作为"我群"的构成基础，它也经常与"他群"发生激烈争论；在号称自由多元的现代社会，个体的感性模态多数被动接受来自消费文化所提供的现成叙事，这些叙事同样打造各种流行的群众性，取代个人发展自身经验形式的其他想象。那么，虚在的主体它企图潜回到仅具有低度意义的敏锐知觉状态，何乏笔又将其称之为平淡的主体，这种细致化的感受能力对外在环境的细微变化有着高度的觉察，不轻易投入任何现成意义结构的安排，意在取回塑造自身可见性的主动权⑰。

最后必须补充说明的是，"再现"与"感知"两种身体经验并不截然二分，诚如费侠莉所言，知觉必须被表达为某种再现的词语形式，才能成为可理解的经验，而任何一种再现形式也无不企图宣告自己所表征的就是正在感知的事实本身⑱。在实践上，这两种身体经验很难彻底切开来单独对待。换言之，低度意义，或者现成语意之间的缝隙，也可以透过词语的修养工夫来逼近。譬如在严肃的文学写作者身上，我们经常能够发现一种找寻词语的苦闷表达，因为此时的"书写"已被当作是塑造自我经验的途径，写作者游走在"意义"与"低度意义"之间，企图找到能够切断和既有语法及其视界联系的新再现形式⑲。突出这一点，我企图呼应何乏笔已经表明的警觉，在今天，如果只是片面地强调气氛或平淡主体，极可能落入美学经济所构设的词语陷阱，为此，某一种傅柯（Michel Foucault）式的历史工夫仍是不可

---

⑯ 语言、习惯和习俗就是看不见的制度，它默默地规定着社会成员的情感表达形式。尽管制度可能会异化我们的存在，但缺乏制度就无法顺利互动，比如若没有共同的交通规则，往来的车速反而不会更快。参见中村雄二郎：《看得到的制度与看不到的制度》，《哲学的现代观》，页147—159。

⑰ 平淡主体的具体面貌，可以参见何乏笔的说明：《古琴——身心之探微》，收入杨儒宾、何乏笔编：《身体与社会》，页139—148。根据何氏的说法，古琴作为修养工夫，它正好要打破旋律的叙事性，协助弹奏者回到自身知觉的敏锐、独处状态。

⑱ 费侠莉：《再现与感知——身体史研究的两种取向》，页137—139。尤其费氏指出，即便气的身体经验更接近现象学的本怀，但东方传统亦不得不透过"阴/阳""虚/实""冷/热"来捕捉流动性，既透过了词语，也就有着词语分类的实体化危险。

⑲ 书写是一种不断触碰语言边界的活动，它可以发展成自我经验的塑造与修养。参见杨凯麟的讨论，《分裂仔：从语言切入的界限经验》，《书写与影像》（台北：联经，2015），页206—207。

## "风"与"麻风"：试论《庄子》会如何思考生活本身的不确定性

或缺的⑩。同样的，在《庄子》身上我们也可以发现某种对语言的试验态度，为避免"言说"被实体化，整本《庄子》经常出现前后悬疑、自我解消的表达方式，类似这样的书写不断干扰着顺畅理解的形成，常给读者造成阅读的不适感。赖锡三认为这正是《庄子》特殊的"文学性"与"批判性"所在：在文本写就之际，庄周也设下了防堵机制，它拒绝在任何情况下被阅读为特定的意识形态⑪。此一特征，若对译于前文所述，即是文化研究或桑塔格所言，企图从语言中彻底抽身是不可能的，我们能够做的仅是透过对结构的阐明，不断地从现成的理解样貌里开脱出来⑫。

---

⑩ 何乏笔强调气氛或平淡不是某一种特定的美感风格，而是知觉与环境的交涉过程，它企图造成对既有经验的转化变形，商业时代所营造和销售的东方美感反而在其批判之列。参见何乏笔：《（不）可能的平淡：试探山水画与修养论》，《艺术观点》52 期（2012 年 10 月），页 24—28。

⑪ 相关讨论参考赖锡三：《〈庄子〉的文学力量与文本空间——与罗兰·巴特"文之悦/醉"的互文性阅读》，《道家型知识分子论》（台北：台大出版中心，2013），页 355—415；蔡岳璋：《试论庄子文学空间——来自"尝试言之"的考虑》，台湾《清华学报》43 卷 3 期（2013 年 9 月），页 431—460。

⑫ 审查人指出，文章将《庄子》之自我观解作"随境而能自我转化的主体"，然而《庄子》亦有"不化者"之说，请尝试作解。"不化者"一词见于《知北游》与《则阳》，主要涉及的文献是"外化而内不化""与物化者，一不化者也。安化、安不化，安与之相靡，必与之莫多"，"与物化者，一不化者也，阖尝舍之！"乍读之下，俨然肯定了一个独存的"不化者"，由这个居内的不化者与"外物"相偕相化。然而，文献的释读亦可以另辟蹊径，试看宣颖和王夫之的注语："外者，内所形也。若内先无得，更何有外"（《南华经解》），"合人以为己，非己内而人外"（《庄子解》）。也就是说，"内不化"与"外化"、"不化者"与"外物之化"这内外的区分关系是相互依待，而非既成不变的。联系至本文来说，"不化者"指的是对象化的概念思维，"化者"指的是与身体知觉维度接壤而不曾停驻的经验之流，"不化"与"化"有着暂时区分却不断交流的动态关系，恰如前文引述段义孚所云，彻底拥抱经验流转的知觉维度是不可想象的，思考、判断与交流需要固定下来的概念化语言，但是脑海中的分类、思考的习惯、身体的习癖也不是先验不可移易的，我们的知觉端确实浸泡在不断流转的经验背景里，这个不稳定、不能被确定下来的外在环境，也经常反过来改写自我的内容。"不化者"不是真的不化，而是与"外化"相待时的暂时不化，所以文献底下跟着说，若要在这"不化"与"化"的动态关系里，找到比较好的平衡（"安与之相靡"），必要小心两端都不能过分（"必与之莫多"），只强调"化"的一端，我们会失去社会生活，只强调"不化"的一端，我们将失去取消界限的自由。跟着"不化"与"化"的平衡说法，《知北游》文末的感叹语也可以得到相应的释读："夫知遇而不知所不遇，知能能而不能所不能。无知无能者，固人之所不免也。夫务免乎人之所不免者，岂不亦悲哉！"生活本身是这么一件事情，我们总是抱持着已经知道的、已经学会的（"知遇""知能能"），同时也顶着未能彻知的彼端活着（"不知所不遇""不能所不能"），那么，有时人间的悲剧是这样发生的：不能接受人就是有着他所不能掌握的东西（"无知无能者，固人之所不免也"），总是要将那些不能稳定、自己确实管不动的东西给确定下来（"务免乎人之所不免者，岂不亦悲哉"）。其实，当代学者也已经注（转下页注）

## 六、结　语

　　行文至此，我们已得说明道家如何接应至当代文化批判的关怀。从文化研究、殖民医学的分析出发，其所掀起的公民运动，可与《庄子》对"有用与无用"的辩证论述相接应。此外，《庄子》还表述另一种可以视为文化存有根基的属己修身，这种修养拒绝轻易投入任何现成的共同体，这使得公民运动本身也成为必须被批判反省的对象。最后，回到本文以"麻风""疾病"作为起手时的提问：如果庄子生活在当代社会，他会如何对这一连串事件进行思考？我们以《天地》篇的一段文字诠释作结：

　　　　厉之人夜半生其子，遽取火而视之，汲汲然唯恐其似己也！[73]

对庄子而言，他会像卡缪和桑塔格一样，将麻风（或疾病）体会作生活本身所充满的不确定性，"厉之人"指的不是那些形体已然残缺的边缘人，而是每个正在与"大化"交手中的你我。在这交手中，要不是"与天为徒"，让岁月在身躯上留下痕迹，要不就是"与人为徒"，在言语的刀光剑影中讨生活（接受文明的伤害与反击），然后不时掉入巴特所嘲笑的"为了保住颜面摆出确定的姿态并巩固地位"[74]。任何一个有点真诚的人，看着身上的伤痕或许也会回

---

（接上页注）意到"化者"与"不化者"的语意具有重新释读的空间，参见赖锡三、何乏笔、任博克（Brook A. Ziporyn）的讨论：《关于〈庄子〉的一场跨文化之旅：从任博克的 Wild card 出发》，《商丘师范学院学报》34 卷 5 期（2018 年 5 月），页 3—6、22—23 等相关段落。此处的思考，也契近维特根斯坦（Ludwig Wittgenstein）在《哲学研究》107 条写下的著名札记，因为概念化的语言建立在理想的条件之上，有时它太光滑了，以致无法行走，如果我们还要继续往前走，就必须回到粗糙的地面上来，接受具体生活中的冲突与摩擦力，使用不太完美、不甚精确的实际语言。参见维特根斯坦著，陈嘉映译：《哲学研究》（上海：上海人民出版社，2015），页 54。

　[73]　《庄子集释》，页 450。
　[74]　巴特（Roland Barthes），刘森尧译：《罗兰巴特论罗兰巴特》（台北：桂冠，2002），页 131。

## "风"与"麻风":试论《庄子》会如何思考生活本身的不确定性

想起那些怵目惊心的杀戮情景,此时面对一个初生的婴孩,他都会替眼前这个新生儿,也即将走上这么一遭迷宫旅程、神鬼战场感到难为与不舍㊄。㊅

---

㊄ 参见毕来德对"厉之人"的诠释:"当人知道自己生存所需的世界是自己创造的,知道不再诉诸任何更高的权威,他也就清楚了自己的创造可能出错,而且不会永恒,就跟他自己一样。"见毕来德:《庄子九札》,页 37。《庄子》对于人必须在变化之中生存,并以语言加以回护、保存与扩张,有着清醒的察见与同情。

㊅ 审查人指出,这篇文章与其说"让《庄子》思考疾病",不如说是援引医疗史和文化研究的资源重新阅读《庄子》,提取《庄子》在其中的可能思考。但这样的处理手法,也会让人疑心,《庄子》本身能不能比这些后现代哲学思路多说出一些什么,而不只是一种相互印证。我得承认,这是个不太好回答的问题,我能够交代的是,现阶段自己怎么看待相关问题:(一)笔者认为,实际上,我们已经生活在一个"混杂"的语言处境里,比如我曾疑心,如果不是借助当代关于身体知觉研究的资源,一个已经丧失古典生活语感和处境的现代人,如何能够更直接而亲切地理解《庄子》文献里,那些关于"听之以气""游心于物之初""嗒焉似丧其耦"的奇特表述?也就是说,当代语言和传统语言很难彻底切开来各自使用,生活中的具体处境,亦复如此,一个中医诊所的现场,医生与病患所操持的便是混合式的语言,一方面借助西医语言的明晰性,一方面却又要转回到"气与脉""冷与热"的东方身体经验。就此而言,我以为当代的中国哲学写作,恐怕早就是个"思想接枝"的现场,有的只是程度和自觉的差异。(二)在确定我们无可避免地总是要透过现代学科的语言去翻译那些一定程度上已经失了生活脉络的古典文献之后,我同意审查人于此处的质问。事实上,这类"跨文化""跨语际"的哲学写作试验,应该是双向的,写作者应该尽可能去指出属于"汉语哲学"内部的特殊思考,比如学者汪晖便指出"和而不同"的"和"或者《齐物论》中的"不齐之齐"是中国哲学对当代哲学的特殊贡献,因为这两个概念可以协助当代社会重新思考差异与平等的意涵。另外,何乏笔亦指出,道家哲学所描述的平淡主体,可能比傅柯早先所思考的冲撞与越界,走得更远,却又不失其批判与养生的意涵。(三)这是本文力犹未逮之处,笔者接受审查人的建议,将篇名改作"试论庄子会如何思考生活本身的不确定性",借以反映文章写作背后的思路。最后,感谢审查人的耐心与视野,即便不完全同意本文的论点,也愿意肯定文章可达发表水平。

# 王阳明哲学

郑宗义

　　本辑主题是王阳明哲学,包括四篇主题论文及一篇新叶林文章。王阳明(守仁,1472—1529)除是儒学史上少数事功与思想兼备的儒者外,他的良知教亦是孟子心学的理论高峰,其中良知天理、知行合一等观念更已是深植于传统中国文化的根荄。值得注意的是,因缘际会,他的思想经历"出口转内销",即传到日本产生所谓日本阳明学后再于19世纪末回传中国,竟在近世东亚的政治发展上留下影响足迹。陈立胜的文章就由此入手,一针见血地道破这是出于"视界"转换的结果。在传统儒学的视界中,阳明学是为己之学,其大道意识所涵的包容精神,一方面推动了三教合一,另一方面启发了阳明"心学纯明之时,天下同风,各求自尽"的理想社群愿景。惟传至日本后,尽管是被夸大为明治维新的原动力,但日本学人确对其进行简择与诠释,放弃性命之学的旨趣(高濑武次郎所谓的"苦禅性"),转而强调心的无限活用:能自立、不受权威所限、求变革、超生死,并以之为完全契合日本性的思想(高濑武次郎所谓的"事业性")。于是,当这样崭新的阳明学回流中国,便适时地被重新嵌入建设现代民族国家与政党的视界之中,而阳明学遂摇身一变,成为支持革命、战斗与党员觉悟的主体性哲学。不过,视界是不断变动的,处身现今全球化的时代,若再把阳明学局限于国家主义、民族主义的论述,恐未免乎隔阂。所以,陈文呼吁阳明大道意识的再觉醒,超越传统的"天下"(即中国为世界中心)与20世纪的"世界"(即各民族国家并立),重新追求其普遍化、世界化与现时化的可能贡献。实则这也可以说是将阳明学置放在重新设想何谓"天下"与"世界"的视界内来演绎发挥。

　　接下来两篇主题论文都涉及阳明思想如何处理道德的恶的问题,但取径不一,合而观之,或更收攻错之效。陈志强的文章侧重梳理哲学史脉络,提出过往研究大多从阳明的心、意、念等观念来论恶,却忽略还有从心之偏滞处说的"习"。通过文献举证与义理分析,文章仔细辨明"习"的涵义。尤有进者,作者把探究伸展至明末清初的王船山、陈乾初与颜习斋,发现他们都继承并发展以习言恶的思路。可见,明清之际儒学虽历经一范式转移,惟此中却有延续之处,值得更作考察。赖柯助的文章采取比较研究的方法,援借美国哲学家柯思嘉(Christine M. Korsgaard, 1952—)有关行动理由背后的两项认同(实践认同与道德认同)及理由内在论(internalism about reasons)来诠释阳明知行合一的命题,认为阳明学是一种理由内在论的版本,可称为"良知内在论"。沿此,作者进一步讨论阳明如何回应因意志软弱造成的恶和因错误认知(认欲为理)导致的恶。扼要言之,吾人要解决前者得靠致良知工夫来使良知发用时不为私意隔断;要避免后者则在于时刻警惕行动是否出乎良知天理,所谓"求诸心而皆出乎天理之公焉"(《约斋说》)。

或许赖文犹有未发之覆在,此即既以柯思嘉之说为参照,则柯依两项认同言自我认同(或吾人作为道德存在者的认同)亦必与恶密切相关。必须知道,心学始祖孟子早已提出三项相互关连的因素来说明吾人何以作恶,可谓奠立心学论恶的理论框架。首先,最根源的是"志壹则动气,气壹则动志也,今夫蹶者趋者,是气也,而反动其心"(《公孙丑上》)。在孟子,气是体之充,是耳目口鼻之官的小体,但宋明儒因受佛老启迪乃将气与经验的心识相连,进而说为意、念、情、欲与习。其次,是自我的认同,"自暴者,不可与有言也;自弃者,不可与有为也。言非礼义,谓之自暴也;吾身不能居仁由义,谓之自弃也"(《离娄上》)。最后,是外在环境的影响,"富岁,子弟多赖;凶岁,子弟多暴。非天之降才尔殊也,其所以陷溺其心者然也"(《告子上》),又"今夫水搏而跃之,可使过颡,激而行之,可使在山,是岂水之性哉?其势则然也。人之可使为不善,其性亦犹是也"(《告子上》)。

黄敏浩的文章亦着眼比较研究,却是与瑞士学者耿宁(Iso Kern, 1937—)的良知诠释商榷。耿宁撰写(倪梁康翻译)《人生第一等事——王阳明及其后学论"致良知"》(*Das Wichtigste im Leben*)的巨著,以一名西方哲学家与汉学家而对阳明及其后学有如斯熟悉的了解确实令人叹服。他认为阳明的良知观念,按发展的先后有三义:即"本原能力"(见父自然知孝)、"本原意识"(良知自知)与"心的本己本质"(全体之知)。此虽大有震荡旧说之功,但也不断引来批评。在这背景下,黄文可以说是最全面且系统的反驳。作者借细致的义理分析,厘清耿宁如何划分三义,再逐一辩难,并辅以历史证明,有力地判定良知三义固可说,然非有早晚期之分,实属良知的三个面向而不可分割。黄文的商榷正清楚反映出比较研究纵或未易免于牵就彼此之病,但从其能产生商量旧学培养新知的效果处看,仍是值得研究者勇敢地去尝试。

最后,新叶林陈亮的文章继续比较的旋律,引介当代德性知识论(virtue epistemology)的倡导者美国哲学家索萨(Ernest Sosa, 1940—)的学说来比观阳明的知行合一。索萨德性知识论的特点在于依认知者能力的适切运用来重新界说知识,以求排除运气因素对传统知识定义(即知识为可证立的真信念,knowledge is justified true belief)带来的挑战。索萨提出知识必须符合 AAA 的条件:即准确性(accuracy)、灵巧性(adroitness)和适切性(aptness),后更在适切性上补充后设适切性(meta-aptness)或圆满适切性(fully aptness)的条件。陈文通过诠释阳明文字,试图论证:阳明知行合一说与德性知识论在理解知识上有结构性的相似;德性知识论能排除运气对知识定义的干扰,阳明学则能分别真知与常知;阳明致良知教所涵知行合一的工夫义亦可呼应圆满适切性的概念,而见知行合一乃属圆满之知。毋庸讳言,文章是个不乏理据的大胆尝试,很教人期待此比观还可以有什么更进一步的理论涵义。

本辑的专论有俞秀玲研究李二曲思想的文章。李二曲是明末清初关学的代表人物,过往的研究不算太多。作者先是探索二曲的学术转型意识,别之为明学术以醒人心的使命意识、兼摄程朱陆王以破门户之见的学术意识以及明体适用以康济群生的经世意识三点;继而深入剖析二曲对道德本体(本心天理)与工夫(主静主敬)的主张,以见其在明清儒学转型之交对儒家道德价值的重建。文章能把二曲学说放在哲学思想史的大背景下来分析,既广且深,值得参考。另外,新叶林还有李志桓的文章,探讨《庄子》对疾病现象所可能具有的文化批判力量。晚近不少研究者都强调庄学未必只是向往方外的隐逸,相反其照察黑暗苦难的人间世界实不乏深刻的批判精神。李文沿袭这条线索,有趣地将麻风病关连于《庄子》,以为"风"的搅动正隐喻着生命本身的不确定性,而借由疾病现象的研究所得,可知吾人病痛的身体经验是有(前语言文化的)"感知"与(经语言文化塑造的)"再现"两面,如是庄学对语言是非的精彩解构遂大有用武之地。执笔写这篇后语时,新冠肺炎的疫情仍未靖,由它所引发的各种政治、社会、经济、文化,乃至道德伦理问题,确实清楚告诉我们,疾病不只是病毒入侵人体,我们必须具备反思批判的目光与意识,才能适切应对。

2021 年 5 月 13 日

# 《中国哲学与文化》稿约

1. 《中国哲学与文化》为一双语专业学术出版物,主要发表有关中国哲学及相关主题的高水准学术论文,并设"观潮屿""学贤榜""学思录""新叶林""回音谷"等专栏。欢迎个人投稿以及专家介绍的优秀稿件。
2. 来稿以中(简、繁体)、英文撰写皆可。论文以 10 000 至 25 000 字为合,特约稿件例外。
3. 除经编辑部特别同意外,不接受任何已发表的稿件,不接受一稿两投。所有来稿或样书,恕不奉退。
4. 论文请附:中英文篇名、250 字以内之中英文提要、中英文关键词 5 至 7 个、作者中英文姓名、职衔、服务单位、电邮地址、通讯地址、电话及传真号码(简评无须提要和关键词)。
5. 来稿请寄:
   香港　新界　沙田
   香港中文大学哲学系
   冯景禧楼 G26B 室
   中国哲学与文化研究中心
   rccpc@cuhk.edu.hk
6. 投稿详情,请浏览本中心之网页(http://phil.arts.cuhk.edu.hk/rccpc/html_b5/05.htm)。

图书在版编目(CIP)数据

中国哲学与文化. 第十九辑, 王阳明哲学／郑宗义主编. —上海：上海古籍出版社，2021.11
ISBN 978-7-5732-0082-2

Ⅰ.①中… Ⅱ.①郑… Ⅲ.①文化哲学－研究－中国 ②王守仁(1472-1528)－哲学思想－研究 Ⅳ.①G02 ②B248.25

中国版本图书馆 CIP 数据核字(2021)第 226125 号

中国哲学与文化（第十九辑）
王阳明哲学
郑宗义　主编
上海古籍出版社出版发行
(上海市闵行区号景路159弄A座5F　邮政编码201101)
(1) 网址：www.guji.com.cn
(2) E-mail: guji1@guji.com.cn
(3) 易文网网址：www.ewen.co
上海商务联西印刷有限公司印刷
开本 635×965　1/16　印张 13.75　插页 2　字数 198,000
2021 年 11 月第 1 版　2021 年 11 月第 1 次印刷
ISBN 978-7-5732-0082-2
B·1227　定价：65.00 元
如有质量问题，请与承印公司联系